애국주의의 형성

내셔널리즘으로 본 근대 중국

AIKOKU SHUGI NO SOSEI

by Seiichiro Yoshizawa

© 2003 by Seiichiro Yoshizawa

Originally published in Japanese in 2003 by Iwanami Shoten, Publishers, Tokyo.

This Korean language edition published in 2006

by NonHyung, Seoul

by arrangement with the author c/o Iwanami Shoten, Publishers, Tokyo

내셔널리즘으로 본 근대 중국

애국주의의 형성

요시자와 세이치로 지음
정지호 옮김

지은이 요시자와 세이치로(吉澤成一郎)

1968년생으로 중국근현대사를 전공했으며, 현재 도쿄대학 대학원 인문사회계 연구과 조교수로 재직중이다.
저서로 『天津の近代-淸末都市における政治文化と社會統合』(名古屋大學出版會, 2002)이 있으며, 주요논문으로 「淸末の都市と風俗-天津史のばあい」, 『岩波講座世界歷史20 アジアの〈近代〉』(岩波書店, 1999) 등이 있다.

옮긴이 정지호(鄭址鎬)

1963년생으로 중국근대사를 전공했으며, 현재 경희대학교 문과대학 사학과 조교수로 재직 중이다.
주요논문으로 「明淸時代 合夥의 經營形態 및 그 特質」(『明淸史硏究』 15, 2001) 「傳統中國 合夥의 債務負擔에 관한 商事慣行-近代法律과의 충돌을 중심으로-」(『東洋史學硏究』 79, 2002) 「梁啓超의 近代的 歷史敍述과 國民國家」(『梨花史學硏究』 32, 2005) 등이 있으며, 역서로 『홍콩-아시아 네트워크의 도시』(신서원, 1997)이 있다.

애국주의의 형성

내셔널리즘으로 본 근대 중국

지은이 ┃ 요시자와 세이치로
옮긴이 ┃ 정지호
초판 1쇄 인쇄 ┃ 2006년 3월 3일
초판 1쇄 발행 ┃ 2006년 3월 10일
펴낸곳 ┃ 논형
펴낸이 ┃ 소재두
표지 ┃ 에이디 솔루션
편집 ┃ 에이디 솔루션
등록번호 ┃ 제2003-000019호
등록일자 ┃ 2003년 3월 5일
주소 ┃ 서울시 관악구 봉천2동 7-78 한립토이프라자 6층
전화 ┃ 02-887-3561   팩스 ┃ 02-886-4600

ISBN 89-90618-28-2 94910
값 18,000원

논형출판사와 한립토이북은 한립토이스의 자회사로 출판과
문화컨텐츠 개발을 통해 향유 문화의 지평을 넓히고자 합니다.

愛国主義の創成

ナツョナリズムから近代中國をみる

吉澤成一郎

岩 波 書 店

일러두기

- 년월일 표기는 서기를 기본으로 하고 필요에 따라서는 청조 역(曆)에 의한 년월일을 보충하였다
- 잡지 간행년은 뒷부분에 표기되어 있는 년도를 서기로 환산해서 표기하였다.
- 인용문 중의 ( )부분은 원문에 있는 주석이다. 또한 인용문 중의〔 〕부분은 인용자에 의한 주석이다. 한문 원문을 번역한 인용문에서는(「」)로 원어를 표시한 경우도 있다.
- 인용문 중의 ……는 중략을 의미한다.
- 저자의 주석과 역자의 주석은 각주로 하였다.
- 일본의 인명과 지명은 모두 일본어 발음으로 표기하였다.
- 중국의 인명과 지명은 모두 한국어 발음으로 표기하였다.

한국어판 서문

오늘날 한국·중국·일본은 정치적으로나 학문적으로 내셔널리즘을 어떻게 다루어야할 것인가에 대한 과제가 주어져 있습니다. 내셔널리즘은 국민주권의 원칙 하에 민주주의의가 전개됨에 따라서 약해져 가는 것이 아니라 오히려 점점 더 힘을 발휘하고 있는 것 같습니다. 상호이해의 심화, 국제교류의 진전은 물론 매우 중요합니다만, 그것으로 내셔널리즘을 극복할 수 있다고 생각하는 것은 지나친 낙관주의가 아닐까 생각됩니다. 왜냐하면 주권국가의 병존, 민의를 반영하는 국가의 기능, 국가의 존재의미를 부여하는 민족적 가치라고 하는 것이 구조적으로 내셔널리즘의 온상이 되고 있기 때문입니다. 따라서 오늘날은 가능한 한 내셔널리즘에 대해 이지적인 대상화를 지향하는 노력이 필요할 것이라고 생각하며, 이 책도 바로 그러한 목적으로 저술한 것입니다. 내셔널리즘과 정면 대결을 한다고 해도 아마 승산은 없을 듯 합니다. 그래서 내셔널리즘이 될 수 있는 한 폭력적인 모습으로 등장하지 못하도록 제어해 나갈 수 있는 지혜를 갖고자 하는 것입니다.

이 문제의 연원은 결코 수백년 전까지 소급할 것이 아니라 근대사의 전개 그 자체 속에서 찾아야 할 것입니다. 나는 중국의 애국주의를 반드시

아득히 먼 고대로부터 자기중심주의가 전개되었다고 설명하는 것이 아니라 20세기 초기 10년 정도의 사이에 정열적인 정치운동 속에서 형성되어온 것이라는 사실을 강조하고자 합니다. 한국에서도 청조의 영향력을 배제하고 독립과 근대화를 추진하고자 하는 움직임이, 그리고 국민으로서의 자각을 고양시켜 일본에 의한 식민지화에 저항하고자 하는 움직임이 19세기말에서 20세기 초기에 걸쳐 강력하게 등장한 것입니다. 이런 움직임은 오랜 전통에 호소하는 측면을 지니고 있지만, 당시 세계적으로 확산되고 있던 관념을 기반으로 하고 있다고 할 수 있습니다. 이 책에서 서술하였듯이 러시아 허무주의자들의 암살과 한국 대신인 민영환의 순국 자살은 중국에서 일어난 정치운동에 커다란 영향을 미쳤습니다. 안중근의 필사적인 행동도 반드시 한국 고유의 정신이 표출된 것이라고 볼 수는 없지 않을까 생각합니다.

현재 일본에서는 중국의 내셔널리즘에 대해 비판적인 시각이 일반적입니다. 그런데 중국의 내셔널리즘을 단지 중국의 특수성이나 전통의 등장이라고 보는 발상은 내가 가장 비판하고 싶은 점입니다. 오히려 근대 일본이 '성공'적으로 내셔널리즘을 통해 국민국가를 형성하고 제국주의적 침략을 전개한 것에 자극을 받아 중국에서도 유사한 국가적 응집을 지향했다고 하는 역사적 경위를 의식해야만 할 것입니다.

물론 이러한 애국주의가 널리 받아들여지게 되는 데에는 각각의 지역 및 국가의 정치·사회·미디어의 상황이 밀접하게 관련하고 있는 것은 확실합니다. 중국 도시에서 제국주의가 수용되는 배경에 대해서는 이미 『天津の近代−清末都市の政治文化と社會統合』,(名古屋大學出版會, 2002)에서도 논의한 바 있습니다. 아울러 참조해 주시면 감사하겠습니다.

한편, 일본어의 원서가 출판 된 후에 생각난 점을 한 가지 보충하고자 합니다. 1905년 반미운동의 중심인물은 상해의 유력상인인 증주(曾鑄)였습니다. 반미운동에서 보이코트 방식은 양계초에게 시사를 받은 바 있어 증주가 그것을 참조하였다는 것은 본서에서 언급한 사료를 통해 명확히 알 수 있습니다. 그렇다면 양계초와 증주는 어떤 관계를 통해 연결되어 있었던 것일까요? 실상을 보면 증주의 아들인 증지민(曾志忞)은 당시 일본에 유학하여 도쿄음악학교에서 수학하고 있었습니다. 증지문은 양계초가 편집한 잡지에 음악교육개량에 관한 논설을 기재하고 있습니다(「音樂敎育論」, 『新民叢報』 제3년 제14호, 제20호, 1904년; 또한 張靜蔚編, 『中國近代音樂史料匯編』 1840-1919, 人民音樂出版社, 1998년도 아울러 참조). 따라서 증지민을 매개로 양계초의 발상이 증주에게 전해졌을 가능성이 높다고 생각됩니다. 또한 증지민의 음악론 역시 국민형성에 관한 내용인 것은 흥미로운 주제입니다(음악과 국민형성이라는 논점에 대해서는 도쿄대학 대학원생인 니이요코(新居洋子)에게 시사를 얻었습니다).

이 책의 번역을 통해 나의 시야가 미치지 못한 논점을 한국의 독자 여러분께서 지적해 주신다면 대단히 기쁘겠습니다. 그러한 의미에서 이 책을 번역해주신 정지호교수님께 진심으로 감사를 드립니다.

2005년 12월
요시자와 세이치로

옮긴이의 글

새로운 '중국' - 역사 속에 나타난 '중국'의 이념

오늘날 중국(현 중화인민공화국)이라고 하면 광대한 영토와 13억에 달하는 많은 인구를 쉽게 떠올릴 것이다. 그러나 이러한 거대 중국은 본원적으로 존재하였던 것이 아니라 오랜 시간동안 정치적·경제적·사회적 상황 속에서 변동하면서 구성·재구성된 역사적 산물이라고 할 수 있다. 역사적으로 중국, 중화란 용어는 '세계의 중심에 위치한 영역'이란 의미에서 이적(夷狄)에 대비되는 상대적인 관념으로 사용되어 왔다. 그러나 중화와 이적의 구별은 반드시 명확한 기준에 입각해서 고정불변적인 가치를 지니고 있었던 것이 아니라 시대적 상황에 따라 배타성과 포용성의 양면성을 지니며 탄력적으로 기능해 왔다고 보는 것이 타당할 것이다. 즉 중화와 이적의 개념이 이항 대립적으로 존재해 왔지만, 그것이 현실정치에 어떻게 반영되었는가는 각 왕조가 처한 상황 속에서 다양하게 반영되었던 것이다.

한편, 아편전쟁을 비롯한 19세기의 역사적 경험을 통해서 '중국'은 더 이상 세계의 중심으로서 자리하고 있는 것이 아니라 많은 나라 중의 하나에 불과하며 세계는 서로 다른 문화를 가진 각 나라가 서로 경합하는 다원적인 공간이라고 하는 인식론의 변화가 서서히 일어난다. 즉, 타자와의 관계를 통해 '중국'이라고 하는 자신의 실체를 인식하게 되었다. 이에 따라 열강의 침략에 대해 어떻게 하면 '중국'을 지킬 수 있을 것인가? 라는 문제가 당면의 과제로 부각되었던 것이다.

이 책의 주인공이기도 한 양계초(梁啓超)는 당시 '중국'이 처한 대내외적 상황에 대해 서구열강에 의해 터키나 인도 아프리카와 같이 중국이 과분(瓜分), 즉 분할될지 모른다는 위기감이 고조되고 있지만, 중국은 이를 자각하지 못하고 있다고 개탄하면서, 이러한 위기적 상황에 대처하기 위해서는 우선 국명으로서 '중국'이라는 용어에 새로운 의미를 부여할 것을 주창하였다. 이에 양계초는 한, 당 등 개별왕조를 초월한 전체 역사를 포괄할 수 있는 국명으로서 '중국'을 사용할 것을 제창하고 있다. 이에 '중국'이라는 국명은 각 왕조를 초월한 통일된 국가로서 그 실체를 명확히 드러내게 되었다.

한편, 양계초는 새로운 '중국'을 건설하기 위한 방안으로 우선 중국인의 내면에 존재하는 노예근성(奴性)을 극복해 인간으로서 서로가 존중하는 것에 의해 종래의 전통적인 사회적 차별을 부정하고 국가를 담당할 대등한 '국민'을 양성할 것을 말하였다. 양계초는 새로운 '중국'을 건설하는데 왜 '국민'의 양성을 절대적으로 상정하고 있었던 것인가? '국민'의 바탕 위에 '국가'가 성립해야 한다는 것은 바로 '국민'의 지지를 바탕으로 정권의 정당성을 확립해야 한다는 것으로 달리 말하면, '국가'는 '국민'의 의사를 근거로 해서 통치를 해야 한다는 논리에 입각해 있기 때문이다.

그런데 '국민'의 지지에 의해 정권의 정당성을 부여해야만 한다는 논리는 전통적인 천명을 정당성으로 하는 왕조 지배질서를 크게 위협하는 것이었다. 따라서 천명이 아니라 국민의 지지에 정권의 정당성을 부여해야 한다는 양계초의 논리는 청조정부의 정체성(政體性)을 흔드는 것으로 위험시 되었던 것이다. 청조지배체제 하에서 새로운 '중국'을 모색하고자 했던 강유위, 양계초 등을 위시로 한 무술변법운동(戊戌變法運動)은 일단 광서제(光緒帝)의 신임을 받았지만, 얼마 후 서태후를 비롯한 수구세력의 쿠데타에 의해 '백일유신(百日維新)'으로 끝나게 된다. 청조 지배체제 내에서 청조의 자강을 위해 등장한 '중국'의 개념이 수구세력에 있어서는 자신들의 지배체제(즉 청조)를 위협하는 개념으로 위구시되었던 것은 흥미로운 사실이라 하지 않을 수 없다.

한편 무술변법운동의 실패 후 '멸만흥한'을 기치로 내건 혁명운동은 중국과 한(漢)을 동일시하는 것에 의해 만주족인 청조를 타도하고 한인(중국인)의 민족국가 건설을 지향하였다. 이러한 한족부흥운동 과정에서 전설상의 인물로 실존여부도 명확하지 않은 황제(黃帝)를 한족의 시조로 부각시켜 한족을 통합하는 새로운 관념으로서 부각시켰다. 그러나 신해혁명에 의해 성립한 '중화민국'은 만주 등 비중국의 세계를 포함하는 청조의 영역을 그대로 계승하게 됨에 따라 황제의 자손이라고 하는 한족 내셔널리즘만으로는 새로운 중국을 통합하기 어려웠다. 이러한 배경 하에 중화민국 임시대총통에 취임한 손문(孫文)은 취임연설문에서 종족적 보복주의에서 벗어나 한(漢)·만(滿)·몽(蒙)·회(回)·장(藏)의 제 민족의 통합으로서 '오족공화'를 주창하였으며, 나아가 만주, 몽골, 티베트, 신강 등지의 제 민족을 '동포'로 부르고 공화국의 주체로서 주권을 지닌 국민으로 포섭시키고 있다.

그러나 1920년대에 이르러 손문은 지금까지 자신이 주창한 '오족공화론'은 근본적으로 잘못되었다고 입장을 바꾸었다. 그 이유로 오족의 인구는 한족이 절대적으로 다수를 차지하고 있으며, 또한 현실적으로 만주는 일본, 몽골은 러시아, 티베트는 영국의 세력권 하에 들어가 있는데, 모두 자립할 능력을 지니고 못하고 한족에 의지할 수밖에 없기 때문이라는 것이다. 이러한 현실인식하에서 손문은 만·몽·회·장을 한족에게 동화시켜 '중화민족(中華民族)'을 형성하고 하나의 완전한 민족국가를 조직하여 미국과 함께 동서양반구에 있어 양대 민족주의 국가를 건설할 것을 주창하였다.

즉 한족을 중심에 놓고 한족 이외의 4개 민족을 한족으로 동화시켜 '중화민족'이라는 하나의 거대 민족국가를 형성할 것을 처음으로 주장하게 된다. 이 '중화민족'은 기존 민족의 범주를 초월해서 4개 소수민족을 포함하는 비중국의 세계까지 모두 포괄하는 새로운 민족상으로 제창된 것이지만, 그것은 궁극적으로 '대한족주의(大漢族主義)'의 변형에 불과한 것이었다. 그러나 손문은 1924년 '국민당 제1차 전국대표대회선언'에서 국민당의 민족주의는 중국민족의 해방을 추구하고 나아가 중국 영토 내에 있는 각 민족을 일률적으로 평등하게 하는데 그 의의가 있다고 하였다. 이를 바탕으로 손문은 중국 내의 제 민족의 자결권에 의거한 자유롭고 통일된 중화민국을 조직해야 한다고 주장하였다. 제 소수민족을 한족에 동화시키는 것이 아니라 각 민족의 자결권과 일률적인 평등을 보장한다고 하는 주장은 종래의 민족적 차별을 행한 '대한족주의' 입장을 수정한 것으로서 이는 민족정책상 커다란 변화라고 할 수 있지만, 만주, 몽골, 티베트, 위글족 등 다수 그룹과 기타 소수 그룹을 동일선상에서 취급함으로 인해 상대적으로 다수 그룹의 독자성을 약화시키려고 하는 정치적 의도가 담겨있는 것이라고 할 수 있다.

실제로 1949년에 건국된 중화인민공화국은 손문의 민족정책을 비판적으로 계승하여 제 민족의 평등과 자결을 적극적으로 추진함으로써 각 민족의 평등한 권리에 의거한 통일적 다민족국가의 실현을 추구하고 있다. 중국정부는 1950년부터 제 민족의 조사에 착수하여 개혁과 개방 시기에 들어간 1979년 운남성(雲南省)에 거주하는 지누어족(基諾族)을 민족으로 승격시킴으로써 한족을 제외한 55개 소수민족을 확정하였다. 이러한 민족평등정책은 55개의 소수민족이 자치와 언어, 의석 수 등을 확보하게 되어 민족간의 불신 등을 없애고 화합하는데 큰 공헌을 하게 되었지만, 또한 그 이면에는 많은 문제도 낳게 되었다. 무엇보다도 만주, 몽골, 티베트, 위글족 등의 다수 그룹과 지누어족과 같이 극히 숫자가 적어 단지 소수 부족으로 불리고 있던 그룹이 동일하게 민족으로 취급되고, 또한 한족에 대해 모두 획일적으로 소수민족으로 분류됨에 따라 고유의 전통과 역사 속에서 정치적인 공동체를 형성해 왔던 다수그룹의 독자성은 상대적으로 약화되어 중화세계 속으로 포섭되게 되었던 것이다.

1988년 여름 중국의 유명한 사회학자 비효통(費孝通)은 홍콩 중문대학에서 행한 '중화민족(中華民族)의 다원일체 구조'라고 하는 강연에서 중화민족의 구성원은 대단히 복잡하여 다원적 구조를 이루고 있으며, 이는 자연발생적인 민족실체로서 아울러 대일통(大一統)의 구조를 형성하였다. 이 자연발생적 민족실체는 19세기 후반부터 서양열강의 압박 속에서 공동으로 저항하는 가운데 형성된 '자각적인 민족실체'로써 이 실체의 구조는 '다원적 통일체'를 포함하는 것이라고 하였다.

이러한 언설은 이미 언급하였듯이 1920년대 손문에 의해서 주창된 '중화민족'론을 이론적으로 보강하여 발표한 것이지만, 여기에는 많은 문제점이 있다. 그가 말하는 '중화민족'이라는 개념은 한족이나 몽골족, 티베트족 등 민족학상의 개념이 아니라 어디까지나 정치적인 개념으로서 등장한 것이며, 또한 수천년내 서서히 자연발생적으로 형성된 민족실체가 아니라 어디까지나 근대의 산물로서의 '정치적 공동체'에 지나지 않는다는 것이다.

비효통의 '중화민족 다원일체 구조론'은 많은 문제를 내포하고 있음에도 불구하고 현대 중국을 통합하는 키워드로서 재무장되고 있으며 그것은 곧 주변국가에 새로운 위협으로 부각되고 있다. 최근 한·중간의 역사분쟁으로 화두가 되고 있는 고구려사 귀속문제에서 중국 측 학자들이 주장하고 있는 '통일적다민족국가(統一的多民族國家)' 설은 바로 비효통의 학설을 논리적 전제로 삼고 있다는 점에 유의할 필요가 있다.

그렇다면 현 시점에서 중국정부가 '중화민족' 론을 대대적으로 선전하며 중국인민들에게 민족주의를 호소하고 있는 이유는 무엇일까?

1980년대 등소평(鄧小平)정권에 의한 개혁과 개방이후 중국의 경제는 급속히 성장하면서 미국과 함께 동서의 양대산맥 중의 하나로 자리를 잡아가고 있다. 이러한 경제성장과 함께 1997년에는 아편전쟁으로 인해 영국에 할양했던 홍콩을 회수하였으며, 1999에는 포르투갈이 조차하고 있었던 마카오를 400여년 만에 돌려받는데 성공하였다. 또한 2001년에는 WTO가입으로 인해 아시아경제권에서 맹주로 부상하고 있으며, 나아가 세계경제체제에 편입이 된 상황 하에서 중국은 세계정치, 경제질서의 주역으로서 부상하고 있다. 게다가 2008년에는 북경올림픽을 개최할 예정으로 어느 때보다도 대국의 면모를 발휘하며, 국가적 위상을 드높이고 있다고 할 수 있다.

그러나 여전히 풀어야할 숙제가 없는 것은 아니다. 우선 개혁과 개방으로 인한 경제성장으로 인해 중국인민의 생활은 이전과는 비교도 할 수 없을 정도로 풍요로워졌으나, 그와 함께 지역간의 불균등한 경제발전 및 인민간의 빈부격차가 첨예한 사회문제로 부각하고 있다. 특히 1989년에 발생한 천안문사건은 대외적으로 중국은 여전히 일당독체제제이며, 민중의 인권은 억압되어 있다는 부정적인 이미지를 확산시키는 계기가 되었다.

한편, 대약진운동, 문화대혁명시기에는 '혁명이데올로기' 를 통해 국가권력이 말단까지 철저하게 미칠 수 있었지만, 개혁과 개방이후 국가권력의 말단침투 및 장악력은 점차로 이완되는 중에 있다. 이에 따라 티베트를 비롯한 소수민족의 거취문제가 다시 부각되고 있으며, 최근 민진당(民進黨)의 진수편(陳水扁)이 대만의 총통으로 재선되면서 대만 독립문제가 크게 부각되고 있는데, 이 역시 현대 중국이 풀어 나가야할 중요한 과제 중의 하나인 것이다. 게다가 한국 경제의 발전으로 인해 코리안드림을 꿈꾸며 한국으로 몰려드는 중국 조선족의 움직임은 중국정부를 크게 긴장시키고 있다. 조선족의 이탈은 곧 전체 소수민족의 이탈문제로 확산될 수 있기 때문이다. 이러한 대내외적 문제에 직면하여 새롭게 중국을 재무장시킬 수 있는 논리로써 손문에 의해 주창된 '중화민족' 론이 다시 이론적으로 재무장되어 강조되고 있는 것이다.

중국은 최근 신의 배라는 이름의 유인우주선 '신주(神舟)' 발사에 성공하였다(2003년 10월 15일). 중국언론들은 우주선 발사 상황을 대대적으로 보도하고 있는 가운데 우주를 향한 중국인들의 오랜 꿈이 이뤄졌으며, 이는 수천년간 지속된 '중화민족' 의 위대한 승리라고 하면서 축제 분위기를 고조시키고 있다. 게다가 우주비행사인 양리위(楊利偉, 1965~)는 우주상공에서 "홍콩과 마카오 대만 동포여러분에게 안부를 전합니다"라고 하여 '중화민족' 으로서의 일체성을 고무시키고 있다. 요녕성출신으로 한번도 홍콩을 방문한 적이 없다고 하는 그가 자연스런 '중화' 의식의 발현으로서 이 말을 한 것이라고 보기보다는 중국정부의 치밀한 사전계획아래서 이루어졌다고 보는 것이 타당할 것이다. 중국의 새로운 영웅으로 부상한 양리위가 우주에서 돌아오자마자 홍콩을 방문해 대대적인 환영을 받은 것 역시 중국 정부의 계산 하에 진행되었다는 것은 상상하기 어렵지 않다.

그러나 '중화민족' 론이 '대한족주의' 를 바탕으로 한 기타 소수민족동화정책의 일환으로 제창된 정치적 공동체라고 하는 것을 간과해서는 안될 것이다. 실제로 중국내의 한족들이 '중화민족' 의 정치성을 피부로 느끼지는 못할 지라도 적어도 중화인민공화국 내에 포섭되어 있는 소수민족의 경우는 다를 것이다. 특히 역사적으로 자신들이 '중국'이라고 생각해 본 적이 없음에도 불구하고 1950년 무력에 의해 '중국'으로 병합된 티베트는 '중화민족'론이 갖는 정치성의 가장 큰 피해자가 아닐까 생각한다.

한편, 최근 한국학계의 일각에서는 중화인민공화국이 현재 영토를 중국사의 공간적 범위로 규정하고 고구려의 역사를 중국사의 일부로 통합시키려는 동북공정 의식의 저변에는 '영토순결주의-현재의 영토에서 이민족의 역사적 흔적을 부정하고 지우려는 의식-'라고 하는 이른바 '국가주권'이 발동하고 있으며, 이에 대응하여 현재 국경의 영토적 통합성 원칙이 아니라 역사적 발생론의 관점에서 볼 때 고구려사는 마땅히 한국사의 일부라고 주장하는 한국학계의 주장을 '역사주권' 의식이 내포되어 있다고 주장하고 있다. 여기에서 '국가주권'과 '역사주권'은 서로의 주장이 첨예하게 대립하고 있는 것처럼 보이지만, 현재의 완성된 '국민국가'를 기점으로 해서 단일한 선상에서 역사를 파악하고 있다는 점에서 결국 인식론적 틀을 같이한다는 것이다. 이러한 담론의 배경에는 현재의 역사관이 국민국가적 관점에서 과거 역사의 다양성을 획일화시키려고 하는 폭력성-예를 들면 고구려 역사가 지닌 문화적 다양성과 복수성을 중국이나 한국 어느 일방에 의해 폭력적으로 획일화시키려고 하는 것-이 내재되어 있다는 것이다.

이러한 논리는 국민을 전제로 한 근대국가나 민족주의가 특히 아시아에서는 단지 100여년의 역사에 지나지 않는 근대의 산물이기 때문에 이를 장기적인 역사 속에서 상대화시켜야 한다는 점에서 우리에게 시사하는 바가 많다. 그러나 한편으로 이 책에서도 밝히고 있듯이 19세기 세계적 노동력의 재배치라고 할 수 있는 이민이 국경을 초월한 인적 이동, 분산, 그리고 네트워크의 형성이라는 점에도 불구하고 세계의 일체화·균일화 방향

으로 나아간 것이 아니라 오히려 자국과 타국을 명확히 구분하는 국민국
가의 형성을 촉발하는 중요한 계기로 작용하게 되었는가 라는 점에 대해
서 좀더 신중히 고려해 볼 필요가 있다. 이 문제는 오늘날 세계가 글로벌
화 해가는 시대에도 민족국가에 대한 열망이 오히려 더 강해지는 움직임
과도 연관지어서 생각해 볼 문제인 것이다. 다시 말하면, 근대국가나 민족
주의에 입각한 역사해석을 단순히 '허구' 라던가 '비역사적' 해석이라고 치
부해 버릴 것이 아니라 그것이 왜 그토록 강하게 인간의 마음을 사로잡아
왔으며, 여전히 사로잡고 있는가라는 문제에 대해 구체적으로 접근해 볼
필요가 있는 것이다. 그러한 점에서 이 책은 근대 중국에서의 내셔널리즘
의 형성과정을 다양한 각도에서 분석함으로써 내셔널리즘이라고 하는 새
로운 '모조품'이 왜 그토록 당시 사람들의 마음을 사로잡아 왔는가? 라는
문제를 파악하는데 많은 시사점을 던져주고 있다.

저자인 요시자와씨는 이미 『天津の近代-淸末都市における政治文化と
社會統合』(名古屋大學出版部, 2002) 라는 저서를 통해 천진이라고 하는
도시를 중심으로 제국주의가 어떻게 침투해 들어오고 또한 그에 대해 어
떻게 대응하였는가? 라는 문제를 다양한 각도에서 상세하게 분석한 바 있
다. 그 연장선으로서 이 책에서 저자는 동향결합, 이민, 지도와 역사서술,
기념, 전발과 역복, 열사에 대한 추도 등등의 다양한 주제를 통해 근대 중
국 내셔널리즘의 형성과정을 세밀하게 분석하고 있다. 저자는 내셔널
리즘이라는 전제 하에 역사적 사실을 꿰어 맞추려고 하는 종래의 연구
방법론에서 벗어나 다양한 주제에 대한 상세한 고증을 통해 중국 내셔
널리즘의 특징을 분석하고 있는데, 이는 곧 이 책이 갖는 장점이라고
할 수 있다.

마지막으로 좋은 책을 만들기 위해 애써주신 소재두사장님을 비롯
한 논형가족여러분에게 감사를 드린다. 그리고 번역원고를 꼼꼼히 읽

어 가며 조언을 해 준 아내 이선이에게도 고마움을 전하며, 참고문헌을
타이핑해준 대학원생 최동운군에게도 감사드린다.

2006년 1월
정지호

머리말

양계초(梁啓超)의 미국여행

지금부터 약 100년 전인 1903년 양계초는 미국으로 건너갔다. 그는 당시 나이 31살로 이미 정치논객으로 알려져 있었다. 양계초는 1898년 무술정변 이후 망명자가 되어 일본을 거점으로 활약하고 있었는데, 이번 미국행에는 미국의 화교사회에 대해 자신의 정치적 입장을 선전하고 나아가 미국사회를 직접 관찰함으로서 자신의 사상을 재정비하고자하는 의도가 있었다.

양계초가 미국을 돌아보고 쓴 기행문인 「신대륙유기(新大陸游記)」(1904년)는 당시 그가 품고 있던 암울함을 토로하듯이 때로는 신랄하고, 때로는 비장한 태도를 보이고 있다. 이것은 1903년 캐나다 밴쿠버에서 신대륙으로 상륙한 후 동쪽 해안을 따라 뉴욕 등 동부 여러 도시에서부터 중부·캘리포니아의 각지를 방문한 기록이다. 양계초는 각지에서 동포 단체와 접촉하면서 강연을 계속하였다. 양계초는 대단히 의욕적으로 미국 정치 체제나 실업계 그리고 그 배후에 있는 역사와 문화에 대해서 자기나름대로의 방식으로 조사를 하였다. 또한 미국사회 전반 및 미국의 화교사회에 대해서도 거리낌 없이 논평을 가했다.

양계초는 미국의 건국사에 대해서도 깊은 관심을 보이고 있었는데, 미국의 건국신화를 중국의 현상과 중첩시켜 개탄하곤 했다. 보스톤은 건국에 관한 사적이 풍부한 도시이다. 예를 들면 1773년 영국 동인도회사가 수입한 차(茶)의 세제에 반대하는 사람들이 차를 바다 속으로 버린 보스톤 차사건에 대해서 다음과 같이 소감을 피력하고 있다.

영국의 차를 바다에 던진 항구에 가보니 지금은 번화한 도시가 되어있다. 길거리 벽에는 한 장의 동판이 붙어있는데 "1774년 영국의 차를 버린 장소"라고 쓰여있다(1774년이란 원문 그대로이다). 그 당시의 상황을 되돌아보면 7명의 시민이 얼굴에 색칠을 해 인디언(홍인도인)으로 변장하고 영국 선박을 야밤에 기습하여 수십 상자의 차를 바다에 내 던진 것이다. 이는 임칙서(林則徐)가 광동(廣東)에서 영국인의 아편을 소각하여 버린 것과 대단히 비슷하다. 그러나 미국은 이 사건이후 13개 주의 독립을 획득한 데에 비해 우리 중국은 그[아편소각]사건에 의해[발발한 전쟁에 패하여] 5개 항구를 통상을 위해 열게 된 것은 다행한 일인가 아니면 불행한 일인가? [이와 같이 정반대의 결과를 초래한 것은] 국민의 실력이 너무 차이가 났기 때문이 아닌가? [그런 생각을 하면서] 나는 그 곳에 오랜 시간을 머물면서 시 한수를 읊었다.

雀舌入海鷹起陸 (차를 바다에 내던져 매로 상징되는 합중국이 일어났다)
銅表摩挲 (보스턴차사건을 설명하는 동판을 어루만진다)
一美談猛憶故鄕百年恨 (그러자 고향의 여러 해 쌓인 원한이 가슴속에서 격렬하게 요동친다)
鴉烟烟滿白拳潭 (임칙서가 소각한 아편 연기는 광동 해변가에 가득 차 있다. 영국에 저항한 사건의 전말은 보스톤 차사건과 비슷하지만, 실은 중국이 약체화하는 계기가 되었으니 양자의 운명은 명확히 갈라져 버렸다)

그림① 양계초(보스톤에서)
출전: 「新大陸游記」, 「新民叢報」 임시증간본, 1904, 권두 사진.

　　오늘날 우리들의 시각에서 보면 보스톤 차사건이 있었던 곳에서 아편전쟁을 상기하는 것은 의외의 비교라고 생각할 지도 모르지만, 여기서 당시 양계초의 문제의식을 잘 알 수 있다.

　　독립전쟁 때 메사추세츠 민병대가 영국군과 처음으로 전투를 벌였다고 하는 벙커힐Bunker Hill에 오르자 거기에는 기념물과 전사한 민병 지도자의 동상이 세워져 있었다. 기념지구의 관리인이 이곳은 모 민병 지도자가 전사한 곳이라고 안내해 주었다. 양계초는 깊은 감동을 받고 자신도 모르게 장문의 시를 지었다. 그 중에는 자신이 일찍이 거닐던 우에노(上野) 야산(메이지유신 경)에서 쇼기대(彰義隊)[역1]가 굳게 버틴 이야기를 벙커힐과 비교하면서 "목숨은 아까운 것이지만 자유와는 바꿀 수 없다. 나라가 애도하면 죽은 자도 용기가 솟아오르지만 염치없이 살아 돌아 온 자는 점점 더 부끄러워진다"라고 노래하고 있다. 패배하여 멸망한 우에노의 쇼기대를

역1 1868년 2월 도쿠가와 요시노부(德川慶喜)의 구 막부군이 결성한 단체이다. 우에노(上野)의 칸에이지(寬永寺)를 거점으로 메이지 정부에 저항하였지만, 그해 5월 정부군에 궤멸되었다.

그림② 프리마드 사적. 신대륙에 처음 상륙한 것을 기록한 필그림의 고사를 기념하는 장소. 미국 건국신화의 일부가 되어 있다.
출전:「新大陸游記」,「新民叢報」임시증간본, 1904, 권두 사진.

미국의 건국신화와 비교하는 것은 다소 억지스럽지만, 여하튼 죽은 자를 기리는 태도에 깊은 감명을 받았음을 알 수 있다.

보스턴 미술관에 대해서 "내가 가장 잊을 수 없는 것은 우리 중국 궁중의 기물이 많았다는 것이다"라고 하였다. 대부분은 제2차 아편전쟁(1860년)과 의화단(義和團)전쟁(1900년) 때 외국군에 의해 약탈당한 것이라고 한다.

양계초는 수도 워싱턴으로 가서 국무장관인 존 헤이John Milton Hay와 대통령 루즈벨트Theodore Roosevelt를 만났다. 회담 내용은 그다지 중요하지 않았으나, 다만 그는 루즈벨트가 다른 곳에서 향후 적극적인 외교 정책에 대해 연설하는 자리에서 "미국에 대항할 만한 상대는 없다"고 한 말을 염두에 두면서, 하와이와 필리핀이 미국에 병합된 것을 지적하고 고전을 인용하여 "진(秦)을 멸망시키지 않고 어떻게 그 나라를 차지하겠는가?"〔다른 나라에 촉수를 뻗치지 않으면 영토확장은 불가능하다.「春秋左氏傳」僖公30년〕역2 라고 하였다. 다음은 중국이 위태로워질 것이 아닌가?

중국의 애국주의(또는 민족주의, 국가주의, 국민주의)는 바로 양계초가 지적하였듯이 국가와 국가가 치열한 경쟁을 펼치고 있는 시대에 성립한 것이다. 따라서 이러한 상황에 직면한 그의 문제의식은 오로지 중국의 존망에 관한 것이었다. 논의의 소재는 다소 복잡한 고금동서의 사상(事象)이다. 그에게는 조지 워싱턴도 사이고 다까모리(西鄕隆盛)역3도 본받을 만한 영웅이다(양계초가 거닐던 우에노 공원에는 일찍이 역적이었던 사이고 다까모리의 동상이 이미 세워져 있었을 것이다). 고대 그리스 스파르타의 강성함이나 프랑스 대혁명의 이상은 자주 언급되고 있다. 미국의 건국신화는 독립전쟁 이후 국가 통합 과정에서 정치사회의 이념을 훌륭하게 담아낸 형태로 형성되었기 때문에(遠藤泰生, 1995; 和田光弘, 1997), 그것은 우국충정에 가득찬 양계초의 마음을 흔들어 놓기에 충분했다.

미국에 대해 신중하게 배우면서 조국의 운명에 대한 생각을 담고 있는 이 여행기를 그보다 70년 앞서 미국을 방문한 프랑스인 알렉시스 데 토크빌Alexis de Tocqueville의 저작 『미국의 민주정치』De la democratie en Amerique와 비교해 보는 것도 흥미롭다. 둘 다 미국 민주주의의 의의와 곤란함에 대해서 심도있게 고찰하고 있다.

그러나 토크빌이 무엇보다도 민주주의 문제에 관심을 기울였던 데 비해 양계초의 의식은 망국의 회피로 향하고 있었다. 서부의 포카텔로Pocatello라고 하는 마을을 소개하면서 "이곳은 비교적 인디언(홍인도인)이 많은데, 이는 멸종위기에 처한 인디언에 대한 정부의 보호정책 덕분이다. 그러나 인디언을 멸종 위기에 빠트린 것 또한 백인이다" 라고 하였다. "만

역2 원문은 다음과 같다. "不關秦, 將焉取之?"
역3 하급 사족(士族)출신. 메이지유신의 중심적 인물로 도쿠가와 막부(德川幕府)를 무너트리고 천황 중심의 왕정복고(王政復古)를 성공시키는 데 절대적인 역할을 하였다. 정한론(征韓論)을 주장하였으나 받아들여지자 않자 이후 중앙정부와 대립하였다. 1877년 세이난(西南)전쟁을 일으켰으나 패하여 자결하였다. 사후 관작(官爵)이 복권되었다.

일 30년 후에 다시 미국을 여행하면서 인디언의 생활을 보려면 단지 박물관에 있는 회화·조각으로밖에 알 수 없을 것이다. 우승열패(優勝劣敗)의 현상은 이와 같이 가혹한 것이다. 군자는 이런 생각으로 등줄기가 서늘해질 것이다"라고 한다. 이 논점은 반드시 미국 원주민에게 감정이 이입된 것은 아니다. 오히려 '우승열패'의 냉혹함을 보여주는 반면교사로서 제시되고 있는 것이다.

양계초가 실감한 위기를 극복할 수 있는 방법으로 급속하게 형성된 것이 바로 중국 내셔널리즘이다. 즉 사료용어로서는 '민족주의', '국가주의', '국민주의', '애국주의' 등으로 표현되는 사조로서, 양계초는 바로 이것을 만들어낸 인물 중의 한 사람이다.

이 책은 대략 100년 전 중국에서 내셔널리즘이 형성되는 양상을 구체적으로 고찰해 볼 것이다. 주목되는 것은 위에서 본 양계초의 사례와 같이 동서고금의 다양한 소재가 첨예한 문제의식 하에 조합되어 의미를 갖기에 이르렀다고 하는 것이다. 이들 요소들의 자체적인 계보나 기원에 얽매일 필요는 없을 것이다. 20세기 초기라는 한 시기에 개인이 주체성을 가지고 스스로 구성원이 되기 위한 정치 질서를 구상할 수밖에 없었던 사태의 절실함을 신중하게 살펴보려고 한다.

차례

6장_애국주의를 논하는 방식

1장

애국주의의 역사적 위상

내셔널리즘과 현대세계

내셔널리즘 연구에는 다양한 의도와 전제가 있다.

오늘날 세계적인 규모로 사람이나 물품·정보의 이동이 점점 더 활발해져서 인류는 밀접한 상호 의존관계 속에서 살아가고 있다. 그러나 필자는 이러한 형세가 단일하게 통합된 인류사회를 구축해 간다고는 생각하지 않는다. 왜냐하면 이러한 현황에는 강자의 교만과 약자의 저항이라는 역학관계가 내포되어 있기 때문이다. 따라서 다양한 차이를 유지하는 메커니즘이 항상 작용하고, 그것이 국가 기구와 결합 내지는 반발하여 내셔널리즘으로 개괄되는 정념(情念)과 운동이 격렬하게 전개된다.

정도의 차이는 있지만, 유사한 상황을 양계초도 체험하였다. 물론 20세기의 역사가 인류에게 아무런 교훈도 주지 않았던 것은 아니다. 그러나 필자는 앞에서 소개한 양계초의 기행문과 같이 약 100년 전 사람들의 글에서 눈을 뗄 수 없으며, 나아가 전율감을 느낀다. 강한 공감과 반감을 동시에 느낀다고 해도 좋다. 따라서 과거 사람들과 대화를 나누는 것은 먼저 성실하게 그 의견에 귀를 기울이고 때로는 이의 제기를 통해 자신의 생각을 명확하게 할 수 있다. 그것이 바로 역사를 공부하는 효용일 것이다.

그런데 일본에서 내셔널리즘이란 용어는 대단히 다의적으로 사용되고 있다. 그 점에서는 영어의 nationalism 이라는 말도 마찬가지이다. 내셔널리즘에 대한 전문 서적을 보면 다양한 학자들이 각각 내셔널리즘을 정의하면서 자신의 이론적인 틀을 제시하고 있다(예를 들면 吉野耕作, 1997의 정리를 참조). 이 연구들은 오늘날의 관심을 예리하게 반영하고 있어 실로 의견이 분분하며 시사하는 바가 많다.

본서의 의도는 반드시 그러한 논의에 참가하는 것은 아니고 이미 서술하였듯이 100년 전 사람들과 대화를 나누는 데 있다. 그 결과로서 현대 세계를 바라보는 견해가 날카로워지고 또한 심도 있는 것이 될 것이라고 기대한다.

그런데 왜 100년 전인가? 왜 중국을 주시하는 것인가? 왜 '애국주의'라고 하는가? 이에 대해 구체적으로 설명할 필요가 있을 것이다. 우선 역사적 전제로서의 청조의 국가체제에 대해서 논하고자 한다.

청조의 통치구조

'대청(大淸)'이라는 왕조(이하 청조라고 한다)는 중국의 길림성(吉林省)·요녕성(遼寧省) 부근에서 흥기해서 17세기에서 18세기에 걸쳐 정복활동을 전개해 현재의 중국 영토를 거의 지배하게 되었다. 연구자들은 종종 명청시대·명청사라고 하여 그 이전의 왕조인 명과의 연속성을 강조한다. 그러나 여기에서는 청조의 국가 통합에서 보이는 특징을 강조하고자 한다.

청조 국가기구의 중추는 '만주(滿洲)'라고 하는 지배집단으로 구성되어 있었다. 만주란 명조의 동북 방면에 있던 여진인들 중 일부가 강대해져 청조의 기틀을 만들었을 때의 집단의 자칭이며 (적어도 주관적으로는) 혈통·문화의 공통성을 전제로 하고 있다. 물론 황제·황족도 만주 출신이다. 관료제에 있어서도 특히 북경(北京)의 고급관료의 경우에는 '만'과 '한'의 직무가 지정되어 있어 결과적으로 만주출신이 우선적으로 관직에 나아갈 수 있었다. 명조의 경우는 과거를 통해서만 비로소 관료제의 상위로 나아갈 수 있었으므로, 이 점만을 보아도 명과 청의 국가 통치기구의 차이는 명확하다고 할 수 있다.

그림③ 보살로서의 건륭제. 건륭제가 연꽃 위에 앉아 오른 손은 엄지와 검지를 동그라게 말고 있으며,
왼손에는 법륜(法輪)를 들고 있다. 이 탱화와 같은 그림은 건륭제를 보살로서 표현하고 있다.
출전:Freer Gallery of Art, Smithsonian Institution, Washington, D. C.

물론 청조는 명조를 계승하여 천하를 통치한다는 논리를 갖고 있다. 그 때문에 의례도 대부분 명조의 것을 이어받고 있다. 청조는 북경에 있던 명조 황제의 궁전을 접수하여 수축은 하였지만 기본적인 것은 그대로 살리고 있다.

　　그러나 한편으로는 청조의 지도자는 '황제'가 되기 이전에 이미 '칸'이라고 칭하였다. 이것은 내륙아시아에 오래 전부터 있었던 군주 칭호의 계보를 계승하며, 무엇보다 13세기의 영웅인 징기스칸 이후의 영광을 등에 짊어지고 있다. 나아가 청조는 몽골제국에서 계승되고 있다는 전국(傳國)의 옥쇄를 손에 넣어 내륙아시아 군주권의 정통을 자기 것으로 하고자 하였다. 실제 청조 황제는 여름마다 승덕(承德)에 있는 '피서산장(避暑山莊)'에 가서 몽골풍의 겔(텐트)에서 몽골 왕족의 알현을 받았다. 그 모습은 영국에서 파견되어 역시 승덕에서 건륭제(乾隆帝)를 알현하였던 메카트니 G. Macartney의 기록에도 묘사되고 있다. 승덕에서 황제는 수렵을 하였는데, 이 역시 만주의 무용을 지킴과 동시에 몽골 왕족 등을 회합하는 의례로서 의의를 지니고 있었다(片岡一忠, 1991, pp.45~53; 岩井茂樹, 1991).

　　또한 청조와 티베트불교 사이에도 깊은 관계가 있었다. 이것은 티베트불교를 신봉하는 몽골 왕족과 문화를 공유한다는 것 뿐만 아니라 티베트불교의 승직(僧職)에 대해서 후견인으로서의 입장을 강조하여 티베트지역을 정치적으로 통합하고자 하는 의도에 의한 것이었다. 그래서 청조 황제가 전륜성왕(轉輪聖王, 불교를 보호 유지하는 정치권력으로 범어에서 말하는 cakravartin) 또는 문수보살(文殊菩薩, Manjusri)로 표현되는 경우도 있었다(Farquhar, 1978; 平野聰, 1997; 石浜裕美子, 2001).

　　이상과 같이 청조 군주는 광대한 영역을 통치하기 위해 다양한 논리를 구사한 결과, 복합적인 성격을 지니기에 이르렀다. 그러나 건국 시기 만주로서의 자기의식 등을 유지하기 위한 노력도 오랫동안 국가 기구를 유지해 가는 가운데 자각적으로 추구해야만 했다. 그 점에서 '팔기(八旗)'가 주목된다(Elliott, 2001; 杉山淸彦, 2001). 팔기란 건국시 편성된 군사집단으로 그 후에도 혈통에 의한 신분집단으로서 커다란 역할을 담당하였다. 팔기 제도는 건국시기의 기억을 유지하는 중요한 장치임과 동시에 과거(科擧)와는 달리 고급관료를 등용할 수 있는 인재의 공급원으로서 청조 국가체제의 특징을 이루고 있었다. 청조 멸망 후에도 팔기인들이 정체성을 유지하고 있었던 점은 주목할 만하다(Rhoads, 2000, pp.231~284).

이상과 같이 청조는 앞선 왕조인 원이나 명 왕조의 정치권력의 유산을 계승하면서도 독자적인 국가체제를 만들어갔던 것이다.

19세기의 의미

19세기에 이르러 청조가 쇠퇴하였다고 서술하는 서적은 많지만 그 근거가 명확하지만은 않다. 확실히 18세기말부터 사천성(四川省) 방면에서 일어난 백련교(白蓮敎)의 반란, 광동성(廣東省) 해역에서의 빈번한 해적활동, 1813년에 천리교도(天理敎徒, 세계의 종말을 신봉하는 민간종교)들이 황제의 거처인 자금성에 침입한 사건, 신강(新疆)에서 이슬람의 이념을 내걸고 성전(聖戰)을 주창한 장격이(張格爾)의 군사행동 등의 현상을 볼 수 있다. 또한 19세기 전반의 세계적인 귀금속 부족(결재 수단의 수요 확대, 남미 광산의 은 산출 감소가 원인)을 배경으로 청조 치하에서 은이 유출되고 그 대신 인도산 아편이 유입되었던 일도 있다(林滿紅, 1991). 또한 아편 문제가 원인이 되어 청조는 영국과 전쟁을 하여 결국 1842년 남경조약(南京條約)이라는 형태로 새로운 대외관계가 설정되었다. 나아가 광서성(廣

그림④ 팔기병의 모습(1870년경). 광주(廣州)의 주방팔기(駐防八旗, 주방이란 각지에 주둔·방비하는 것). 사진을 촬영한 영국인의 설명에 의하면, 광주에는 1800명의 주방이 있어 일반 직업에 종사하지 않기 때문에 가난하였지만, 병사로서 충분한 능력을 보유하고 있는 인상을 받았다고 한다. 서양을 본받아 병력을 강화하는 정책도 시행되고 있었다.
출전: John Thomson, *Illustrations of China and Its People*, vol.1, Sampson Low, Marston, Low, and Searle, 1873, Plate XIII.

西省)에서 일어난 태평천국(太平天國)운동이나 안휘성(安徽省)에서 발발한 념군(捻軍)은 광대한 국토를 전화로 몰아넣어 청조는 상당한 고생 끝에 겨우 이들을 진압하였다. 동시기 운남(雲南)이나 섬서(陝西)지역의 회민(回民, 한어를 말하는 무슬림)의 반란도 있었다.

그러나 간과할 수 없는 것은 18세기의 청조도 평온무사하지 않았다는 사실이다. 건륭제(乾隆帝, 재위 1735~1795)가 거행한 다양한 외정(外征)은 커다란 성과를 거두었음에도 불구하고 반드시 성공하였다고는 볼 수 없다. 화북의 왕륜(王倫)의 반란, 대만의 임상문(林爽文)의 반란도 있다.

러시아는 옹정제(雍正帝, 재위 1722~1735)때 청조와 캬흐타조약을 맺은 후 서서히 시베리아·중앙아시아에 세력을 확대하고 있었다. 관료제의 부패에 대한 비판은 거의 어느 시대나 볼 수 있는 현상으로 18세기와 19세기만의 역사적 특징이라고 할 수는 없다. 인근 제국의 청조에 대한 자기주장(때로는 경멸)은 결코 19세기에 처음으로 시작된 것은 아니었다. 조선은 '소중화(小中華)'로서의 의식을 강화하고 버마나 샴[역1]은 자국 내에서는 청조를 대등한 상대로서 표현하였다. 일본에서는 국학자[역2]나 난(蘭)학자[역3] 등이 참으로 오만한 표현으로 '당토(唐土)', '지나(支那)'의 문란함에 대해 오만하게 묘사하고 있다(渡辺佳成, 1987; 增田えりか, 1995; 渡辺造, 1997, pp.148~183).

다만 20세기에 중국의 강국화를 바랐던 사람들의 "19세기의 청조는 부패·타락한 결과로서 외국에게 양보를 강요당했다"라는 비판은 이해할 수 있다. 그러나 그것을 그대로 믿을 수는 없는 것이다.

지금 돌아보면, 1842년에 시작된 조약 체제는 확실히 커다란 전기였다. 그러나 당시 북경 조정에서 이를 중대한 문제로 인식하고 있었는지는 의문이다. 불평등 조약을 문제로 삼기 위해서는 대등한 국제관계를 정상으로 생각하는 의식이 필요했다. 그러나 19세기 중엽 청조 관료들은 그러한 대등성이라고 하는 발상 자체를 결여하고 있었기 때문에 불평등 조약을 맺게 되었다는 위기의식은 당연히 없었을 것이다(佐藤愼一, 1996b,

---

역1 태국의 옛 국명이다.
역2 국학이란 중국을 포함한 모든 외국문화의 요소를 배제하고 순수한 일본문화의 모습을 되찾아야 한다고 주장한 것으로 대표적인 국학자로서는 게이추(契仲, 1640~1701), 가모노 마부치(賀茂眞淵, 1697~1769), 모토오리 노리나가(本居宣長, 1730~1801) 등이 있다.
역3 난학이란 양학(洋學)이라고도 하며, 사상적 측면 보다는 의학이나 과학기술을 중시한 학문이다. 일본이 직접 네덜란드의 서적을 통해 서양의 학문을 받아들였다는 점에서 난학이라고 한다. 대표적인 학자로는 마에노 료타쿠(前野良澤, 1723~1803), 스기타 켄바쿠(杉田玄白, 1733~1817) 등이 있다.

pp.48~60).

그러나 구미의 군사력·경제력을 배경으로 맺은 조약의 특권을 이용한 외국인의 활동이 서서히 청조에게 불리한 국면을 만들어 나갔다는 것은 상상할 수 있다. 특히 심각한 문제는 그러한 외국인과 결탁해 특권적인 혜택을 누리며 청조의 지배에 복종하지 않는 사람들이 속출하게 된 것이다.

싱가포르 출신이라고 칭해 영국 영사재판권을 이용하고자 한 진경진(陳慶眞) 등의 결사(村上衛, 2000), 외국인에게만 인정된 납세특권이나 재산보호권을 이용하기 위해 명의를 빌리는 상인들(佐々波智子, 1991; 本野英一, 2000), 토지분쟁에서 유리한 판결을 받기 위해 가톨릭교회를 의지하고자 입신하는 사람들(李若文, 1994; 佐藤公彦, 1997) 등등. 이러한 상황 하에서 청조관료들은 외국인의 특권이 남용(악용)됨에 따라 통치 질서가 뿌리째 흔들려 가는 듯한 위협을 절실히 느꼈다. 또한 외국인과 결탁한 자로 인해 불이익을 받은 사람들은 울분을 품기에 이르렀다.

이러한 상황을 배경으로 중국의 단결을 외치고, 배신자로 지목된 사람들을 규탄하는 움직임이 일어나게 된 것이다.

애국주의의 등장

1895년 청조는 일본과 전쟁을 하였지만 패색이 짙었다. 결국 청조를 대표한 이홍장(李鴻章)이 시모노세키(下關)를 방문해서 이토 히로부미(伊

역4 배상금은 2억량으로 8회에 걸쳐서 7년 이내에 지불하기로 하였다. 이 금액은 일본 엔으로 환산하면 3억 400만엔 정도인데 당시 청조정부 년수입의 3배에 가까우며, 일본 국가예산의 4배가 넘는 막대한 것이었다.

藤博文)와 담판을 벌인 끝에 대만을 할양하고, 막대한 배상금^{역4}을 지불하기로 하였다.

이에 대해 북경 등 중국 각지에서 항의가 빗발쳤다. 사실 일부 관료는 개전 초기부터 강경하게 주전론을 주장하여 이홍장의 전쟁 지휘를 비판했지만, 패전과 함께 이홍장에 대한 압력은 점점 더 강해졌다. 또한 그때 마침 북경에는 과거시험(회시)을 위해 거인(擧人)의 자격을 가진 사람들이 전국에서 몰려들었는데 그들도 집단으로 항의하는 의견서를 조정에 제출하려고 하였다. 그 중심에 선 인물이 바로 강유위(康有爲)이다.

강유위는 광동성출신으로 '변법(變法)'에 의한 정치개혁을 주장하였다. 변법운동은 유학을 획기적으로 재해석해 이론적 근거로 삼았다. 공자는 일찍이 주나라 시대의 이상적인 제도를 부흥시키고자 한 인물로 알려져 있지만, 강유위에 의하면 공자는 과거의 성인에 가탁하여 제도를 개혁하고자 한 인물이라고 한다. 공자가 현재 살아있다면 정치개혁을 하고자 하였을 것이다. 여기에는 종래의 정치제도를 그대로 계승하는 것만이 아니라 필요에 따라서는 제도개혁을 하는 것이 당연하다는 발상의 전환, 즉 정치관의 혁신이 담겨있었다(野村浩一, 1964).

이리하여 강유위는 뜻을 같이하는 사람들과 결사를 조직해 당시 황제인 광서제(光緖帝)에게 수 차례에 걸쳐 의견서를 상정하여 자신의 정견을 실현하고자 하였다. 양계초도 강유위의 문하생으로서 정치개혁을 주장했던 사람 중의 하나이다. 1898년 강유위 등의 움직임은 정점에 달해 마침내 광서제는 강유위의 제안을 수락하여 다양한 개혁 명령을 내렸다. 이른바 무술변법이다. 그러나 이 급격한 개혁은 곧 좌절되어 강유위와 양계초는 일본에 망명하였지만 담사동(譚嗣同) 등 일부 동지는 체포되어 처형되었다.

망명자가 된 강유위 등은 화교 및 유학생들에게 자신들의 정치적 주장에 대한 지지를 호소하였다. 양계초도 일본에서 『청의보(淸議報)』 (1898~1901), 『신민총보(新民叢報)(1902~1907)』 등의 잡지를 발간하여 방대한 논설을 발표하였다.

이 즈음 손문(孫文)도 해외에서 정치적 활동을 시작하고 있었다. 손문도 광동성 출신이지만 일찍이 출국하여 하와이 등에서 교육을 받았다. 손문 등은 청조를 타도하고 공화국을 세운다는 정치노선을 서서히 추진하고 있었는데, 이것이 '혁명'이라고 불리는 정치운동이 된다.

혁명파가 『민보(民報)』 등의 잡지를 통해 그들의 논리를 전개하자 양계초는 『신민총보』에서 혁명파에 대항하는 논리를 전개한다. 그 중에는 예를 들면 혁명을 일으키면 중국은 열강에 의해서 분할되어 버리는 것은 아닌가? 프랑스혁명의 공포정치를 어떻게 평가할 것인가? 등 다양한 정치론을 전개하고 있다(佐藤愼一, 1996b, pp.229~300).

혁명파도 내부 사정을 보면 광동 · 절강(浙江) · 호남(湖南) 등 출신지에 따른 집단으로 나뉘어 있으며 또한 무정부주의 · 국수주의 · 사회주의 등 다양한 사상이 혼재하고 있었다. 절강출신의 장병린(章炳麟)과 같이 강유위의 유학을 철저하게 비판하면서도 손문과도 대립하고 있던 혁명파 논객도 있다.

또한 국내의 여러 신문 · 잡지에는 일본 등을 모방하여 입헌군주제를 취해야 한다는 의견이나 지방마다 자립적으로 정치를 운영하는 것이 좋다고 하는 의견 등 다양한 논점이 제시되었다. 실제로 청조는 1901년 1월 '변법'의 조(詔)를 내려서 정치개혁을 결정하였다. 그 후 과거의 폐지, 입헌제의 도입 등의 정책이 추진되었다.

종래의 연구사를 살펴보면 각 정파의 사상과 논쟁의 모습이 상세히 분석되어 있다. 가령 강유위 · 양계초 일파와 혁명파와의 정치적 주장의 차이는 그들 사이의 논쟁을 통해 알 수 있다. 그러나 그와 같은 논전을 성립시

그림⑤ 북경에서의 의화단 전쟁. 이 세화(歲畵, 새해를 축하하는 그림)에서는 외국병사와 청조군이 서로 총포를 쏘고 있다. 중앙에 있는 것은 의화단인데, 하늘을 나는 여성인 홍등조(紅燈照)가 만들어 낸 방어막과 같은 것으로 보호를 받고 있다. 의화단 패배와 함께 그 배후에 있는 민간신앙·민중 문화를 '미신'이라고 하여 부정하는 움직임이 나오게 된다. 오늘날 중국에서는 의화단운동에 대해 공식적으로 '애국주의'적 성격을 인정하고 있지만, 청말 시기에는 '애국'적 입장에 서서 혁신을 도모하려는 사람들에게 있어 의화단은 극복해야만할 반면교사였다. 엘미타쥬(Hermitage) 미술관 소장.

출전: 劉玉山·許桂芹·古薩羅夫編, 『蘇聯藏中國民間年畵珍品集』, 阿芙樂爾出版社/人民美術出版社, 1991. No.204.

킨 공통의 입각점은 무엇이었을까? 라는 문제를 설정하는 것도 가능할 것이다. 더욱이 정치 운동사에서 벗어나 널리 중국의 사회 사조를 볼 경우에도 역시 공통의 어휘와 논법에 의해서 많은 과제가 논의되었다고 생각한다. 확실히 정치노선에 관한 논점도 중요하지만, 그보다 정치노선의 차이를 초월해 공유되었던 발상이야말로 시대의 한 획을 긋는 의의를 갖는 것이 아닐까?

무술변법에서 신해혁명에 이르는 시기는 사회의식이 크게 변동하는 시기였다. 신해혁명 후 1910년대 후반에서 보면 신해혁명은 그다지 성공하지 못한 것으로 볼 수도 있을 것이다. 그러나 필자는 20세기 초의 10년 동안 일어난 정치의식·사회사상의 급속한 변화는 커다란 역사적 의의를 갖고 있다고 생각한다.[1] 그 변화는 지역과 사회계층의 한정성은 있지만, 그후 역사의 방향성을 결정지었다는 점에서 중요성을 인정해야 할 것이다.

이 시기의 논의 중에는 다양한 내셔널리즘사상을 찾아 볼 수 있다. 그것은 만주족을 배척하고자 하는 종족주의, 의회제 민주주의에 의해 국민통합을 추진하고자 하는 논의, 개명한 군주독재에 의해 국민형성을 추진하고자 하는 논의, 외국의 침략이나 화교에 대한 박해에 격분하는 논의 등 대단히 다양하다(朱浤源, 1992).

중요한 것은 내셔널리즘이란 본래 논리적 설득력을 갖고 있다기보다는 감정에 호소하고자 하는 성격을 지니고 있어 정치사상으로 분석하는 것은 간단하지 않다는 점이다. 내셔널리즘이라는 용어는 개괄적인 표현으로서

---

1 근년, 헌정의 전개 등 근대국가의 형성을 보다 장기적인 경세사상의 흐름에 자리매김하려고 하는 견해도 있다(Kuhn, 2002). 그러나 급격한 변화의 국면을 지적하는 것도 가능하다고 생각해서 본서에서는 과감히 지난 시대와의 단절성을 강조하고자 한다. 또한 신해혁명의 국민 형성에 초점을 맞춘 우수한 연구(Harrison, 2000)도 있지만, 그 전제가 되는 신해혁명 이전의 역사적 전환을 중시하는 것이 본서의 입장이다.

편리하지만, 분석개념으로서 적절한가에 대해서는 의문이 든다. 이것을 '국민주의', '국가주의', '민족주의' 등으로 바꿔 말해도 그다지 명쾌하지는 않다. 필자는 이들 용어에 엄밀한 정의를 내려 논의 하려고 시도해 보아도 그 시도가 성공할 것이라고는 생각하지 않는다(羅志田, 1998, pp.1~26).

그래도 논의에는 출발점이 필요하기 때문에 본서에서는 '중국'이라고 하는 나라(또는 그에 상당하는 것)에 강한 귀속의식을 느끼며, 장래를 염려하고 위기에 어떻게 대처할 것인가 라는 논의 및 운동에 주목하여, 일단 사

---

2 '민족주의', '국가주의', '민주주의'라는 표현도 사료에서 발견되며 상호간에 유사한 의미로서 사용되고 있는 경우가 많다. 일본어의 ナショナリズム(내셔널리즘)이라는 용어도 대략적인 표현으로서는 유효할 것이다. 그리고 많은 연구자들이 제 나름대로 적당하다고 생각하는 개념을 사용하여 분석을 진행하고 있는 것은 자연스러운 일이다. 그러나 필자의 경험에 비추어 볼 때 내셔널리즘에 대해서는 누구나 납득할 만한 개념 설정을 하는 것은 거의 불가능하며, '정확한' 개념 설정에 대해서 아무리 논의한다고 해도 역사적 사상(事象)에 대한 이해가 깊어진다고는 생각하지 않는다. '애국주의(愛國主義)'에 대해서도 본문에서 서술하였듯이 그 '나라(國)'란 대체 무엇인가라는 문제가 있지만, 상대적으로 오해를 벗어날 수 있는 용어로서 편의적으로 채용했다. 청말에 사용되고 있었던 '국가', '민족', '국민'이라는 말의 의미는 현재의 일본어와 그다지 차이가 없다고 할 수 있지만, 그것들을 명확한 개념으로 사용하는 것도 매우 곤란하다. 가령 일본어로 엄밀한 정의를 했다고 해도 사료 속에서 같은 한자어구가 기세 좋게 감정을 환기시키기 위해 사용되고 있을 때, 혼란을 일으키지 않기 위해 어찌하면 좋을지 모르겠다. 본서는 이러한 개념정의에 대한 곤란함을 강하게 의식하면서 쓰여진 것이다.
'애국주의'를 영어의 patriotism, 프랑스어의 patriotisme로 번역할 수도 있을 것이다. 그렇다고 한다면 '내셔널리즘'과 '애국주의'를 유사한 것으로 제시하는 것은 이상하다는 의문이 들 수도 있다. 그것은 프랑스어로 말하자면, nation과 patrie의 차이라고 하는 논점과 결부되어 있어 용이한 문제는 아니다. 원래 nation과 patrie라는 개념에 의해 명쾌한 의미 설정과 논리적 상호관계를 가지고 세계의 모든 사상(事象)을 설명할 수 있다고 생각하는 것은 분명히 지나치게 낙관적인 것이다(예컨대 야마노우찌 마사유키(山內昌之), 1993년에 잘 납득이 가지 않는 흥미로운 사례가 많이 소개되고 있다). 유럽에서도 사정은 다양하다(谷用稔, 1999). 이리하여 본서에서는 사료 중에 많이 볼 수 있는 '애국'이라는 용어에 착안하여 '민족', '국수(國粹)', '국가', '국민'(또는 그것과 유사한 것)의 보전과 진흥을 주장하는 움직임을 '애국주의'로 일괄한다. 그것은 논자의 정치적 입장이나 개성에도 불구하고, 공통된 발상으로 가능한 한 주목하고자 하는 본서의 기본시각과 연결되어 있다. 또한 현재에 이르기까지 중국 애국주의에 대해서는 西村成雄, 1991. pp.11~30; Harrison, 2001이 조감하고 있다.

료 용어 중의 하나를 택해서 이것을 '애국주의'라고 부른다.[2] 이에 대해서도 내실면에서는 다양한 주장이 나올 수 있는데, 예를 들면 송교인(宋敎仁) 등 일본에 유학한 학생들이 간행한 『20세기의 지나(二十世紀之支那)』라는 잡지에서는 다음과 같은 정식화가 이루어져 있다(이 잡지에 대해서는 片倉芳和, 1978; 田中比呂志, 1990; 松本英紀, 2001, pp.24~26을 참조).

> 우리들은 올바로 행해야할 논리를 국민의 머릿속에 주입하여 독립자강의 성질을 갖게 해 종래 익숙해진 구습을 일소하고 세계에서 가장 문명적인 국민으로 만들고자 하는 것이다. 그리하여 신국가를 건설하고 20세기 우리 지나가 더욱더 진보하여 세계제일의 강국이 되게 한다. 이것이야말로 우리들의 주의(主義)이며 특필해야 할 것이다. 그 이름도 애국주의라고 한다(衛種, 「二十世紀之支那初言」, 『二十世紀之支那』 1期, 1905).

이 인용문 뿐만 아니라 잡지의 명칭에서 청조 등 개별 왕조를 초월한 나라의 명칭으로서 '지나'를 사용하고 있다(청말의 정론에서는 적극적인 의미를 담아 '지나'라는 용어를 사용하였지만, 일본인이 이 용어를 사용하는 경우에는 모욕적인 의미가 담겨있다는 것에 주의해야 한다). 이에 앞서 양계초도 '애국'에 대해서 논하고 있는데, 거기에는 '지나'와 '중국'이 번갈아 사용되고 있다(哀時客[3], 「愛國論」, 『淸議報』 6冊, 1899).

이러한 진지한 애국주의의 강조 속에서 다양한 문제제기가 이루어지고 사회의식으로 각인되어간다. 개인과 국가·사회의 관계가 어떻게 재구축되고, 개인의식이나 신체관에 어떠한 변화가 일어났는가도 중요한 관심의 대상으로 삼아야 할 것이다.

---

3 '애시객(哀時客)'을 양계초라고 이해한 것은 다른 곳에서 「애시객 양계초(哀時客梁啓超)」라는 서명이 보이기 때문이다(哀時客梁啓超, 「論中國人種之將來」, 『淸議報』 19冊, 1899).

대외 위기의식과 국민형성

양계초는 물론 『민보』에 논문을 게재한 몇 명의 논객들도 중국의 국민형성을 중요한 과제로 생각하고 있었다.[4]

그 이유로는 외국의 침입에 대해 단결해서 저항해야 할 필요가 있기 때문이라는 지적이 있다. 러시아가 중국의 동북지방을 점거하고 있는 것에 대항하는 '군국민(軍國民)' 운동이나, 1905년 이민 문제를 계기로 일어난 반미운동은 그러한 단결과 저항을 구체적인 운동으로 일으켜 국민적 단결의 폭을 확산시켜 나가고자 한 것이었다.

경우에 따라서는 나라를 위해 죽는다는 이념이 적극적으로 선전되고 있었는데, 그것이 더욱더 애국적 죽음을 유발하고 있었다. '중국'이 죽는 보람(사는 보람)을 제공해 준 것이다.

국민의 자질 문제도 거론되고 있다. 우선 지적인 면에서, 과거제 폐지 후 신교육을 제창한 결과 세계와 어깨를 나란히 하기 위해 필요한 실용적 지식이 존중되게 되었다. 민간신앙을 '미신'이라고 해서 비판하고 그를 계몽해 나가는 것도 중요한 과제가 되었다(李孝悌, 1992).

물론 이 시기에 신중하게 모색된 체제 구상 중에서도 '국민' 개념은 중요한 역할을 담당하고 있었다. 양계초의 '개명전제(開明專制)' 주장도 필요한 국민을 창출하기 위한 방도였으며, 손문 일파의 혁명이론도 명확히

---

4 이것을 '국민국가'로의 방향으로 파악하는 것은 본서의 의도는 아니다. 본래 유사 이래의 국가형태를 신중하게 생각하지 않고, 그것을 하나의 통합체로써 '국민국가'와 대조하는 것은 그다지 찬성할 수 없는 개념 규정이다. 물론 '제국'과 '국민국가'라는 이항대립적인 설명방식도 마음에 들지 않는다. 예컨대 20세기 초기의 역사를 고찰해 볼 때 대부분의 열강이 식민지를 가지며, 그 식민지의 피지배민은 엄밀하게는 '국민국가'의 구성원이라고는 말할 수 없고, 경우에 따라서는 이러한 국가통합을 '제국'이라고 부르는 용어법이 오늘날 존재한다는 것을 지적한다면, 본서가 왜 '국민국가'와 '제국'의 상대적 개념을 채용하지 않는가에 대한 이유로써 충분한 설명이 될 것이다.

국민에 의거한 국가구상을 포함하고 있었다(精衛, 「民族的國民」, 『民報』 1號, 1905).

그렇다면, 왜 '국민'이라는 개념을 상정했던 것일까? 그것은 국가 정치질서의 정당성을 확보하기 위해 절대적으로 필요했기 때문이라고 생각한다. 정치질서의 정당성이 이전과 같이 '천명(天命)'등의 존재로 설명된다면 별개의 논리가 된다. 가령 민중반란이 일어나 왕조가 동요하게 되어도 그것은 피치자에 의한 불신임으로 여겨지지 않는다. 악독한 관리에 의한 억압의 결과 어쩔 수 없이 반란이 일어났다고 보는 것이다(山田賢, 2001). 그 때문에 황제의 '덕'이 실제로 의문시되는 일은 없다. 그러나 그 설명이 믿음을 상실하였을 때 '국민'등 피치자의 의사에 의거해서 통치를 한다는 것이 정당성의 근거로서 부상하게 된다. 그것은 의회제 민주주의의 경우만이 아니라, 인민의 의사를 대변할 수 있다고 하는 당이 통치하는 민주집중제(인민민주전정)의 경우에도 해당된다. 이리하여 '국가'와 한 쌍이 되어 그 정당성을 지탱하는 개념으로서 '국민'이 등장하였는데, 이는 경우에 따라서 '군(群)', 사회의 응집성으로서 설명되었다(楠瀨正明, 1976).

청말 몇 명의 정치 논객은 그러한 '국민'의 논리적 필요성을 깨닫고 있었다. 청조 스스로가 '천명'의 논리를 방기 할 수밖에 없었던 계기는 의화단운동에 가담해서 실패한 데 있다. 의화단운동을 긍정적으로 받아들인 상유(上諭)에는 그것이 하늘의 뜻을 반영한다는 의미를 담고 있다. 청조는 일시적으로 의화단을 지원하였지만, 열강의 군사력 앞에서 태도를 바꾸어 그것을 반란이라고 규정하였다. 그 변절의 자각은 민중문화가 분방하게 분출하는 위험성에 대한 인식과 함께 국가의 정당성의 근거를 천명을 확인하는 의례가 아니라 구체적인 민의 지지라고 하는 데서 찾는 발상을 낳았다. 청말의 지방자치와 입헌제의 시도에는 지방 사회의 동향, 즉 신사

(과거 자격을 가진 자)와 상인의 세력 확대라는 현상이 전제가 되었지만, 그 신상(紳商)이야말로 청조가 개혁의 주된 지지자로 상정하고 있었던 계층이다.

저널리즘의 역할

청말 여론형성에서 주목할 만한 점은 신문·잡지의 역할이다. 상업적인 중국어 일간신문으로는 1872년에 간행된 상해의 『신보(申報)』, 1874년에 창간된 홍콩의 『순환일보(循環日報)』 등이 있다.

여기서는 천진(天津)의 일간지 『대공보(大公報)』를 사례로 해서 20세기 초 저널리즘이 무엇을 지향하고 있었는가를 살펴보고자 한다(何炳然, 1987). 기인(旗人, 팔기에 소속된 자)출신으로 가톨릭 신자이기도 한 영렴지(英斂之)는 1902년 6월 17일 프랑스 조계지에서 『대공보』를 발간하였다.[5] 『대공보』가 지향한 바는 무엇이었을까? 『대공보』측의 설명을 들어보자. 창간호에 게재된 영렴지의 「대공보서」(창간호)는 다소 엄격한 문체로 다음과 같이 논하고 있다(문중에는 음력이 사용되고 있다).

> 광서27(1901)년 동료들과 함께 천진에서 『대공보』를 창간할 계획을 세웠다. 올해 28년 여름 5월이 되어 사업을 개시할 수 있게 되었다. 북경의 영화(英華; 영

---

[5] 일본인에 의한 조사기록에 의하면, 『대공보』는 매일 발간부수 4,000부 내외를 자랑하고 있었다 (1907년경). 천진에서 이것과 거의 동일한 부수를 발행하고 있던 것은 『천진일일신문(天津日日新聞)』 이며, 그밖에 발행부수가 겨우 수백 부에 지나지 않는 신문에 이르기까지 몇몇 종류도 간행되고 있었다. 『대공보』와 같은 유력지조차 구독지의 8할은 천진에 머물렀으며, 북경이나 보정(保定)과 같은 비교적 가까운 대도시로 보내지는 부수는 극히 소수였다(淸國駐屯軍司令部編, 1909, pp.538~542).

렴지)를 운영의 중심인물로 추대하였다. 보도의 본래 목적은 풍속을 바로잡아 민지(民智)를 인도하는 데 있다. 즉 유럽의 학술을 권장해서 우리 동포를 계발해 총명하게 하고자 한다. 천박하고 고루한 것에 얽매인다면 아마 부끄러울 것이다. 이에 창간에 즈음하여 은밀히 서문을 쓴다. 말하건대 자신을 망각한다는 것은 크게 사사로움이 없다는 의미이다. 따라서 '공보'라고 명명한 것은 그 자체로 대단히 의미가 있다. 그러나 명목만 있을 뿐 내실이 조금도 동반되지 않는 일은 중국에서는 자주 있는 일이다. 지금 이 신문 역시 분별없이 표방은 하지만 독선적으로 공을 사칭해서 사리를 도모하는 것은 아니라고 할 수 있을까? 과연 본래 있어야할 시시비비의 정신으로 돌아가서 한결같이 대공의 입장에 설 수 있을 것인가? 결국 자기자신도 어떻게 될 것인지 짐작하기 어렵다. 일반적으로 말해서 어떤 일을 시작할 때는 마치 사람이 젊을 때와 같이 뜻은 높지만 경험은 아직 적어서 정신의 움직임이 활발하지 않기 때문에 아무래도 부실함이 많아진다. 시간이 지남에 따라 장점을 취하고 단점을 버려서 이전의 경험이 훗날 유용하게 되어 점차로 자연스럽게 전체적인 균형을 잡게 될 것이다. 그 때문에 본지는 결코 자신만 올바르다는 생각에 젖어 완고해지지 않을 것이고, 또한 세속에 영합해서 시비를 전도하는 것도 피할 것이다. 총체적으로 국가의 목표나 인민을 위해 쓸모있으며, 인심과 학술에 좋은 영향을 줄 것을 지향한다. 그 외 잘못되고 편중된 과격한 언사는 취하지 않고 비겁하고 사악하고 사소한 일은 배제한다. 특히 천하에 도리가 있으니 적절히 가르쳐 깨닫게 해서 그 미치지 못하는 바를 바르게 하고자 한다. 그에 따라 본지를 영예롭게 하고 민을 계몽하며 낡은 풍속을 교화하여 인문을 밝히고자 하는 것이다.

이어서 『대공보』의 '동인(同人)'에 대해 서술하면서도 '풍이속역(風移俗易)', '국부민강(國富民强)' 등이 소원이라고 거듭 밝히고 있다. 즉 가능한 한 불편부당(不偏不黨)한 자세로 새로운 정보를 제공하고 민의 계몽에 힘쓸 것을 목표로 삼고 있음을 알 수 있다.

『대공보』의 취지에 찬동하여 외부에서 보내온 「서문」도 있다. 절강성 가흥현(嘉興縣)출신의 동량(董亮)이란 인물이 보낸 「대공보서」는 보다 구체적인 정책을 제언하고 있다(『大公報』 1902年6月20日). 이에 의하면 대공보가 주장해야 할 것이 몇 가지 있다. ①군민의 '공권(公權)'을 평등하게 하여 '인심'을 유지한다. 구체적으로는 정치에 임해서 민의 의견에 귀를 기울이라는 주장이다. ②조정과 재야의 '공론'을 모아서 국시를 도모한다. 누구라도 상서를 올려 정책을 제안할 수 있도록 하라는 주장이다. ③사람을 속박하는 구제도를 배제하여 치도를 '공'으로 한다. 각 성·부·현마다 의회를 열라는 주장이다. ④상하의 격차를 줄여서 군의(群誼, 동료집단으로서의 친근감)를 '공'으로 한다. 상하관계에 따른 의례적 대응을 없애라는 주장이다. ⑤'공도'에 의해서 교섭을 한다. 외국인과의 분쟁을 공평하게 해결하라는 주장이다. ⑥'공의'에 준해서 외교를 행한다. 외교에 '중의'를 반영하라는 주장이다. 요컨대 지역 유력자의 정치적 발언권을 높이고자 한 제안이라고 할 수 있다. 그리고 이러한 주장을 지탱하고 있는 것은 더욱 복잡해 가는 국제관계 속에서 중국이 아프리카나 폴란드의 전철을 밟는 것을 회피한다는, 즉 '분할의 재앙'을 방지해야 한다는 위기감이었다. 그 처방전으로서 제기된 제안은 다소 억지스럽지만, 모두 '공'이라는 용어를 일부러 사용하고 있다. 이는 말할 필요도 없이 대공보 라는 명칭을 따른 수사이지만, '공'을 표방하는 것이 단지 가능한 한 공평한 보도를 지향한다는 것뿐만 아니라 정치적 변혁의 방향성을 내포하고 있었다고도 볼 수 있을 것이다.

하지만, 그러한 방향성에 찬동하지 않는 사람들은 '공'이라는 명칭에 대해 비판할 수도 있을 것이다. 「기대사보(紀大私報)」라는 논설(『大公報』 1902年8月27日)에 의하면 현재 '거공(巨公)'의 사람들은 『대공보』의 논점에 불만을 갖고 이를 '대사보(大私報)'라고 바꾸어 불러 비판적으로 언급하고 있다. '거공'('대공'보다 높은 수준의 '공')이라는 표현에 이미 비아냥거림이 들어가 있지만, 이에 대해 『대공보』 측은 "공자(公者)는 이를 보

그림⑥ 『절강조(浙江潮)』의 표지(제1기, 1903년). 『절강조』는 절강성(浙江省) 출신의 일
본 유학생들이 간행한 잡지이다. 본래 절강조란 어느 시기의 만조시에 전당강
(錢塘江)이라는 하천이 역류하는 보기 드문 장관을 가리킨다. 고향의 절강조라
고 하는 현상의 힘차고 기세등등한 모습을 본받아 자신들도 그렇게 살아가고
싶다는 소망이 담겨져 있다.

고 공이라고 하고 사자(私者)는 이를 보고 사라고 한다"고 반론하고 있다. 여하튼 『대공보』는 '공' 적 표현의 장으로서 자기를 규정하고자 하였던 것이다.

그런데 저널리즘의 정치적 역할로서 더욱 주목받는 것이 정치적 논의 뿐만 아니라 국제·국내정세 분석, 세계의 역사·지리·정치사상 등을 소개한 잡지이다. 국내에서는 1904년 창간된 『동방잡지(東方雜誌)』가 독자를 확보하고 있었지만, 망명자나 유학생이 국외에서 간행한 잡지의 역할도 중요하다. 앞에서 서술하였듯이 무술정변으로 망명한 양계초가 요코하마(橫浜)에서 간행한 『청의보(淸議報)』와 『신민총보(新民叢報)』, 혁명사상 선전에 중대한 역할을 담당한 『민보(民報)』가 있다. 또한 일본 유학생들은 저절로 출신성별로 동향 네트워크를 기초로 해서 잡지를 간행하고 있었다. 『절강조(浙江潮)』, 『강소(江蘇)』, 『운남(雲南)』 등이 바로 그것이다.

이들 신문·잡지의 간행으로 정보량은 19세기에 비해서 비약적으로 증가하였다. 그리고 중국의 미래를 위해 무엇을 해야 할 것인가라는 정치적 변혁에 대해서 강한 의식을 가진 독자를 길러내고자 하였으며, 한편으로는 첨예한 문제의식을 지닌 독자에 의해 지탱되었던 것이다. 물론 저널리즘이 관헌의 통제를 받은 적도 있었지만 경우에 따라서는 상당히 자율성을 가진 언론의 장을 형성하고 있었다고 하는 견해도 가능할 것이다(桑兵, 1991a; Judge, 1996).

전국적 내지는 국제적인 뉴스의 관심은 물론 매체에 의해 환기되는 측면이 크다. 그러나 출판물이 전국적으로 유통되고 일체감을 양성하기까지는 간단히 속단할 수 없다. 특히 일간신문은 유통에 필요한 시간만 가지고 보아도 전국지라고 할 수는 없으며 오히려 각지의 대도시마다 신문이 간행되었다고 할 수 있다. 잡지는 신문만큼 속보성이 문제가 되지 않기 때문에 수개월, 경우에 따라서는 수년 걸려서 각지에 유통하고 있었다고 생각한다.

그래도 전보에 의한 정보전달, 또는 철도에 의한 인쇄물의 운송은 정보의 원활한 유통과 획일화를 어느 정도는 진행시키고 있었다. 또한 신문기사의 상호 전재(轉載)도(또 신문논설의 잡지 전재도) 종종 있었으며, 이것이 각지의 신문기사를 상당히 등질화시키는 결과를 가져왔다고 생각한다. 이런 등질화는 문어체인 한어의 공통성이 전제되었기 때문에 가능했다. 전국적인 정보매체가 아직 등장하지는 않았지만, 그러한 움직임이 싹트고 있었던 것은 확실하다. 그러한 정보 매체에 대한 기대와 수요를 높였던 것은 애국주의의 전개였다. 즉 인쇄매체나 출판자본주의가 전국적인 관심을 형성하였다고 보기보다는 애국주의가 힘을 갖는 과정에서 정보에 대한 강한 수요가 생겨났다고 보는 편이 타당할 것이다.

생존경쟁에서 승리할 주체를 찾아서

1893년 5월 진화론의 고취로 잘 알려진 토마스 헉슬리Thomas H. Huxley는 영국 옥스퍼드대에 초청을 받아 강연을 하였다. 헉슬리는 찰스 다윈Charles R. Darwin의 진화론을 옹호하는 논진(論陣)을 펴 왔으며 또한 진화에 의해서 자연에서 사회까지 통합적으로 설명할 수 있다고 한 허버트 스펜서Herbert Spencer와도 친교가 있었다. 진화론은 다양한 비판을 받으면서도 헉슬리가 노력한 보람도 있어 드디어 널리 받아들여지고 있었다. 그런데 옥스퍼드에서 헉슬리는 진화의 원리와 구별되는 인간의 윤리를 주장하였다.

'진화와 윤리'라는 제목의 강연은 서론을 추가하는 등 수정을 거쳐 이

읽고 출판되었다. 이것은 몇 년 후 중국어로 번역되어 1897년 천진의 신문 『국문보(國聞報)』에 게재되었다가 그 다음해 단행본으로 출간되었다. 이것이 바로 거대한 사상적 파문을 불러일으킨 『천연론(天演論)』으로 번역자는 영국 유학경험이 있고 천진 수사학당(水師學堂)에서 교무를 맡고 있던 엄복(嚴復)이다. 『천연론』은 헉슬리의 『진화와 윤리』를 번역한 것이지만, 번역문과 구별해서 엄복의 의견이 삽입되어 있다. 거기에서 엄복은 헉슬리를 때로는 비판하면서 오히려 스펜서에 공감을 표시하고 있다(Schwartz, 1964, pp.90~91; Schwartz(平野健一郎 역), 1978, pp.89~110; 高柳信夫, 1991).

물론 『천연론』 이전에도 진화론은 들어와 있었지만, 그럼에도 불구하고 『천연론』의 간행은 역사적 의의가 크다고 평가 받는다(伊藤秀一, 1960ab; 小野川秀美, 1969, pp. 249~284; 佐藤愼一, 1990; 張汝倫, 2000). 이 때 무엇보다도 중요한 것은 진화론의 도입이 왜 충격적이었는가? 또한 진화론의 어떠한 측면이 획기적이었는가? 라는 문제이다. 그래서 『천연론』을 논의하기 이전에 우선 진화론에 대해서 유의해야할 점을 필요한 범위 내에서 살펴보고자 한다.

구미에서 진화론은 인간을 포함한 모든 생물은 신의 피조물이라고 하는 기독교의 사고방식과 격렬하게 충돌하였다(오늘날에도 미국 등에서는 중대한 논쟁 거리이다). 이러한 의미에서 진화론이 구미 사회에 대해서 새로운 인간관을 제시하였다는 것은 의심할 여지가 없다. 다만 인간과 금수가 어느 정도 연속성을 지니고 있다는 발상이 청말 사람들에게 저항감을 줄 정도는 아니었다고 생각한다.

또한 진화론과 혼동하기 쉬운 진보의 이념이라는 것이 있다. 오늘날 생물학자가 말하는 진화란 환경에 적응한 생물이 자연도태 등의 과정을 거쳐 자손을 남긴다는 것을 전제로 해서 세대에 따른 생물의 변화를 설명하는 개념이라고 할 수 있다. 적응 가부는 환경에 따라서 다르므로 진화라는 용어에서는 변화의 목적이나 방향성, 선악은 전혀 문제시되지 않는다. 이에 반해 진보는 좋은 방향의 변화를 의미한다. 다만 다양한 국면에서 진보와 진화가 혼동되어 사상적 역할을 담당해온 것도 사실이다.

생물학적 이론인 진화론을 인간사회에 적용하는 것은 통속적이라는 지적도 있다. 사회 다위니즘Darwinism이 바로 그것이다. 그러나 다윈도 인간의 유래를 탐구하고자 하였으며, 오늘날의 진화생물학자의 다수도 인간 존재가 진화의 결과라는 것을 대전제로 하고 있다. 자연과학으로서의 진화론도 처음부터 인간 존재 자체를 주요한 관심으로 삼고 있으며 인간 사회를 설명하고자 하는 뜻을 품고 있었다고 할 수 있다.

그러므로 인간 사회의 현상을 설명하는 데 진화 개념을 채용하는 것을 단순한 비유나 통속적 적용이라고 생각할 수는 없다. 다윈의 종의기원 이전에 진화evolution라는 개념을 제시하고 있었던 스펜서에게 진화론이란 포괄적인 사회철학이었다. 생물 세계에서 인간의 역사까지 모두를 통일적 원리로 설명할 수 있다면 그것이 진화론인 것이다. 스펜서는 사회학의 창시자이기도 하다. 이들 진화론은 빅토리아 시대의 영국 등에서 진보의 통념과 결합해 갔다(Peter J. Bowler, 1995)

그런데 엄복의 『천연론』이 갖는 의미를 생각하기 전에 원전인 진화와 윤리에 대해서 살펴보자James Paradis · George C. Williams, 1995). 헉슬리의 『진화와 윤리』는 진화론을 배경으로 인간 윤리를 심도 있게 고찰한 것으로 대단히 함축성을 띠고 있다. 서문은 저자가 책상에 앉았을 때 창문 밖으로 보이는 남잉글랜드 식물상의 이야기로 시작한다. 이 식물상은 오랜 시간에 걸친 생존경쟁의 결과 현지 환경에 적응하여 살아남은 것이다. 가령 한 구석에 울타리를 치고 정원을 만들어 다른 토지에서 새로운 식물을 수입하여 심으면 그 부분만 주위와는 다른 상태가 된다. 그 때문에 정원 만들기는 자연적 과정과 구별해서 인공적 과정으로 여겨진다. 그러나 정원 만들기를 하는 사람이 이것을 유지하고자 하는 노력을 게을리 하면 점차로 원래의 식물상으로 돌아가 버릴 것이다.

아마 당시 원예gardening의 유행을 의식하면서 제시한 정원 만들기 화제를 통해서 헉슬리가 말하고자 한 것은 인간도 본래는 생존경쟁의 결과로서 생겨난 것이지만, 그것에 대항할 수 있는 윤리를 형상화시켜야 한다는 것이다. 이것을 게을리 하면 문명은 하강곡선을 그릴 것이라고 한다. 이와 같이 헉슬리는 인간 사회에도 진화론의 원리가 적용되는 것을 전제하면서도 약육강식의 과정을 극복하려는 노력을 해야만 한다는 것이다. 생물로서의 인류에게 윤리란 무엇인가를 근본적으로 생각할 때 헉슬리의 저작은 지금까지도 여전히 커다란 의의를 갖고 있다(山脇直司, 1991; 內井惣七, 1996).

헉슬리의 논리는 진화론을 전제로 하면서 영국의 도덕철학에서 논의되어 온 중요문제를 다시 파고 들어가는 것이었다고 할 수 있다. 이것을 번역한 엄복도 그 점은 이해하고 있었다고 생각한다. 엄복은 헉슬리의 도덕 감정에 대한 논의는 이미 아담 스미스Adam Smith에 의해 전개된 것이라고 지적하고 있다(『天演論』 導言13 制私, 案語). 본래 인간의 성질은 선한가 악한가를 논하면서 사회질서의 근본원리를 '예', '인', '애' 등으로 고찰하는 것은 춘추전국시대의 제자백가에서 많이 찾아볼 수 있다. 그 축적을 발판으로 헉슬리의 논리를 쉽게 추구할 수 있었을 것이다. 그럼에도 엄복은 헉슬리와는 달리 윤리의 기반을 어디에서 구할 것인가라는 문제에는 그다지 관심을 기울이지 않았던 것 같다.

헉슬리의 정원만들기 이야기에 대해 엄복은 확실히 천연생물이 현지 환경에 가장 잘 적응하는 종(種)이라는 것을 인정하면서도, 비교적 격리된 토지에서는 외부로부터 강한 종이 들어오면 이전의 종은 도태되어 버린다는 의견을 덧붙여 지적하고 있다.

> 외부로부터 새로운 종이 들어오면 생존경쟁이 일어나 시간이 지남에 따라 구래의 종은 점차로 사라지고 새로운 종이 번성한다. 이는 교통이 발달한 시대에 상당히 볼 수 있다. 일찍이 러시아 귀뚜라미는 몸집이 컸는데, 페르시아로부터 작은 귀뚜라미가 들어오자 이전의 종은 구축(驅逐)되어 지금은 찾아보기 어렵다. 스코틀랜드에는 원래 울음소리가 예쁜 멧새가 서식하고 있었다. 후에 어디선가 울음소리가 예쁘지 않은 얼룩진 멧새가 날아와 번식하여 원래의 울음소리가 예쁜 멧새는 감소하게 되었다. [그 외에도 많은 예를 들고 있지만 생략한다]……이와 같이 다른 곳에서 들어온 생물이 번성한다면 왜 재래종이 가장 잘 적응할까? 아아 그것은 동식물에게만 해당되는 것인가? 만일 토착민이 가장 잘 적응한다면 미국 대륙의 홍인(紅人), 오스트레일리아의 흑종(黑種)은 왜 교류를 시작한 이후 감소해 버렸는가? 베링해의 캄차카반도에는 이전 토민(土民, 토착민)이 수십만이나 있었지만, 근래에는 수만 명에 불과하여 10분의 1로 감소해 버렸다. 이는 내가 러시아인으로부터 직접 들은 이야기이다. 아마 시간이 지남에 따라 더욱 감소할 것이다. 생존경쟁이 일어나면 패배한 자는 하루하루 감소해 버린다. [우리들도] 다소 인구가 많다고 해서 안심하고 있어서는 안된다(『天演論』 導言4 人爲, 案語).

이와 같이 엄복은 생존경쟁의 방식이 인간과 기타 동식물에 공통적이라는 사실에 관심을 기울이고 있다. 이것은 결코 본래의 진화론을 곡해한 것이 아니라 다윈·스펜서·헉슬리 모두 동일한 관점을 가지고 있었다. 다만 헉슬리의 『진화와 윤리』는 인간이 그러하기 때문에 자연의 경향에 저항하여 문명을 유지하기 위해 윤리의 진보가 불가결하다고 주장하는 것이다. 엄복은 헉슬리의 『진화와 윤리』의 특징을 명확히 이해하고 있었다.

> 이상 2편(정원만들기 이야기를 포함해서)에서 스펜서와 헉슬리의 차이를 볼 수 있다. 스펜서의 주장은 기본은 하늘에 맡기고 인위적인 것은 보조적이라는 것으로 마치 도가사상이 '자연'을 존중하고 무위의 치를 주장하는 것과 같은 것이

다. 헉슬리의 다른 저서는 대부분 하늘에 맡길 것을 논하고 있지만, 이 책(진화와 윤리)만은 하늘에 맡기는 것에 비판을 가하고 있다(『天演論』導言5, 互爭, 案語).

　진화 과정을 노자(老子), 장자(莊子) 등의 도가사상에 비유해서 이해하고 있는 정도라면 신기한 사상으로 받아들였다고는 볼 수 없다. 또한 헉슬리가 제시한 생존경쟁과 윤리의 관계는 이미 진(秦)나라 통일 이전의 문헌에도 보이며, 송학의 '천리', '인욕' 설을 거쳐 다양하게 논의되어 왔다. 이렇게 본다면 청말 사상사에서 생존경쟁과 자연도태설이 결정적으로 중요한 의의를 갖게 되었던 것은 왜일까라는 의문이 생겨난다.

　그것은 생존경쟁의 단위를 설정하는 발상 때문이 아니었을까? 물론 19세기의 진화론에서 어떤 종 안에 있는 개체끼리의 생존경쟁도 논의되었지만, 그러나 종과 종의 생존경쟁·자연도태도 중시되고 있다. 다윈도 집단 상호간의 생존경쟁과 도태를 말하고 있는데(矢原徹一, 1999), 엄복이 귀뚜라미나 멧새의 예를 들고 있는 것도 진화론의 서적에 의한 지식일 것이다. 필자는 이러한 집단과 집단과의 투쟁이라는 논의 방식이야말로 청말 사상가들에게 신기한 인상을 심어 준 핵심적인 요인이었다고 생각한다.

　이 집단을 가리키는 것으로 엄복이 사용한 용어는 '군(群)'이다. '군'은 오늘날 일본어의 '사회'에 해당하는 개념으로 '사회'와 '군'은 모두 society의 번역어라는 기원을 가지고 있다. 그리고 엄복이 높게 평가한 스펜서는 바로 사회학의 시조였다는 점에 유의할 필요가 있다. 스펜서는 사회학사에서 사회를 유기체적인 존재로 상정하고 있었다는 특징이 있다(淸水幾太郞, 1970).

　엄복에 의하면 다음과 같다.

　　〔다윈의 학설을 소개한 후〕 스펜서라는 영국인 학자도 다윈 이론에 따라 대대적으로 인륜(人倫)에 대해서 설명하였다. 그의 학문은 '군학'〔사회학〕이라는

명칭을 표방하였다. 군학이란 무엇인가? 순자(荀子)는 "사람이 금수와 다른 것은 무리를 이룰 수 있다는 점이다"라고 하였다(荀子 王制篇). 무릇 인간이 함께 살면서 서로 협력하여 진전된 문명을 만들어 내는 것은 모두 무리를 만드는 본성에 의한 것으로 그 때문에 스펜서는 그 학문의 이름을 군학이라고 한 것이다(嚴復, 「原强」, 『嚴復集』)

엄복이 '군'이라고 하는 사회집단으로서 중시하고 있는 것은 실은 국(國)이다. 같은 논문에서 보이는 표현에 의하면 "일군(一群), 일국(一國)이란 기능면에서 하나의 생물체와 다를 바가 없다. 원래 일국이란 일신(一身)과 같은 것이다. 머리를 때리면 사지가 반응을 보이고 배를 찌르면 몸 전체가 죽음에 이른다"는 것이다. 그래서 엄복은 중국이 인도나 폴란드와 같이 망국에 이를지도 모른다는 위기감 때문에 "내 한 몸은 아깝지 않으나 내 자손과 중국 인종은 어찌하면 좋단 말인가?"라고 개탄하고 있다.

여기에서 주목되는 것은 '군'(실은 중국)은 하나의 유기체로서 생존경쟁의 단위라고 지적하며 일체라고 하는 주장은 자신들이 도태될지도 모른다는 위기의식 때문에 이루어졌다는 것이다. 즉 생존경쟁이라는 발상을 통해서 비로소 경쟁하는 단위로서의 종·군이라는 개념이 나온 것으로, 이러한 의미에서의 사회의 제시야말로 청말 진화론의 획기성이라고 할 수 있다. 이 후 단결해서 생존을 도모해야 할 집단, 그것은 논자의 개성에 따라서 '중국', '한종', '민족' 등으로 표현된다. 그 차이는 있지만 응집력을 지닌 단체라는 관념 자체를 만들어 낸 것이 진화론이라고 생각한다. 즉 진화론을 '중국'에 적용하였다는 종래의 설명은 다소 부적절하며 오히려 단결해서 생존경쟁에 이겨야할 주체를 찾은 결과 '중국' 등의 집단을 상정하게 된 것이다.

실은 동시대 일본에서도 엄복의 시도와는 다른 각도에서 사회와 국가를 유기체로 보는 견해가 도입되어 있었다. 이것을 왕성하게 흡수하여 중국어 평론으로 살린 것이 양계초이다(橫山英, 1986; 竹內弘行, 1995, pp.167~238).

화이론(華夷論) - 만(滿)과 한(漢)

일본에서는 종종 '중화사상(中華思想)'이라는 표현을 사용하는 경우를 볼 수가 있다. 명확한 개념 정의를 하고 있지는 않지만 "중국에서는 예로부터 자국을 세계의 중심이라고 보는 우월의식이 있었다"는 발상을 전제로 한 표현일 것이다. 그러나 중국어에는 이러한 말투가 없다고 해도 좋다. 본서의 목적에서 보면 너무 애매하여 채용할 수 없는 용어이다. 본래 오늘날 시각에서 보면 자민족중심주의·자국중심주의라고 하는 현상은 동서고금 크고 작은 인간 집단에 보편적으로 볼 수 있다. 특히 '중화사상'은 일본의 입장에서 비판 내지 야유를 보내는 의도를 내포하고 있다고 볼 수 있다.

그렇다고 해도 신해혁명의 결과로서 '중화민국(中華民國)'이 성립하였듯이 '중화'라는 것은 역시 유념해 두어야 할 자기 의식의 표현인 것이다. 고전에 보이는 '중화'의 유사어로서 '화하(華夏)', '중국' 등이 있다. 그 상대어가 '이적(夷狄; 주변의 야만인)'이다(安部健夫, 1972). 이와 같이 '화'와 '이'의 구별은 이항 대립적인 개념으로 존재해 왔지만, 그것이 현실적 정치 질서에 어떻게 반영되고 있는가는 경우에 따라서(정권에 따라서) 다양하였다. 몇몇 왕조의 예를 들면 청조에 앞선 원(元)과 명(明)에서도 그 입장은 동일하지 않다. 즉 종래 '화', '이'라고 하는 이분법적 상대어는 연속해서 사용되어 왔지만, 거기에 어떤 의미를 담아 사용하였는가, 정권의 정당화(또는 정통화)에 유용하였는가는 각각의 정치적 상황과 개별적 판단에 따라 달랐다고 봐야할 것이다. 이러한 의미에서 종래 지속적인 '중화사상'이라고 하는 것은 존재하지 않았다고 할 수 있다.

청조는 화·이의 개념과 어떠한 관계에 있었던 것일까?(安部健夫, 1971) 청조는 만주를 중심으로 성립한 정권이라는 것은 누가 보아도 명확한 것으로 그 기원을 이루는 여진인들은 명조 사람들로부터 이적으로 여겨졌다. 게다가 청조는 통치 하의 모든 남성에게 변발이라는 머리 형태를 강제하였는데, 이것은 원래 여진의 풍속이기 때문에 청조를 이적이라고 보아 비판하는 근거로 삼을 수도 있다. 청조도 화·이의 이분법 그 자체를 무시할 수는 없었으며, 자신의 입장을 화·이의 용어로 설명할 수밖에 없었다. 복잡한 것은 이것도 황제마다 반드시 동일하지 않았다는 것이다.

옹정제(雍正帝) 시대에 발생한 유명한 증정(曾靜)사건이 있다. 증정은 청조를 이적으로 배척하는 언동을 보였다고 해서 적발되었는데, 옹정제는 증정을 설복하고 그 과정의 문답을 정리한 『대의각미록(大義覺迷錄)』을 간행하였다. 옹정제에 의하면 청조는 유덕하기 때문에 통치를 하고 있는 것이며 화이의 구별을 근거로 한 비판은 부적절하다는 것이다. 증정은 이 설득에 의해 '올바른' 인식을 하게 되어 개심하여 죄를 용서받았다고 한다(宮崎市定, 1950, pp. 137~143; 小野川秀美, 1958; Spence, 2001).

그러나 『대의각미록』은 다음 황제인 건륭제(乾隆帝)에 의해 금서로 지목되고 증정은 사형에 처해지게 된다. 건륭제는 옹정제의 화이론이 내포하는 잠재적 위험성을 느꼈던 것이라고 생각한다.

왜냐하면 만주로서의 자기규정(아이덴티티)과 청조 국가체제의 정당화의 관계는 청조황제에게 다소 모순을 내포하는 미묘한 문제였기 때문이다. 현실적 통치구조 속에서 황실이 대대로 만주 출신인 것은 물론 팔기제

도도 건국 당시의 우세한 입장을 세습적으로 유지할 요소가 있었기 때문에 그 의미에서 만·한의 구별은 국가의 기본체제와 직결되는 것이었다. 명조의 정치제도를 상당히 계승하였다고 해도 만주의 전통을 방기한 것은 아니었다. 바로 이 모순은 왕조의 자기규정에 내재하는 특징으로서 논의할 수가 있다. 종종 "이것이 만주의 조법(祖法)이다"라는 것을 창조하면서 (그렇게 해서 '만'과 '한'의 경계를 유지하면서), 한편으로 "청조는 천명을 받아서 통치를 하고 있기 때문에 화이의 구별은 무의미하다"고 주장하는 그 줄타기에 내재하는 긴장이야말로 청조에 있어 화·이의 문제였다고 할 수 있다(石橋崇雄, 1998; Rawski, 1998; Crossley, 1999; Elliott, 2001).

청말 혁명운동에서 청조를 이적인 만주 정권으로 격렬하게 공격하는 논의가 나온다. 이것을 '배만(排滿)'론이라고 하는데 결국 그에 의해서 청조 타도를 지향하는 운동이 승리하게 된다.

인종의 관념

한편, 청말 논의 중에서 '한족'의 우등성을 주장하는 전제 중에서 당시 세계적으로 유포되고 있었던 통속적 인종론이 있었다(Dikotter, 1992; 坂本ひろ子, 1995). 그리고 그 중에서 '한종(漢種)', '황종(黃種)'이 살아남으려면 어떻게 해야 좋은가라는 문제 의식이 나타났다. 우승열패의 세계에서는 '멸종'의 위기가 고양되었다.

청조의 고관이었던 장지동(張之洞)은 『권학편(勸學篇)』(1898), 「지류(知類)」에서 다음과 같이 그의 견해를 나타내고 있다. ( )은 장지동에 의한 원주(原註)이다.

서양인은 오대주 사람을 다섯 종류로 나눈다. 유럽주 사람은 '백종', 아시아주 사람은 '황종', 서인도, 남인도의 사람은 '갈색종'〔棕色〕, 아프리카주 사람은 '흑종', 미주 사람은 '홍종'이다(유럽주의 종류는 더욱 세분화하고 있다. 러시아는 슬라브종, 영국·독일·오스트리아·네덜란드는 게르만종, 프랑스·이탈리아·스페인·벨기에는 로마〔라틴〕종, 미주의 현명한 자는 영국에서 이민 온 사람들로서 영국과 마찬가지로 '백종'이다. 같은 종의 사람은 성품과 심정이 비슷하고 사이가 좋다).

서로는 곤륜(崑崙)에서 시작하여 동으로는 바다까지, 남으로는 남해에 이르고 북으로는 봉천(奉天)·길림(吉林)·연해의 베트남·샴·버마, 〔인도는 5개 부분으로 이루어졌다고 인식되고 있었지만 그 중의〕 동·중·북의 세 인도, 동은 바다로 둘러싸인 조선, 바다 가운데 있는 일본(일본의 지맥은 조선과 연결되어 다만 해협을 사이에 두고 있을 뿐이다), 그 토지는 모두 아시아주이고 사람은 모두 황종이다. 모두〔고대 중국의 통치자인〕 삼황오제의 교화가 미친 곳으로서 신명주예(神明胄裔)의 종족이 분리된 것이다. 수(隨)대 이전의 불교서에 '진단(眞檀)'이라고 하며, 지금 서양인의 서적에서 중국인을 일괄적으로 몽골〔몽골로이드〕이라고 하고 (이것은 유럽과 중국의 교섭이 원 태조 징기스칸에 비롯되었기 때문이다), 또한 러시아어로 중국인을 '계단(契丹)'〔기타이〕이라고 부르는 것은 아시아가 같은 종이라고 하는 증거이다.

이렇게 해서 장지동은 청조 통치 하에 있는 사람들은 모두 공통의 기원을 가지고 있기 때문에 하나가 되어 조정을 떠받들어야 한다고 했다. 그런데 유럽인에 대해서 상세하게 구분하고 있는 반면에 보다 가까이 있는 아시아에 대해서 상세한 구분을 하지 않고 일체로 보고 있는 것은 왜일까?

그 원인은 쉽게 추측해 볼 수 있다. 아시아 내부의 인종 구분을 하면 앞에서 논의하였듯이 만·한의 구별이라는 정치적으로 민감한 문제에 접촉하지 않을 수 없기 때문에 청조의 고관인 장지동으로서는 "모두 황종이다"라고 하는 데 그친 것이다.

이에 대해서 황종의 내부에 관해 보다 상세히 변별을 행한 논의도 있

다. 격렬하게 혁명을 주창한 진천화(陳天華)의 『경세종(警世鍾)』(1903년
경)에서 '종족'을 논한 부분을 인용해 보자. ( )은 진천화의 주석이다.

> 1. 황색종(또는 황종이라고 한다). 아시아주의 나라는 오인도(五印度, 인도)인
>   을 제외하면(인도인은 원래 유럽주의 백색종이나 오랜 시간이 지나면서 피
>   부가 검어졌다) 모두 황색인이다.
> 2. 백색종(또는 백종이라고 한다. 유럽주 및 미주 각국의 사람은 모두 이 종
>   이다).
> 3. 홍색종(미주에 원래 살고 있던 사람).
> 4. 흑색종(아프리카주 사람).
> 5. 갈색종[棕色] (남양군도 사람).

> 황종에 대해서만 논한다면 다시 한종(漢種), 묘종(苗種), 동호종(東胡種), 몽
> 골종으로 분류된다(한종은 시조인 황제가 4300여년 전 중국의 서북에서 와서 치
> 우(蚩尤)와 싸워 이겨서 종래 중국의 옛 종족인 묘족을 밀어내고 황하의 양안에
> 국가를 세웠다. 현재 중국내부의 18개성 4억인은 모두 황제의 자손이며 한종이
> 라고 칭한다. 본래 중국에는 묘종이 많았는데, 지금은 운남(雲南)·귀주(貴州)·
> 광동(廣東)·광서(廣西)에 약간 거주할 뿐이다. 동호종은 일찍이 금(金), 현재의
> 만주로서 인구는 500만이다. 몽골종은 원조로서 현재의 내외몽골 인구는 200만
> 이다). 기타 종족에 대해서는 상세하게 설명할 필요는 없다.

이 분류를 전제로 해서 진천화는 5개 종족의 인구 변동에 대해서 유의
하고 있다. 그에 따르면 백종만 100년전보다 인구가 증가하였고 황종 등
그 외는 감소하고 있다. 그것은 백종의 속국이 되었기 때문이다. 다른 종
족의 지배에 단호히 저항하는 것이 중요하다. 그러나 중국은 지금까지 종
족을 구별하지 못하여 몽골이나 만주가 와도 그 지배를 받아들였으며, 서
양인이 와도 그 지배를 받아들였다. 게다가 다른 종족의 앞잡이가 되어 동
족을 살육하였다.

금수도 자기와 같은 종을 돌본다. [외국의 앞잡이가 되는] 중국인은 실로 금수보다도 못한 것이다. 속언에 "사람은 다른 성씨와 친밀하지 않다"고 하는 것은 맞는 말이다. 두 성씨가 다투면 반드시 동성인 자를 도와주게 되며, 결코 다른 성씨를 도와주는 일은 없기 때문이다. 다만 성은 모두 하나의 성에서 나온 것이다. 즉 한종은 황제를 대시조로 하는 하나의 큰 성이다. 한종이 아니면 황제의 자손이 아니고 모두 이성이기 때문에 협력해서는 안 된다. 만일 협력한다면 선조를 경외하지 않는 것이 된다. 만일 선조를 경외하지 않는다면 인간이 아니라 짐승이다.

이와 같이 종족의 구분은 만주의 지배를 부정하기 위한 논리로서 제시되고 있다. 말할 필요도 없이 인구의 증감에 대한 관심은 우승열패에 의한 도태를 의식한 논리이다. 중국에 본래 살고 있었던 것은 묘종이지만, 한종에 패배해서 인구도 감소하고 있다. 한종도 마찬가지의 길을 걸어서는 안 된다는 것이다.

이상 두 가지 예를 들었는데, 양계초 등 다른 논자도 이와 유사한 논리를 전개하고 있다. 물론 이러한 인종론은 특히 일본에서 유행하고 있었으며, 그것을 도입한 것이라는 성격이 강하다(石川禎浩, 2001). 흥미로운 것은 장지동과 진천화는 구분 방식이 대략 일치하면서도 세세한 점을 다르게 설명함으로써 전혀 다른 정치적 주장을 도출하고 있는 점이다.

(황제를 포함한) 삼황오제의 '교화'를 중시하는 장지동의 논의나 종족의 구분을 고정적으로 생각하지 않는 강유위의 논의라면 종족의 구분을 전제로 한 정치제도를 중국의 내부에 구상할 필요는 없을지도 모른다. 그러나 종족의 구별을 명확하게 하여 황제의 자손인가 아닌가라는 혈통을 중시하는 논자에게 거기에 포함되지 않는 자들을 어떻게 자리 매김할 것인가, 구체적으로는 어디까지나 '한종'이 중국의 주체가 된다면 만주는 물론 몽골·티베트 등의 사람들을 어떻게 통합할 것인가 라는 문제가 대두

된다. 게다가 현실적으로 몽골이나 티베트도 공간적으로 '중국'의 범위로 보고 있으며 분리독립은 상정하고 있지 않다(平野健一郎, 1988; 村田雄二郎, 2000a; 坂本ひろ子, 2001). 따라서 '배만' 사상 만으로는 이 문제를 해결할 수 없는 것이다.

그래서 '중화민국'은 몇 개의 민족이 통합되어 성립하고 있다는 '오족공화(五族共和)'의 논리가 등장한다(村田雄二郎, 2001). 그 중에서 진보를 선도하는 존재로서 '한족'을 세워놓으면 된다. 이렇게 해서 민족의 즉시적인 동화와 각 민족의 분리독립을 동시에 해결하면서 국가로서는 불가분의 단일체로써 중화민국을 구상하게 되었던 것이다. 물론 상세히 말하자면 '회민(回民;한어를 말하는 무슬림)'을 '민족'이라고 해야 하는지 등 다양한 문제가 있었다(安藤潤一郎, 1996; 松本ますみ, 1999, pp. 287~322). 그렇다고 해도 이상의 논리에 의한 중화민국의 성립은 오늘날 중국의 다민족 국가에의 가능성을 준비하였다고 할 수 있다.

민주주의의 다수결 원리와 다양한 민족 집단의 존중이라는 문제는 오늘날도 인류가 완전히 해결하지 못한 어려운 문제이다. 내셔널리즘이란 자존의 민족이 자신의 국가를 가지려고 하는 운동이라는 정의도 있다. 그러나 하나의 민족, 하나의 국가라는 주장은 결국 유고슬라비아 사회주의 체제가 해체된 후 벌어진 것과 같은 가공할 만한 살육(민족정화)을 불러일으킬 지도 모른다. 중화민족이라는 일체성을 전제로 하면서 다민족의 존재를 인정한 국가원리는 그 모순에도 불구하고 분명히 명철한 현실주의에 입각한 것이라고 할 수 있다.

군국민(軍國民)과 체육

러일전쟁에서 일본의 승리는 입헌제도에 대한 긍정적 평가와 함께 메이지(明治)정부의 군국주의에도 주목하게 되었다. 이미 양계초는 일본의 '무사도'에 착안하면서 중국의 국민 형성을 전망하였다(狹間直樹, 1999). 또한 중국 동북 지방에서 러시아군 주둔을 반대하는 단체로 등장한 '군국민 교육회'의 운동에도 신체 건강이라는 이념이 명확히 담겨있었다. '체육', '상무'가 유행어가 되었다(黃金麟, 2001, pp. 33~107).

각지에서 만들어진 '체육사(體育社)', '체육회'는 바로 이상과 같은 신체와 국가의 결부 속에서 부각되었다. 주지하듯이 이들 단체는 지역에 따라서 상단(商團; 상인에 의한 자위무장조직)과도 깊은 관계를 맺고 있었으며, 신해혁명의 정세 속에서 중요한 역할을 담당하였다(朱英, 1991, pp.114~166). 또한 천진에서는 치안유지를 담당하는 순경국과 관계가 깊은(혁명당 진압을 임무로 하는) 양이덕(楊以德)의 지도 하에 체육사가 운영되고 있었다(吉澤誠一郎, 2002, pp.325~361).

이와 같이 정치적 입장이 서로 다른 것처럼 보이지만, 체육사는 국민개병을 위한 첫걸음으로서 남성이 신체적 단련을 통해 능력을 발휘하고 자위적 무력을 갖추는 것을 의도하고 있었던 것임에 틀림없다. 체육사는 일반 시민이 체조복을 입고 매일 연습에 모이는 방식을 제시한 것으로 애국의 이념이 지역 자위라는 필요와 맞물려 신체관의 변화를 추진하였음을 보여주고 있다.

그리고 경쟁적 환경을 강조하여 반드시 군사와는 결부시키지 않으면서 개인적 신체의 건강함과 국가와의 연관성이 상정되는 것이다. 『운남』에는 다음과 같이 서술되어 있다.

본래 사회란 생활 경쟁의 격렬한 싸움터이다. 농·공·상·정치·군사·교육을 구별하지 않고 서로 도와서 함께 힘을 모아 원기를 내서 분발하여 정진하고 위험을 무릅쓰고 진취적 태도를 취하지 않으면 세력을 신장하여 국가를 안정시킬 수가 없다. 생각하면 사회란 개인의 화합물이다. 개인이 약하면 사회진보의 장애가 된다. 그 때문에 빈부·현우(賢愚)·남녀노소를 가리지 않고 신체를 단련하는 것이다. 이것은 당연한 자립의 의무, 생존의 원칙이다. 구미 각 국의 상황을 조사해 보면 크게는 정부·공장, 작게는 신사(神社)·사관(寺觀, 절과 도교사원)과 같이 무릇 사람이 모이는 곳에는 모두 각종 체조 용구를 갖추고 국민의 체력단련에 편의를 제공하고 있다. 그 외 사격·검·수영·보트시합·크리켓(원어는 '격구', 혹은 야구를 말하는 것 같다)·경마 등 체육과 관계있는 것은 모두 장려하고 있다. 〔고대 그리스의〕 스파르타가 체육을 통해서 강인하다는 평판을 얻은 이래 이러한 풍조는 자연스럽게 전해져 거의 둘도 없는 천성이 되었다(伯林, 「論體育之必要」, 『雲南』 3號, 1907)

체육이란 개인의 신체와 사회·국가가 함께 발전하기 위한 방책으로써 제시되었다고 할 수 있다(Mortis, 1997). 한가지 주의해야할 것은 이러한 (때로는 군사와 결부된) 체육의 이념은 남성이 지녀야할 것이라고 하는 점이다. 물론 여성의 신체도 국민적 신체의 향상이라는 관점에서 중시되었다. 전족에 반대하는 논거의 하나는 거기에 있다(坂本ひろ子, 2000).

이와 같은 신체에 대한 주목은 인종론이나 군사 의식을 배경으로 하면서 성별 역할분담을 재구축하고 있었다고 생각한다.

일본과 '중국'

도쿠카와(德川)정권시대 일본은 분명히 청조와는 국교라고 할 만한 관계를 맺지 않았다. 그러나 나가사키(長崎)를 통해서 대량의 한문 서적을 수입하고 있는 것을 보면, 그 문화·정세에 대한 관심이 쇠퇴하였다고는 볼 수 없다. 유학도 일본에 수용되기 쉬운 형태로 변형되었으나 일정한 범위 내에서 배우고 있었다.

그러나 이에 대해서 모토오리 요리나가(本居宣長) 등의 국학자는 '당토(唐土)'의 정치와 학술이 얼마나 작위적이고 기만적인가를 집요하게 지적하여 그에 대한 일본의 우위성을 주장하였다. 또한 난(蘭)학자는 네덜란드어 서적 중에서 화·이의 관념을 벗어난 세계상을 찾아내고자 하였다. 네덜란드 서적에 보이는 China라는 말은 '지나(支那)'로 한자표기되는 경우가 있었는데, 이 말은 중국의 문화적·정치적 우월성을 제거하고 일본인으로서 자기만족을 취할 수 있는 역할을 하였다.[6] '황국' 일본의 우월성이라는 발상이 전개되고 있었던 것이다(鳥井裕美子, 1993; 渡邊浩, 1997, pp.148~183).

이와 같이 에도시대 일본은 경제적 자급의 달성과 함께 관념상에서도 자국중심의 발상을 취하고 있었다(Jansen, 1992). 다만 청조는 망각하려고 해도 망각할 수 없는 대국이라는 의식이 일본을 세계의 중심에 어떻게 자리매김할 것인가라는 논의에 영향을 미쳤던 것이다(三谷博, 1997).

---

6 그러므로 '지나'라는 말은 유래에서 볼 때 결코 중립적인 표현이 아니다. 청조를 문화적·정치적으로 존중하지 않는다는 의미가 들어가 있다고 해야 할 것이다. 즉 '지나'라는 말에는 무엇인가 일본의 우위성을 들어내고자 하는 의미가 들어가 있다고 여겨진다. 이것과는 별도로 청말의 혁명가 중에는 청조를 부정하는 의도에서 '지나'라는 말을 채용한 적이 있지만 중화민국 건국 후에는 중국어로서 '지나'는 사용되지 않는다. 일본의 외교정책으로서, 중화민국을 어떻게 부를 것인가도 일정한 판단이 필요했었다(川島眞, 1995).

메이지시대의 일본은 신속하게 중앙집권적인 국가체제를 확립하고 징병제나 교육을 통해 국민의식의 함양을 도모하였다. 정책의 기조는 서구화되었지만, 그 시책 자체가 청조와는 다른 정체(政體)를 독자적으로 발전시키고자 하는 생각에서 유래하였다고 해석할 수가 있다(濱下武志, 1997, pp.111~139; 並木賴壽, 1997). 이와 같이 일본 '문명개화'의 배경에는 단지 서구 쪽을 향한다는 것만이 아니라 감히 청조에 등을 돌린다는 의식이 있었던 것이다.

일본의 강국화는 점차로 청조 관료도 경의를 표할 정도가 되었다(佐々木揚, 2000). 그리고 이윽고 조선 문제를 기점으로 해서 1894년 일본은 청조와 전쟁을 개시하였다. 이에 패배한 청조 측의 충격은 대단히 컸으며 다양한 개혁론이 부상한 것은 앞에서 논한 바 있다. 엄복도 다음과 같이 분개하고 있다.

> 아아! 오늘날 중국의 약체부진은 지식인이 아니어도 명백히 알 수 있다. 이 커다란 치욕을 부끄러워하는데 주저할 것이 없다. 일본은 겨우 수 척의 함대와 기껏해야 수만 명으로 첫번째 전쟁에서 우리들의 가장 친밀한 번속국〔조선〕을 탈취하고 두 번째 전쟁에서 봉천(奉天)을 위기에 빠뜨렸으며 세번째 전쟁에서 우리들의 가장 견고한 항구를 빼앗았고 네번째 전쟁에서 우리들의 해군을 괴멸시켰다(「原强」, 『嚴復集』).

이후 조선도 대한제국이라고 칭하여 청조와 대등성을 강조하기 시작하였고 의례를 통한 국민의식의 형성을 지향해 갔다(月脚達彦, 1999).

그런데 엄복의 개탄에서 보이는 위기감 속에는 일본을 참고로 한 개혁론이 나온다. 강유위는 일본이 유신을 통한 정치개혁으로 강국화한 것을 분석하고 있었다(王曉秋, 1997, pp.64~82). 청조도 유학생을 일본에 보내서 일본을 통해 서양의 학문을 도입하려고 하였다. 그리하여 과거제 폐지에 따라 많은 젊은이가 일본유학에 나서게 된 것이다. 각 지역 출신학생이 모인 도쿄(東京)는 애국운동·혁명운동의 발신지가 되어 간다.

일본의 입헌군주제도 청조에서 보면 모방할 만한 대상이었다. 그 뿐만 아니라 청조의 '신정(新政)'이라는 제도개혁은 일본의 제도를 도입한 것으로 다수의 일본인 지식인이 청조에 고용되어 이것을 추진하였다 (Reynolds, 1993). 또한 지적으로도 일본의 학술, 단적으로 말하면 일본이 수용하고 있었던 서양학술을 일본어 문헌을 통해서 학습하였다. 메이지 일본인이 구문(歐文)을 번역하는 과정에서 만들어 낸 한어표현이 이렇게 해서 중국어로 도입되어 갔으며, 양계초가 하는 일도 바로 그러한 위치에 있었다(Liu, 1995; 狹間直樹編, 1995).

메이지 일본의 군국주의와 연결되어 있던 애국의 이념도 이리하여 중국에 도입되어 갔다. 물론 중국의 국수를 강조해 가는 흐름도 중요하지만, 중국에서 애국주의의 기원을 볼 경우 일본의 국민통합과 강국화에 의한 자극이 컸다는 것을 간과해서는 안된다(茂木敏夫, 1992, 1995). 즉 일본이 청조에 대항하면서 국가형성을 한 결과 역으로 중국에서의 애국주의 발흥도 추진되었다고 볼 수 있다. 그러한 의미에서 중국과 일본의 상호규정적인 방식을 복안적으로 받아들일 필요가 있는 것이다(山室信一, 2001).

물론 앞에서 서술한 양계초의 미국기행에서 보이듯이 다양한 재료가 동원되어 논리가 만들어지고 있었기 때문에 일본의 영향을 과대평가하는 것도 피해야 할 것이다. 다음 장에서는 미국과의 관계에서 '중국인'의 단결이 주창되는 과정을 고찰해 보고자 한다.

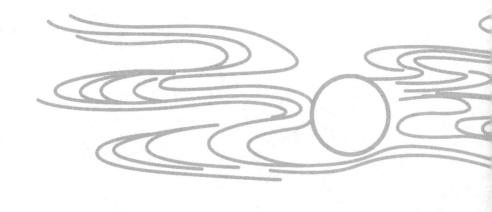

2 장

동포를 위해 단결하다
반미운동(1905)

'중국인' 관념의 형성

우리들은 종종 '고대중국인'이라는 표현을 사용한다. 그러나 조금 신중히 생각해보면 이러한 표현은 상당히 애매하다는 생각이 든다. 형질인류학적으로 '중국인'의 동일성을 논하기는 어려우며, 생활문화 면에서 통시적·공간적인 동일성도 의심스럽다. 게다가 '중국'이라는 명칭의 국가가 예전부터 줄곧 존재해 왔던 것도 아니다(이점은 '일본'이 고대이래의 국명이라는 것과는 다르다).[1]

예를 들면 18세기 청조 치하의 사람들을 생각해 보자. 자신들은 이적(夷狄)과는 다르다거나 또한 조선인이나 일본인과는 구별된다고 하는 어떤 공통된 의식이 있었다는 것은 상정할 수 있다. 더욱이 독서인은 공자나 사마천 이래의 문화적 전통 속에서 살아가고 있다고 자각하고 있었음에 틀림없다.

그러나 그렇다고 해서 그것을 현대의 '중국인' 의식과 동일시하는 것은 지나치게 안일한 생각이다. 이 점에 대해서 이견은 없을 것이다. 본래 '중국인'이라는 용어가 빈번하게 사용되기 시작한 것은 청조말기, 그것도 20세기에 들어와서이다. 그것이 격렬하게 표현된 것은 미국이 이민을 제한하면서 일어난 1905년의 반미운동이었다. 이 운동을 통해서 '중국인'이라는 단어가 유행어처럼 널리 사용되었다.

다음에서는 1905년의 반미운동을 통해서 중국인 의식이 일반화되어

---

1 '중국'이라는 말은 확실히 고대에서부터 존재하고 있었다(安部健夫, 1972). 그러나 그것은 국명이 아니라, 천하의 중앙에 있으면서 우월한 나라라는 정도의 의미일 것이다. 나라의 명칭으로서는 '대당(大唐)', '대명(大明)'이라고 했던 것이다. 19세기에 이르러서, 외교 업무에 종사하는 관리 중에서 국명으로서 '중국'을 요구하는 움직임이 일어나기 시작했다(川島眞, 1997). 물론 그것은 바로 일반화되었던 것은 아니고, 청말의 양계초나 송교인도 '지나'와 '중국'을 아울러 사용하고 있다.

가는 과정의 역사적 의미를 살펴보고자 한다. 그 전제로서 한 가지 생각해 둘 것이 있다. 만일 정치화된 '중국인'이라는 의식이 겨우 1세기의 역사밖에 지니지 못한 것이라면, 19세기까지의 사람들은 어떠한 집단의식을 갖고 있었던 것일까? 그리고 그것은 '중국인' 의식의 형성과 어떠한 관계가 있는 것일까? 현저한 집단의식의 표현으로서 동향결합이 있다. 반미운동의 전개와도 깊은 관련이 있기 때문에 우선 이 점을 정리해 두고자 한다.

본적지 아이덴티티와 도시사회

출신지에 대한 애착은 시대 및 지역에 관계 없이 광범위하게 보인다. 청조 치하 사람들의 뇌리에도 적관(籍貫)이라고 불리는 본적지를 중시하는 발상이 있었다. 이것을 본적지 아이덴티티라고 하자(현대 중국어로는 '적관인동(籍貫認同)'이라고 한다). 단, 그 사회적 결합의 구체적인 형태에 주의를 기울이면 독자성도 눈에 띤다.

이주가 왕성하게 진행될 때 이주한 곳에서 동향의 친밀감에 의한 협력 관계가 만들어지는 것은 극히 자연스런 움직임일 것이다. 이주 과정에서 보면 이미 이주한 자가 자기의 향리부근에서 후속자를 모집하는 식으로 이주라는 현상 그 자체가 진행되어 간다. 동향자가 이주처에 회관(會館)·공소(公所)라고 하는 건물을 지어서 협력의 장으로 삼는 일도 종종 있었다. 게다가 동향에서 후속이주자를 권유할 경우 같은 직업 내에서 알선하는 일이 많았기 때문에 동향 조직이 동업 조직과 중복되는 경우도 있었다. 또한 단순한 동업 단체라고 볼 수 있는 회관·공소도 많다. 주의할 점은 어느 정도의 지리적 범위를 동향으로 볼 것인가는 이주처 사회에서 편의적으로 형성된 사회관계에 의한 것으로 고정적이지 않다는 것이다.

회관·공소는 생성과 분열이 빈번하여 어떤 것이 설정되는가는 도시의 사정에 따라 다르지만, 20세기 초 상해(上海)의 예를 들어보자.

1 사명공소(四明公所), 2 절소회관(浙紹會館), 3 경강공소(京江公所), 4 호남회관(湖南會館), 5 퇴업공소(腿業公所), 6 휘녕회관(徽寧會館), 7 초북회관(楚北會館), 8 건정회관(建汀會館), 9 강서회관(江西會館), 10 조혜회관(潮惠會館), 11 천장회관(泉漳會館), 12 삼산공소(三山公所), 13 광조회관(廣肇會館), 14 강녕회관(江寧會館), 15 산서회관(山西會館), 16 사천회관(四川會館), 17 전강회관(錢江會館), 18 미업공소(米業公所), 19 차업회관(茶業會館), 20 사업회관(絲業會館), 21 전업공소(錢業公所), 22 연업회관(煙業會館), 23 전업회관((錢業會館), 24 화업공소(花業公所), 25 차관공소(茶館公所), 26 남선회관(南船會館) (東亞同文會編, 1907, pp.633~634).

청말 개항에 따른 상업의 발전은 해운과 연결된 도시의 발전을 촉진하였다. 그래서 '신상(紳商)'이라는 사회층의 등장이 지니는 역사적 의미는 크다. '신(紳)'이란 대체로 과거엘리트를 가리키는 말이지만 부유한 상인 또는 그 자제들이 정규 과거 시험을 통과하거나 과거자격을 사는 자가 많아지자 '신'과 '상'이 일체화된 사회층으로서 '신상'의 존재가 두드러지기 시작했다(馬敏, 1995).

의화단 전쟁의 충격으로 청조는 광범위한 정치개혁을 시도하였는데, 그 중 하나가 상공업자를 조직화하고 단결을 도모하기 위해 각지에 상무국(商務局)을 설치한 것이다(曾田三朗, 1991). 그 뒤를 이어서 도시마다 회관·공소를 연결하여 상공업자 자치단체를 만들어 경제 발전과 관민을 연락하는 역할을 담당하였다. 이것이 상회(商會)라고 불리는 단체이다. 대도시의 상무총회가 중소도시의 상무분회를 통괄하는 조직형태가 되었는데, 이 역시 신상의 활약 무대였다(虞和平, 1993; 陳來幸, 2001).

상회가 조직으로서 기능을 본격화한 것도 반미운동과 관계가 있는데, 먼저 이 운동의 원인이 된 미국 이민 문제에 대해서 살펴 볼 필요가 있다.

미국 이민의 본적

청조는 해외이민을 공인하지 않았지만, 남쪽 해양에 면하는 복건성(福建省)·광동성에서 이민은 끊이지 않았다. 그 배경에는 인구 증가에 따른 빈곤으로부터 벗어나 성공의 기회를 잡고자 하는 바램이 있었다. 특히 아편전쟁의 결과 영국이 홍콩을 획득하자 이민 흐름은 가속화되었다. 마침 흑인 노예제에 대한 비판이 고양되자 영국령 식민지는 그에 대신할 양질의 노동력을 필요로 하고 있었기 때문이다.

먼저 해외로 나간 자가 동향이라는 친밀함을 통해 권유해서 홍콩이나 마카오에서 외국 수송선을 타고 떠났다. 도항비용은 가불제로 이민처에서 일해서 변제하는 계약을 체결하였다. 이 사업을 하고 있었던 것은 외국상사이다. 홍콩 등에 거점을 둔 상사들에게 이민 사업은 아편무역과 함께 중요한 영업 항목이었다(可兒弘明, 1979).

실제로 유괴나 사기를 당해 수송선을 탄 사람도 많으며 수송선 위에서 사망하는 사람도 적지 않았다. 인도주의적 비판도 있었지만 이민을 알선·수송하는 사업은 많은 이익을 가져왔기 때문에 개선될 전망은 적었다.

일반적으로 이민자는 청조 관료의 용어로 '화공(華工)'이라고 했기 때문에 여기에서도 이 용어를 사용한다(이 '공'이라는 문자는 노동자라는 의

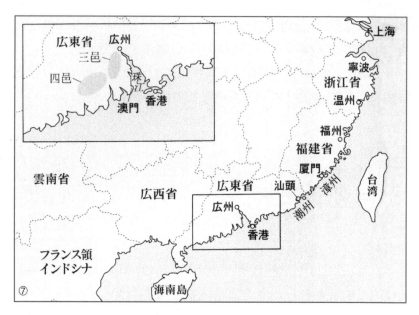

그림⑦ 화교의 고향. 복건성과 함께 광동성은 화교의 고향이다.
　　출전 : Lynn Pan, 片柳和子譯, 『華人の歷史』, みすず書房, 1995, vi쪽에 가필·수정.

미이다). 또한 '쿠리Coolie'라고도 하는데, 이 용어는 인도어에서 영어로
된 것이다. 한자로 '苦力'을 붙여서 육체노동에 종사하는 사람이라는 의미
가 있지만, 경우에 따라서는 반강제적인 이민을 가리키기도 한다. '저자
(豬仔)'도 부자유 노동의 느낌을 지닌 '쿠리(苦力)'를 멸시하는 호칭이라고
할 수 있다. 즉 '화공'은 관청용어이며 '쿠리'와 '저자'는 팔려가는 학대
받는 자라는 의미를 내포하고 있는 것이다.

　　그런데 광동성 등지에서 미국 이민이 본격화된 계기는 1848년 캘리포
니아의 금광발견으로 인한 골드러시gold rush이다. 그 이전부터 캘리포니
아는 광동의 '삼읍(三邑; 番禺·南海·順德의 세 현)' 출신 상인이 있었지

만, 광동 주강(珠江)델타(삼각주) 서부 '사읍(四邑; 開平·恩平·新會·新寧의 네 현)이라고 하는 보다 빈곤지역 출신이 새롭게 찾아 와 다수를 점하게 되었다. 그들은 골드러시에 유혹되어 홍콩을 경유해 신대륙으로 건너갔다. 캘리포니아에 도착하자 각각 동향회에 등록하였는데 이는 이민의 차용금 지불을 감시하는 기능도 있었다. 남은 문제로 금을 발견할 수 있을지 없을지는 노력과 운에 달려 있었다.

태평양을 넘어서 온 이민자들은 골드러시가 끝난 후 세탁소·요리사 등 다양한 직업에 종사하였다. 또한 그들은 대륙횡단 철도를 건설하기 위해 반드시 필요한 노동력이기도 했다. 유니온 퍼시픽Union Pacific사는 동쪽에서 아일랜드계 이민자를 고용하고, 센트럴 퍼시픽Central Pacific사는 서쪽에서 광동이민을 고용해서 건설을 추진해 1869년에 양자는 동일점에 도달하였다. 특히 센트럴 퍼시픽측은 캘리포니아California의 새크라멘토Sacramento에서 시에라Sierra·네바다Nevada와 유타Utah의 사막을 가로지르는 상당히 힘겨운 공사였다. 그것이 개통될 수 있었던 것은 바로 화공 노동의 성과라고 할 수 있는데, 부설과정에서 적지 않은 사상자가 발생했다.

이와 같이 미국은 철도건설을 위한 노동력으로 화공을 필요로 하였는데, 1868년에 체결된 벌링엄조약은 그러한 인구흐름을 촉진하는 내용을 담고 있었다. 벌링엄Anson Burlingame은 북경에 주재하는 미국공사였는데 임무를 마치고 귀국하면서 청조로부터 흠차대신(欽差大臣)에 임명되어 구미 각국에 청조의 입장에 대한 이해를 구하게 되었다. 그가 도중에 워싱턴에서 미국과 맺은 조약이 바로 이것이다. 그 중에는 양국민의 자유로운 왕래·거주를 보장하며, 종교적 이유에 의한 박해를 금지하는 규정이 들어 있다. 또한 강제적인 이민을 허락하지 않는다는 조항도 담겨있다. 이러한 법적 정비를 배경으로 1869년 이후 미국 이민은 급증하게 된다.

이민자의 압도적 다수는 남성이었지만, 일부 '저화(豬花)'라고 불리는

그림⑧ 샌프란시스코의 차이나타운. 변발한 남성만이 거리를 메우고 있다. 모두 모자를 쓰고 있다.
　　출전:Patrica Buckley Ebrey, *The Cambridge Illustrated History of China*, Cambridge
　　U. P., 1996, p.252.

여성이민자도 포함되어 있었다. 대부분은 매춘부였지만, 이민계약에 그렇게 규정된 사람뿐만 아니라 유괴를 통해 강제적으로 연행된 사람도 있었다. 1870년대 말에는 홍콩과 미국에서 단속을 강화한 결과 '저화'는 감소하였다.

이민자들은 미국 각 도시로 이주하였지만, 특히 샌프란시스코에 집중하고 있었다. 그 거주형태는 생활적 편의와 백인의 차별 때문에 차이나타운(唐人街)에 모여 살게 되었다. 그들은 그 안에서 각종 소매업·서비스업·자영 제조업에 종사하는 한편 외부의 공장 등에 출근하는 사람도 있었다. 광동출신 이민자에게 중요한 사회집단은 동향의 연줄에 의한 회관이다. 샌프란시스코에는 초기에 회관이 하나 뿐이었지만, 이민의 증가에 따라 한 층 하위 지역·방언그룹으로 분열해 갔다. 삼읍회관·사읍회관 외에 향산현(香山縣) 출신자로 구성된 양화회관(陽和會館), 객가(客家; 광동성 가응주〔嘉應州〕등에 많으며 독자적인 한어 방언을 말하는 사람들)출신의 인화회관(人和會館)이 만들어졌으며, 또한 사읍회관이 분열해 전부 여섯 개의 회관이 존재하게 되었다. 이것이 육공사(六公司)다. 그리고 '당회(堂會)'라고 불리는 비밀결사 지부도 설치되었다.

미국에서의 화인 배척

그러나 샌프란시스코 등 미국 제 도시에서는 앵글로·색슨계 프로테스탄트WASP 지부 아래 열악한 위치에 있던 가톨릭(아일랜드계 등) 사람들을 중심으로 화공 배척 운동이 일어났다. 대륙횡단 철도 개통에 따라 가톨릭

그림⑨ 캘리포니아 근로자당(WPC)의 주장. WPC라고 쓰여진 다리가 달아나는 변발한 사람을 태평양으로 밀어 빠트리려고 하는 모습의 포스터이다.
출전 : Jonathan D. Spence, *The Search of Modern China*, Norton, 1990, pp.228~229.

계 이민은 점점 태평양 쪽으로 건너오게 되었는데, 그곳에는 이미 비숙련 노동력시장에서 경합하는 광동계 이민이 있었기 때문이다. 가톨릭계 이민 자들은 자신들이 백인이라는 것을 강조하면서 인종차별적 입장에서 화공 배척을 도모하였다. 또한 자본가에 고용되어 열심히 일하는 화공들에게 대자본가에 대한 반감이 투영되었다는 측면도 있을 것이다.

더욱이 이민은 '쿠리'라고 하는 부자유스러운 노동이라고 비판하는 급 진적인 논리, 즉 흑인노예비판과 맥락을 같이하는 논리(辻內鏡人, 1997)가 언제부터인가 인종 편견적 감정표출과 뒤섞여버리게 되었다. 노동조합의 집회가 차이나타운에서 폭력 행사의 계기가 되는 사건도 발생하였다. 민

그림⑩ 샌프란시스코에도 자유의 여신상? 아편을 피우기 위해 담배 파이프를 든 변발한 남자. 샌프란시스코의 인구 유입을 풍자한 만화.
　출전:胡垣坤·曾露凌·譚雅倫合編,『美國早期漫畵中的華人』, 三聯書店(香港), 1994, p.136.

주당도 청조로부터의 이민을 반대해 표밭을 넓히려고 하였다.

아일랜드 이민자인 데니스 케니Dennis Kearney에 의해 1877년 샌프란시스코에서 결성된 캘리포니아 근로자당WPC은 배화운동(排華運動)의 선두에 서서 당세를 확장하였다. 그들은 집회 등에서 격렬한 반감을 드러내고 목적을 위해서는 실력행사도 마다하지 않는 강경한 입장을 취하고 있었다.

민주당만이 아니라 공화당 내에서도 화공 이민을 제한하는 움직임이 일어났다. 한편 청조는 일본과의 현안인 류큐(琉球)귀속문제로 미국의 조정을 구하고자 할 생각에 이민 문제에 대해서는 미국 정부의 의향을 받아들이게 되었다. 이렇게 해서 1880년 미국이 청과 맺은 조약에서 미국이 이민을 제한 할 수 있는 조항이 삽입되었다. 이것을 발판으로 결국 1882년에는 미국 연방회의에서 향후 10년간 화공의 이민을 금지하는 법안이 가결되기에 이르렀다.

그 후 1894년 재차 진행된 양국간 교섭에서도 다시 10년간 화공 이민이 금지되었다. 게다가 복건·광동계 이민이 많았던 필리핀 및 하와이가 1898년에 미국령이 되면서 이들 지역에도 배화법(排華法)이 적용되었다. 1904년 앞서 체결한 조약이 만기가 되었지만 미국은 그대로 연장할 것을

---

2 미국에의 화인(華人) 이민과 그에 대한 배척 문제에 대해서 최근 다양한 관점에서 연구가 진행되고 있다(貴堂嘉之, 2002). 특히 종래와 같이 미국 국가통합을 전제로 한 이민이 미국사회에 융합하는 과정을 중시하는 것이 아니라, 다양한 에스닉(ethnic)집단의 동태 그 자체를 주시하는 문제설정이 등장하고 있다. 거기에는, 다른 에스닉집단의 상극이나 국제적인 이민정책의 비교, 또한 국경을 초월한 네트워크형성이라는 관점도 필요로 한다(竹澤泰子, 1999; 藤川隆男, 1991; Hsu, 2000). 물론 지역사회에 있어서 에스니티(ethnicity)의 구체적 양상, 차별이 만들어지는 메커니즘, 그리고 시민권을 둘러싼 정치 과정이라고 하는 문제의 중요성은 말할 것도 없다(油井大三郎, 1989; 貴堂嘉之, 1992, 1995; 胡垣坤他編日文譯], 1997; 吳劍雄, 1992年; 麥禮謙, 1992; McClain, 1994; Salyer, 1995). 1905년의 반미운동을 둘러싼 문제에 대해서도 전부터 관심을 가져왔었다(菊池貴晴, 1966; 和作輯, 1956; 張存武, 1966; Field, 1957; McKee, 1977). 근년에는 그 운동 양식의 획기적 성격 등에 대한 논점이 새롭게 논의되고 있다(金希敎, 1997; 王冠華, 1999; Wang, 2001; Wong, 2002).

요구하며 조금도 물러서지 않았다. 이즈음에는 학생과 상인들도 화공으로
여겨져 입국이 곤란하게 되었으며, 입국할 때의 검역이 굴욕적이라는 불
만도 높아져 갔다. 이러한 상황에서 1905년 대규모적인 반미운동이 일어
나게 되었던 것이다². 청조치하 각 도시의 상인과 학생은 일치단결하여 미
국상품 불매를 결의하고 이를 준수할 것을 격렬한 어조로 선전하였다. '애
국'이라는 기치 아래 널리 공감대가 형성되어 갔다.

청말의 톰아저씨

캘리포니아 등지에서는 폭력적인 화공 박해가 계속되었으며, 나아가
미국정부는 이민제한이라는 법적조치를 통해 화공을 축출하고자 하였다.
그러나 그러한 실태가 직접 반미운동을 불러일으켰다고는 보기 어렵다.
따라서 미국에서의 상황이 어떠한 매체를 통해 어떻게 정보가 전달되었
고, 그 결과 어떠한 이미지가 형성되었는가라는 점에 주목할 필요가 있다.
    그 점에서 주목되는 것이 임서(林紓)와 위역(魏易)의 『흑노유천록(黑奴
籲天錄)』(1901)이다. 이것은 미국소설 『톰아저씨의 오두막집』Uncle Tom's
Cabin의 번역서이다 (東京都立中央圖書館實藤文庫가 소장하는 1904년 文
明書局판을 이용한다). 『톰아저씨의 오두막집』은 해리엇 비처 스토Harriet
Beecher Stowe의 소설로 1852년에 출판되었다. 집필의도는 1850년 자유주
(自由州)와 노예주(奴隷州)의 타협에 의한 일련의 법제화가 진행된 것에 저
항해서 흑인 노예제도 비판에 힘을 싣기 위한 것이었다. '1850년의 타협'
은 도망노예의 송환을 자유주의 의무라고 규정해 노예제도 반대운동에 좌
절감을 불러일으켰기 때문이다.

주인공 톰은 선량하고 충실한 흑인 노예였지만, 비참한 삶을 살다가 결국 죽는다. 이 소설이 미국 내에서 커다란 반응을 불러일으켜 공전의 베스트셀러가 된 것은 잘 알려져 있다. 따라서 이 소설이 한문 번역을 통해 미국 사정, 특히 흑인이 처한 상황을 중국에 어느 정도 전달하였다는 것은 쉽게 상상할 수 있다.

이 번역서를 원문과 대조해보면 생략된 부분이 많고 오역도 눈에 띈다. 특히 역자가 미리 양해를 구하고 있듯이 원문의 크리스트교 입장에서 설명한 부분은 대폭 삭제 되어있다. 그러나 이야기 전개는 대체로 충실히 전하고 있다고 생각한다.

여기에서 원문과 번역문을 충분히 비교할 여유는 없지만, 역자 서문을 통해서 번역 동기 및 이 소설이 어떻게 읽혀졌으면 하는가에 대해서는 알 수 있다. 그것은 미국의 톰아저씨를 통해서 화공에 대한 이해를 널리 인식시키고자 한 것이었다.

〔화공은〕 자국의 생산이 발전하지 못해 민의 생활이 어려워 살아갈 수 없기 때문에 미국으로 일과 식량을 구하러 간 것이다. 〔이민 후〕 세월이 흘러 생활에 여유가 생기자, 계산에 밝은 미국 학자가 〔화공의 본국 송금에 따른〕 은화 유출을 염려해서 화공을 학대하고 미국에 오지 못하게 한 것이다. 이리하여 황색인종은 흑인 이상으로 학대를 받게 되었다. 그러나 국력은 약한데다가 외교사절은 약세로 자기주장을 철저하게 하지 못하고 있다. 나아가 사정에 밝은 자가 보고를 하려고도 하지 않았기 때문에 우리는 그 상황을 알 수가 없었다. 미국의 과거 문제를 알 수 있는 방법이란 이 『흑노유천록(黑奴籲天錄)』정도에 불과하다.

즉, 화공 배척의 실태를 알기 위한 선례로서 흑인 노예제가 상정되고 있었던 것이다. 번역 말미에 붙여진 임서의 발문(跋文; 서적의 끝 부분에 쓰는 글)에는 "최근 미국에서는 화공을 엄하게 단속한다. 물가에 울타리를 쳐서 멀리서 온 수백 명의 화인을 한 곳에 집어넣고 열쇠를 잠근다. 일주일이 지나 그 중에 한 사람 혹은 두 사람만이 겨우 풀려난다. 경우에 따라서는 이주일이 지나도 자유롭게 풀려나지 않는 사람도 있다. 이것은 본서에서 말하는 노예의 울타리임에 틀림없다"고 한다. 이는 검역소의 모습을 묘사한 것인데, 위생 관리의 엄격함을 노예의 울타리에 비유하고 있다. 이러한 사실을 헤아려서 『흑노유천록』을 읽어줄 것을 시사한 것이다.

또한 범례 내지 독자에 대한 일러두기라고 할 만한 「예언(例言)」에서는 다음과 같이 충고하고 있다. "이 책은 소설의 장르에 속하지만 우리 화인은 이 시기에 임해서 확실히 경계해야 할 선례로 삼아야 한다. 또한 이것은 페루 화인이나 최근 화공이 겪고 있는 학대와 비교해 보면 장래 황색인종이 처할 곤경은 실로 예측할 수조차 없다. 독자는 본서를 그저 그런 엉터리라고 생각하지 않기를 바란다". "이 책에 묘사되고 있듯이 백인이 노예를 사역하는 데는 완전히 인간다운 마음을 찾아볼 수 없다. 실제로 그들이 다른 인종을 증오하는 것은 폴란드·이집트·인도와 같이 그 참상은 이루 다 말할 수가 없다".

즉, 소설이라는 것을 인정하면서도 실태를 알기 위한 수단으로서, 또한 실화로서 읽혀지기를 바라고 있다. 발문에서도 "이 책은 많은 부분 자신의 체험에 근거하고 있어 사실이 7~8할이며, 허구는 2~3할 정도일 뿐이다"라고 한 스토 부인의 말로 주의를 환기시키고 있다. 이리하여 톰아저씨 등 흑인노예의 운명은 화공의 경우와 중첩되어 절실하게 읽혀지게 되었던 것이다.

다만 번역문은 문어체로 쓰여져 있어 읽기가 쉽지만은 않다. 그래서 백화라고 하는 평이한 문체로, 게다가 『삼국지연의(三國志演義)』처럼 '제1회', '제2회'로 분류한 장회소설(章回小說)[역1]로 만들려는 시도도 있었다. 그런 시도 중 하나인 「흑노전(黑奴傳)」(1903년, 저자불명)은 처음 일부만 간행되었기 때문에 널리 읽혀졌는지 알 수 없지만, 서문에 해당하는 부분에서 "만일 우리가 흑인노예의 입장이 되어 백인과 만났다면, 얼마나 고통을 당했을지 알 수 없다"는 염려를 하고 있다. 이어서 "4억 황색인종('黃種')의 눈을 뜨게하고 싶어서", 『흑노유천록』을 이해하기 쉽게 다시 썼다고 한다. 또한 학생들에게는 각지에서 이 「흑노전」을 소리내어 읽어 글자를 모르는 사람에게 가르쳐 주기를 기대하고 있었다. 이것은 반드시 화공과의 관계를 호소하는 것은 아니지만, 톰아저씨 이야기에 대한 관심을 보여주는 사례라고 할 수 있다(「흑노전」은 『중국근대문학대계(中國近代文學大系)』 제26권에 수록되어 있다).

"화공의 대우는 흑인노예보다 심하다"(『大公報』 1905年6月16日, 「論不買美國的東西」)라는 이미지는 통속화되어 광범위하게 퍼져나갔으며 반미운동에 커다란 영향을 미쳤다고 추측된다.

또한 섬서성(陝西省) 삼원현(三原縣) 소학당의 범극립(范克立)은 반미운동 중 지도자로 추앙된 증주(曾鑄)에게 보낸 서간문에서 "본래 미국에서 흑인노예는 다른 종족이지만, 링컨이 그들의 해방을 위해 격렬한 전쟁도 마다 않고 이를 달성하였습니다. 하물며 화교는 우리 동포이기 때문에 어떠한 곤란도 피할 이유가 없습니다"(『申報』 1905年 8月 28日, 「彙錄抵制美約各函電」)라고 하였다. 흑인노예 해방은 링컨의 이념에 의해 실현되었다고 생각하였으며, 반미운동은 그것에 견주어 졌다(실은 링컨도 흑인노예 해방에는 소극적이었는데, 당시 이 사실은 알려지지 않았다). 『흑노유천록』에는 당연히 링컨은 등장하지 않지만, 화공과 흑인노예의 처지를 대비하는 역자의 목적은 크게 성공하였다고 할 수 있다.

역1 중국의 구어소설로서 긴 이야기를 여러 회로 장(章)을 나눈 소설의 한 체재를 말한다.

양계초의 미국인종론

반미운동의 전제가 된 미국상의 형성에 영향을 미친 또 하나는 이 책의 서론부에서 소개한 양계초의 『신대륙유기(新大陸遊記)』이다. 이것은 당시 요코하마에서 간행되던 중국어 잡지 『신민총보(新民叢報)』의 임시 증보판으로서 1904년에 출판되었다. 『신민총보』는 국외 간행물이지만 국내에도 많은 독자를 보유하고 있었기 때문에 역시 중요한 정보원이었을 것이라고 생각한다.

양계초는 미국 인종 문제에 대해 우선 미국 엘리트의 편견을 무비판적으로 받아들이고 있다고 생각한다. 반면에 라틴계 등의 이민에 대해서는 바람직하지 못하다고 생각한다. "나는 미국을 여행하면서 한번도 미국인을 염려한 적은 없다. 염려한 것이 있다면 유럽이나 기타 각지의 '하등민족'이 점차로 미국에 들어와서 국민이 되는 것이다." "내가 두려워하는 것은 100년도 지나지 않아 도리어 식민지시대·독립시대의 고귀한 민족의 후예가 귀퉁이로 움츠려 들게 되는 것이다."

왜 그것이 바람직하지 않은가 하면 그러한 이민자는 지식이나 도덕적인 면에서 열등하고 범죄자도 많기 때문이라고 한다. "실업자나 무뢰배들이 계속 모여들면 음주·폭행·간음·살인·절도 등 다양한 악습이 날마다 미국을 좀먹게 된다"고 단정하고 있다. 새로운 이민자는 '무지·무학·무덕'하여 공화국민의 자격이 없으며, '폭민정치'를 가져올 수밖에 없다는 것이다.

양계초는 그에 비해 중국에서 온 이민의 피해는 적다고 한다. 중국계 이민자는 저임금으로 일하기 때문에 비숙련 노동자와 경합하고 또한 선거권이 없기 때문에 정치적으로 압박을 당한다. 왜냐하면 유럽계 이민자는 선거권을 가지고 있어 선거에 영향을 미칠 수 있는 "'공당(工黨; 노동조합'을 미국의 정치가들이 가장 두려워하기" 때문이다. 이와 같이 그는 미국 사회에 이미 존재하는 편견을 자신의 편으로 하면서 청조로부터의 이민을 정당화시키고 있다.

게다가 흑인에 대한 편견은 대단히 심하다. "흑백이 적수가 되지 않는 것은 말할 필요도 없다"(흑인이 백인에게 상대가 되지 않는 것은 자명한 일이다)라고 말할 정도이다. 뉴올리언즈 주민 구성을 설명할 때는 '상등 백인', '하등 백인', '흑인'으로 분류하고 있다. '상등 백인'은 식민귀족으로서 사실상 남부에서는 그들에 의한 '과두정치'가 행해지고 있었다. '하등 백인'은 지식 수준이 한참 떨어져 실제로 흑인과 유사하다고 한다. '상등 백인'은 인구의 1할밖에 안되기 때문에 '공화정치'가 아니라 '과두정치'가 되는 것이다.

덧붙여서 미국의 이념과 현실적 모순을 지적하면서 미국의 인종 편견이 독립선언의 이념에 반한다는 말도 하였다. 그것은 흑인에게 린치(靈治라고 표기)를 가해도 처벌되지 않는다는 이야기를 하면서 "미국 독립선언에서 말하기를 모든 인류는 태어나면서부터 자유, 태어나면서부터 평등하다고 하지 않았는가? 흑인은 인류가 아닌가? 아아! 오늘날 이른바 문명이란 것의 정체를 알았다"라고 탄식하고 있다.

이상에서 알 수 있듯이 양계초의 기행문은 당시 미국사회의 복잡한 실태에 대해서 많은 정보를 제공하고 있다. 특히 인종론에 대해서는 차별 의식이 현저한데, 이는 당시 앵글로·색슨계 사람들의 발상을 도용한 것이다. 양계초의 필법은 미국의 현상에 가탁하면서 중국이 나아가야 할 길을 시사한 것이라 생각하며, 문제 제기의 방식이 특히 선정적인 것도 그 때문일 것이다. 여하튼 이윽고 일어날 반미운동 가운데 형성되는 논설·격문이 이 기행문에서 보이는 정보·인식(그리고 동정)의 일부를 기반으로 하고 있다는 가능성을 배제할 수 없을 것이다.

한편, 이 『신대륙유기』의 부록으로 「기화공금약(記華工禁約)」이라는 부분이 있다. 이것은 미국에서 화공 배척의 경위를 상당히 자세하게 소개한 것으로 당시로서는 이 문제에 대한 가장 정확한 보고였다고 할 수 있다. 하와이 저널리스트 진의간(陳儀侃)이 발안한 보이콧을 통한 저항이라는 수단도 여기에 실려 있다(『신민총보』에서는 이 임시증간 이전에도 게재한 적이 있다).

얼마 후 이 부록 부분만 독립하여 『미국화공금약기(美國華工禁約記)』라는 단행본으로 간행되었다. 이 책을 통해 보이콧이라는 아이디어가 널리 퍼졌다고 할 수 있다. 보이콧 운동의 중심인물인 증주(曾鑄)도 상해 미국총영사관에서 열린 회담에서 『미국화공금약기』에 대해 언급하고 있다(『淸季華工出國史料』 p.57).

사실 양계초는 보이콧이라는 방법을 평가하면서 정부·민간의 현상을 감안해서 실행 가능성에 의문을 표명하였다. 그러나 "이것이 만일 이루어진다면, 국민의 대외 사상 발달의 선구가 될 것이다"라고 하였다.

보이콧 운동을 어떻게 볼 것인가?

특정국의 상품을 대상으로 한 전국적인 보이콧은 1905년에 비로소 확립되었다. 훗날 배일운동에서 종종 반복되는 보이콧 운동의 기원도 여기에 있다. 단, 운동을 제안한 사람의 의도만으로 그 의의를 다 설명할 수 없다는 점에 주의해야 한다. 실제로 보이콧 운동 과정에서 이 수단이 지니고 있는 정치적 의미를 생각하는 것은 왜 이 수단이 널리 받아들여졌는가를 이해하는 단서가 될 것이다.

보이콧 운동에서 일치단결해 공동보조를 맞추는 것이 중요하다는 것은 말할 필요도 없다. 특히 고려해야 할 점은 도시의 정치적·사회적 조직화에 보이콧 운동이 상당한 자극이 되었다는 것이다. 게다가 보이콧 운동은 그러한 조직화를 위해 이용된 측면도 적지 않다는 것이다. 단, 구체적인 양상은 도시마다 다양하였다. 광주·상해·천진 세 도시에 대해서 운동의 진행상황을 살펴보고자 한다.

광주(廣州)의 경우 - 광동인(廣東人) 주의로서의 애국

캘리포니아나 하와이로 건너간 화공은 대부분 광동성 출신이다. 엄밀하게 말하면, '삼읍'이라고 불리는 주강(珠江) 삼각주의 세 현과 '사읍'이라고 불리는 주강 삼각주의 서측에 있는 네 현 등 몇 개의 방언 집단으로 나뉘어져 있는데, 조주계(潮州系) 또는 객가계(客家系)에 비해서는 하나의 광동인 그룹으로 볼 수 있다. 미국의 이민 제한으로 최대 타격을 받은 것이 광동인 이민이었기 때문에 광주를 비롯한 광동성 각지에서는 격렬한 반미운동이 일어났다(丁又, 1958; Rhoads, 1975, pp.83~91).

광주의 운동에서 두드러진 역할을 담당한 것이 선당(善堂)이라고 불리는 단체이다. 청말 광주에서는 "우리 광동에는 애육선당(愛育善堂)이 세워진 이래 각 선당이 연이어 설치되었다. 수천년 동안 치료·시약·쌀의 염가 매매·재난구제 등 많은 선한 일에 진력해 왔다"(宣統刊, 『南海縣志』卷6)고 하듯이 복지사업을 시행하고 있었다. 이중 광제의원(廣濟醫院)은 1893년에 72행(行)과 각 선동(善董; 선당 운영위원)의 제창으로 설립되었다(宣

統刊, 『南海縣志』 卷6)고 한다. 72행이란 광주의 유력한 동업단체의 관용적인 총칭으로(民國刊, 『番禺縣續志』 卷12), 선동의 존재와 함께 선당은 신상(紳商)의 중요한 활동 거점이었다고 할 수 있다.

업종을 뛰어넘은 상인조직도 형성되고 있었다. 1905년 총상회를 설립하기 위한 준비가 진행되고 있었으며 광인선당(廣仁善堂)에서 종종 회의를 개최하였다(『華字日報』 1905年1月25日, 「商局會議紀盛」, 5月24日「總商會急於開辦」. 또한 '광익회(廣益會)'라는 금융단체가 자본조달에 의한 '상업공익'을 위해 설치되었다. 이것은 전통적인 '상호부조' 방식에 의한 것이다(『華字日報』 1904年12月20日「條陳銀行章程」).

1905년 5월 19일 광주의 신상은 광제의원에 장소를 빌려서 반미운동에 대한 회의를 열었는데, 수백명이 참가하였다. 거기에서 나온 화제는 다음과 같다.

> 미국인은 다른 나라 사람의 입국은 금지하지 않고 오직 중국인의 입국만 금지하고 있다. 중국인을 인간으로 보지 않는 것일까? 미국에 가는 여러 나라 사람 중에서 우리 광동인이 제일 많다. 우리는 저들이 하는 대로 억압을 당하고 있을 수만은 없다. 미국인은 우리나라 사람이 특권이 없기 때문에 차별하는 것이고, 특히 우리 국민이 단결하지 않기 때문에 차별하는 것이다. 그렇다고는 하나 우리들 중에 오늘날 정부에 의지하지 않고도 미국에 저항하는 자는 반드시 있을 것이다. 각 외교관에게 전보를 쳐서 도리에 따라서 확실히 자기 주장을 하도록 요구할 것과 함께 각지의 상업항이 서로 연락을 취해 수출입 화물을 조사하자(『華字日報』 5月22日「會議抵制美約初紀」).

북경의 외무부 · 상부(商部)와 미국 공사 양성(梁誠)에게 보내는 전보도 격렬한 어조였다.

미국은 계속적으로 화공을 엄하게 금지하는 조약을 맺으려 하고 있습니다만, 국민은 모두 분노하고 있습니다('公憤'). 미국의 노동조합('工黨')이 정부에 압력을 가해서 우리 국권을 침해하고 있으니, 이것은 국제적인 외교문제입니다. 또한 저들은 동아시아의 화물을 사용하지 않는 것으로 〔화공을 고용하는〕 자본가에게 보복을 하고 있기 때문에 이쪽도 저들의 방식으로 대항하는 것입니다. 이미 각 성의 상인들이 연합하여 결의하고 미국 상품 리스트를 작성하여 이를 사용하지 않도록 호소하는 것으로 미국 노동자에 저항하는 수단으로 삼고자 합니다(『華字日報』 5月22日 「會議抵制美約初紀」).

이와는 별도로 21일에는 광익회(廣益會)에서도 집회를 열어 대책을 논의하였다. 운동의 취지에 찬동하고 서명한 사람은 200여명에 이르렀다. 결의한 내용은 ①72행이 운동의 사무와 미국상품의 판로 조사를 위한 필요 인원을 추천한다. ②필요한 경비의 준비는 8대 선당이 분담한다는 두 가지 점이다(『華字日報』 5月 23日 「省中再議對待禁工」).

5월 27일 광제의원에서 제2회 회의가 열렸다. 결의사항은 다음의 세 가지이다. ①매주 일요일 정오에 광제의원에서 회의를 연다. ②각 학당의 교사는 학생들에게 미국제 천으로 의복을 만들지 않기를 호소한다. 미국 상품의 상표를 조사하여 신문에 게재한다. ③8대 선당은 각각 사무 직원을 2명씩 내고 72행은 미국 상품 조사원을 2명씩 낸다(『華字日報』 5月 30日 「會議抵制美禁華工」)

이러한 경위를 거쳐 운동 본부로서 거약회(拒約會)가 설립되었다. 처음에는 보선가(普善街)의 광익회에 장소를 빌려서 운동원을 고용하고자 했다. '편집원' 2명은 미국에서 화인이 처한 비참한 상황을 백화(쉬운 문장어) 및 가요로 만들었다. '편집원' 2명은 미국 상품 상표를 조사하여 5색으로 인쇄하고 각지에 붙였다. '선강원(宣講員)' 4명은 백화와 가요로 각지에서 연설하였다. 7월 16일에 정식으로 성립한 거약회는 광제의원에 설치되어 광제의원에 주재하는 선동이 선전문서의 사전확인을 담당하게 되었다(『華字日報』7月 6日「發起拒約會」, 18日「拒約會定期開辦」).

광동의 운동을 격화시킨 계기로서는 풍하위(馮夏威) 자살사건이 있다. 풍하위는 광동성 남해현(南海縣) 출신의 멕시코 화교였는데, 우연히 귀국해서 상해에 체재하던 중 반미운동이 일어났다. 그는 미국에 항의하기 위해 상해 주재 미국영사관 앞에서 음독 자살하였다. 이 소식이 광동에 전해지자 각지에서 풍하위 추도회가 거행되었다(黃賢强, 1995). 이 움직임은 말할 필요도 없이 추도를 통해서 반미운동의 유지 및 확산을 노린 것이었다. 여기에 동향성의 요소를 쉽게 간파할 수 있을 것이다.

다만 저항운동은 '문명'적인 것으로 배려되고 있었다. '문명'적이란 폭동 등 '공익을 파괴하는 일체의 행위'를 방지한다는 의미이다(『華字日報』9月 6日「拒約公所會議文明抵制」). 즉 민중폭동의 억제이다.

그런데 이상에서 알 수 있듯이 광주의 운동에서는 아직 상회의 조직화가 진행되지 않았기 때문에 광제의원 등 선당이 커다란 역할을 담당하였다. 또한 72행으로 총칭되는 상인단체의 움직임도 현저해 반미운동을 총괄하기 위한 거약회라는 특별한 단체가 만들어지게 된 것이다.

운동은 광동인으로서의 동향성에 호소하고 또한 그 인적유대를 이용해 전개되었다. 그렇다고 해서 '중국'의 단결이라는 호소를 결여한 것은 아니었다. 미국에의 이민길이 막히면 실질적으로 가장 큰 타격을 입는 것은 광동지역이지만, 조약이 국가간의 체결인 이상 규정상으로는 그 영향이 전국에 미치는 것은 당연한 일이다. 따라서 광동측이 광범위한 단결을 요구하며 전국적인 운동을 호소한 것은 지극히 자연스런 흐름이었다.

이러한 운동 과정에서 '삼읍', '사읍'이라는 방언 그룹을 통괄하여 우리 광동인, 나아가 우리 중국인이라는 표현이 사용된 것은 주목할 만하다. 어느 수준이 본질적인가를 묻는 것은 의미가 없다. 동향적 이해와 애국적 이념은 반드시 모순되는 것이 아니라, 상호 영향을 주고받으면서 보안하며 생명력을 유지해 나가는 것이다.

상해(上海)의 경우 - 출신지를 초월한 단결

상해 반미운동의 중심인물은 증주(曾鑄)이다. 증주가 일약 운동의 중심이 된 것은 그의 명의로 각지에 전보를 발송하여 미국 제품 보이콧을 호소하였기 때문이다. 상해의 일간신문에는 각지의 단체와 개인이 운동방침 등에 대해서 증주에게 보고하는 서간과 그의 답신이 실려있다.

종래의 연구에서는 대부분 상해상회가 각지에 전보를 발송하고 전국을 지도한 것으로 서술되었지만, 이는 정확하다고 보기 어렵다. 당초 상해상회의 핵심인물은 상황을 주시하고 있었다고 생각한다. 천진상회에서 상해상회의 운동방책에 대해 문의하였을 때 상해상무공소(관료인 양사기[楊士琦]를 포함하여 상회의 지도자인 엄신후[嚴信厚] · 주진표[周晉鑣] 등을 포함한 조직)는 다만 각 방(幇; 상인그룹)의 신상이 결의한 내용을 전달하였을 뿐 상회차원의 대응에 대해서는 언급하지 않았다(『天津商會檔案彙編』 p.1877).

이러한 상황을 이해하기 위해서는 상해 상인단체의 구성체제에 대해서 살펴 볼 필요가 있다. 상해는 구미에 개항하기 이전부터 화북 · 강남 · 화남을 연결하는 남북 무역과 양자강 무역의 중심적 항구도시였다. 그에 따라 면포 · 대두 · 사탕 · 쌀 등의 상품마다 동업 상인단체가 이미 조직되었다.

아편전쟁 후 개항에 의해 외국무역이 개시되자 이익을 쫓아서 한층 더 많은 상인이 상해로 몰려들었는데, 그 중에서도 광동인과 영파(寧波)인이 양대 그룹(방)을 형성하게 되었다. 물론 그 외에도 복건(福建)계 상인도 있었지만 광동방과 영파방의 대항이 19세기 후반 상해 정치·경제사의 기조를 형성하는 주요 원인의 하나였다(Leung, 1982).

동업·동향단체의 범위를 초월한 상인조직으로서 상해에서는 예비적인 조직을 거쳐 1904년에 상회를 조직하였다. 이는 각 업종의 대표가 결집한 것이지만, 실질적으로는 영파방의 세력이 강하였다. 상해에서도 동향성이 뿌리깊게 유지되고 있었던 것이다(Googman, 1995).

그러면 1905년의 반미운동에서 상인단체가 담당한 역할은 어떠한 것이었을까? 5월 10일 상해상회 건물에 각 상인단체 대표가 모여서 미국에 저항할 방책을 논의하였다. 증주는 연설을 통해 2개월간 기한을 두고 그래도 미국이 조약을 강요한다면 미국 상품 보이콧을 시작할 것을 제안하였다. 이 제안은 만장일치로 채택되었다. 또한 청조관헌(외교부·상부·남양대신·북양대신)에게 전보를 쳐서 미국에 굴하지 말고 교섭할 것을 요구하고, 각지의 상업도시에 동조를 호소하기로 하였다.

여기에서 주의할만한 것은 증주의 입장이다. 그는 복건방을 대표해서 상회에서 의동(議董)이라는 직책을 맡고 있었지만, 결코 상회조직의 중추에 있었던 것은 아니다. 그러나 결의 후 상회의 리더였던 총리(總理) 엄신후, 협리(協理) 서운(徐潤), 좌판(坐辦) 주진표(周晉鑣)는 자신들의 명의로 전보를 발송하는 데에 난색을 표명했기 때문에 증주의 이름으로 전보를 보내게 되었다. 주요 도시의 상무국 앞으로 보낸 전문은 다음과 같다(그 도시의 범위에 대해서는 그림 11참조).

미국 법률은 화공을 엄격하게 금지하고 나아가 신사·상인의 미국 방문에도 그 법률을 적용하고 있습니다. 지금 양성(梁誠) 공사가 조인에 동의하지 않자 미국은 외교부와 직접 교섭한다고 합니다. 상해상인은 단결해서 이미 외교부에 조

그림⑪ 증주(曾鑄)가 협력을 요청한 전보를 보낸 도시(검은 점으로 표시한 21개 도시). 상해에서 5월 10 일 결의한 내용에 의거한 요청이다. 필자 작성.

인을 잠시 연기해 줄 것을 청원하였으며, 함께 경계해서 미국 상품을 사용하지 않는 것으로 배후에서 저항할 것을 결의하였습니다. 여하튼 각 상인에게 전해주 시기를 간절히 바랍니다(『天津商會檔案彙編』 p.1876).

5월 12일 광동방의 집회가 광조공소(廣肇公所; '廣'은 광동성 광주부, '肇'는 광동성 조경부〔肇慶府〕이다)에서 열렸다. 5월 14일 복건방 천장회 관(泉漳會館; '泉'은 복건성 천주부〔泉州府〕, '漳'은 복건성 장주부〔漳州 府〕이다)에서 회합을 가졌다. 모두 반미운동의 취지를 확인하는 것이었다.

증주만이 아니라 엄신후·서윤·주진표 등도 상해 주재 미국 총영사관 과 절충을 시도하였지만 결실을 맺지는 못하였다. 이와 같이 상회의 중심 멤버가 관여하고 있었던 것은 사실이지만, 어느날 총영사 로저스가 증주 와 헤어지면서 "각하가 각 회관의 상동 모두에게 제 의견을 전달해주십시 오"(淸季華工出國史料 p.70)라고 말하고 있듯이 역시 상회라는 조직이 아 니라 각 회관의 동향과 증주에 의한 통합이 중요시되었던 것이다.

상해상회에서는 7월 20일부터 미국에 대한 보이콧 운동을 결의하였 다. 상회의 회의에서는 금후 미국제품을 주문하지 않을 것을 결의할 것인 가 아니면 사용하지 않을 것을 결의할 것인가를 두고 입장의 차이를 보였 다. 무역에 종사하는 상인은 이미 주문이 끝난 상품을 판매하지 못하게 되 면 커다란 손실로 연결되기 때문이다. 결국 각 동업 단체의 대표는 금후 미국제품을 주문하지 않을 것을 맹세한다는 것으로 일단락되었다.

운동의 중심으로 지목된 증주는 매우 심한 압력에 시달렸다. 일부 사람 은 증주를 중상모략하여 생명을 위협하기도 하였다. 결국 8월 11일 증주는 "천하동포에게 작별을 고하는 글"을 발표하고 비분강개하면서 운동을 떠 났다. 미국은 청조에게 증주를 체포할 것을 요구하였지만, 상해를 관할하 던 양강(兩江)총독 주복(周馥)은 증주의 인기를 두려워해 손을 대지 못하였다. 확실히 증주를 지지하며 운동의 지속을 요구하는 의견은 강경하였다. "그 나라의 링컨은 예전 흑인 노예를 해방하기 위해 일신을 다 바쳐 전 세계로부터 존경을 받았으며, 지금도 여전히 선명하게 기억되고 있다. 지금 중국에서 동포를 구하기 위해 죽는다면 [증주] 선생의 영예는 링컨을 뛰어넘게 될 것이다"(『申報』8月 29日「彙綠抵制美約致曾少卿各函」)라고 어느 투서는 말하고 있다.

여기까지의 과정을 이해하기 위해서는 증주가 상해 상업계에서는 미약한 복건방에 속해 있었다는 사실에 주목할 필요가 있다. 증주가 운동을 열심히 지도하였던 동기는 애국적 의분(義憤)으로 이해해도 문제없을 것이다. 그러나 보이콧 운동을 성공시키기 위해서는 조직의 단결이 불가결하다. 상해에서 우세한 경제력으로 상회를 좌우하고 있었던 것은 엄신후 등 영파방이지만, 그들은 동포를 구한다는 대의적 명분에 공감하면서도 한편으로는 상업적 손실을 염려하고 관의 탄압을 두려워했다. 그래서 보이콧 운동은 상해상회가 주동하였다는 명의를 얻지 못했던 것이다. 게다가 영파방의 유력자 중에는 증주의 행동을 돌출행위로 간주하여 긍정적으로 생각하지 않은 사람도 있었던 것 같다.

물론 영파방 중에는 운동에 공감하고 협력한 사람도 적지 않았다. 이는 '사명동향회(四明同鄕會)'라는 영파인 모임이 집회를 개최하고 있었던 것에서도 잘 알 수 있다. 그런 면에서 보이콧 운동이 개개의 본적지를 초월해서 목표를 설정하고 있었다는 것을 간파할 수 있는 것이다. 사실 증주에 대한 지지도 시들지 않았다. 같은 해에 상해 성상총공정국(城廂總工程局)이라는 자치기구가 만들어졌을 때 증주는 판사총동(辦事總董)에 선출되었으며, 상해총회에서도 최고지위인 총리에 선출되었다.

공교롭게도 증주가 상회총리 재임 중에 이번에는 영파방의 이해가 걸린 사건이 발생하였다. 청조가 소주-항주-영파를 연결하는 철도건설을 위해 영국으로부터 차관을 받으려고 한 것에 반대해 중국자본을 끌어 모으려고 한 움직임이다. 즉 외국자본의 진출을 억제하고자 한 운동으로 역시 애국적 어휘를 슬로건으로 내걸었다. 이 때에는 상해상회도 일치단결하여 운동을 지도하였는데, 그것은 영파방의 역량을 잘 나타내고 있는 것이다(徐鼎新·錢小明, 1991, p.90).

이상에서 알 수 있듯이 지역적 이해가 동향적 단결에 의해 정치운동화되었지만, 그 움직임은 전국적 단결로 연결되는 언어표현을 사용하고 있다. 그것은 가능한 한 많은 사람의 협력을 얻기 위한 것이다. 각지에서의 출신자가 모여 있는 도시사회에서는 그러한 애국적 이념이야말로 본적지마다의 분립을 초월한 도시사회 일체화의 가능성을 불러일으켰다고 생각한다.

천진(天津)의 경우 - 본토인의 복권으로서의 애국운동

천진은 본래 미국 이민과는 그다지 관계가 없는 곳이었다. 그러나 상해보다도 빠르게 반미 보이콧을 개시한 것과 같이 오히려 대단히 운동에 열의를 보였다고 할 수 있다. 여기에서 그 이유를 생각해 볼 필요가 있다.

우선 천진의 상업계에 대해서 살펴보자. 천진은 구미를 향해 개항하기 이전부터 이미 청조의 생명을 좌우하는 항구도시였다. 천진성(天津城)은 강남(江南)·산동(山東)과 북경에 가까운 통주(通州)를 연결하는 대운하와 인접해 있으며, 나아가 화북평원의 많은 하천을 지류로 해서 발해만으로 흘러 들어가는 백하(白河)와 대운하가 교차하는 지점이다. 천진에는 복건·대만 등지에서 정크선도 와서 번화하였으며, 낙타와 노새에 짐을 싣고 왕래하는 회민(回民, 한어를 말하는 무슬림)도 거점을 이루고 있었다. 바로 해양아시아와 내륙아시아의 접점이었다고 할 수 있다. 천진의 상업을 주도하였던 것은 염상(鹽商)이다. 소금은 국가전매 상품이었지만, 발해만의 염업을 관리하는 부서가 천진에 설치되어 있었기 때문에 천진은 막대한 부를 축적한 염상의 거점이 되었다.

그러나 제2차 아편전쟁(애로우전쟁) 후의 개항은 천진의 상업계에 외국무역이라는 또 하나의 사업 기회를 가져다 주었다. 외국무역을 위해 광동인·영파인이 천진에 왔는데, 그들은 영어 실력을 살려서 외국상사·은행 등의 매판이 되어 일약 천진의 유력자가 되었다. 그것을 잘 보여주는 것이 동향회관의 정비이다. 예를 들면 영파 등 절강(浙江)출신자를 위한 절강회관은 이전부터 존재하고 있었지만, 새로운 모금에 의해 1887년에 개축되었다. 이 과정에서 훗날 상해 영파방의 중심인물이 되는 엄신후나 천진의 매판인 왕명괴(王銘槐) 등 절강인의 활약이 눈에 두드러진다(光緒刊,『重修天津府志』卷24).

천진은 1900년 의화단(義和團)전쟁으로 커다란 피해를 입었지만, 그 후 일시적인 외국군의 점령을 거쳐 직예(直隸)총독 원세개(袁世凱)에 의해 회수되었다. 이윽고 1903년 천진 상공업자의 결집체로서 각 동업단체를 연결하는 천진상회가 조직되었다.

그런데 이미 서술했듯이 1905년에 일어난 반미운동에서 천진상회는 증주의 전보를 받은 후 상해에 그 내용을 조회하였다. 그러나 천진상회는 곧바로 운동을 추진하는 입장을 표명하지는 않았다.

이에 대해서 천진의 일간신문인 『대공보(大公報)』는 보이콧 추진 캠페인을 열성적으로 전개하였다. 우선 6월 11일부터는 기사 앞에 "본지는 미국 상인의 광고를 싣지 않는다"고 하는 성명을 내걸었다. 또한 6월 12일부

그림⑫ 천진성 외부의 거리모습(20세기 초). 단층 기와집의 가옥이 늘어서 있고 도로에는 인력거 외에 각종 마차가 보인다.

그림⑬ 천진의 일본 조계(20세기 초). 이 시대 천진에는 8개의 외국 조계가 존재하여, 조그만 국제사회를 형성하고 있었다.
출전: 그림12, 13 모두 淸國駐屯軍司令部編, 『天津誌』, 博文館, 1909. 권두 그림.

터 매일 다음과 같은 호소문을 실었다.

　　미국은 화공 금지조약을 계속 체결하고자 하고, 박해는 더 심해지고 있습니다. 따라서 우리 국민은 모두 경계하여 미국 상품을 사지 않을 것을 저항 수단으로 삼은 것입니다. 미국상품의 상표를 왼쪽에 내걸고 물건을 살 때 쉽게 식별할 수 있도록 해야 합니다.
　　United States, United States of America, USA 대공보관계(大公報館啓)

　　또한 지면에 별도의 코너를 설치해서 각지 보이콧 관계의 정보를 소개하는 데에 주력하였다.
　　학계(교육관계자)에서도 움직임이 일어났다. 사립 경업학당(敬業學堂, 후의 南開中學)의 교관인 장백령(張伯笭)은 천진 학계에 호소하는 신문광고를 냈다.

　　최근 상해의 신문을 읽으면 미국인이 화공을 금하는 조약을 계속 유지하려는 데 대항하자는 논의가 다양하게 나와 우리 동포의 공분(公憤)을 격발하고 각각 전력을 다하여 저항하고자 하고 있습니다. 바로 기다리고 기다리던 기쁜 상황입니다. 우리 천진은 의화단 전란에서 체득한 교훈으로 순식간에 교육이 번성하여 '애국', '합군(合群)' [단결]의 논설이 일상적인 것이 되었습니다. 지금 고립무원의 화교들이 해외에서 모욕을 당하고 있는데 우리들이 힘을 다해서 싸우지 않는다면 우리 국민의 명예를 손상시킬 뿐만 아니라 크게 국민의 책임을 다하지 않는 것이 됩니다(『大公報』 6月 10日 「敬告天津學界中同志諸君」).

　　이렇듯 미국상품 불매를 호소할 뿐만 아니라 교육 현장에서도 보이콧을 권하였다. 상회가 대책을 세우는 것과 아울러 본적지 그룹을 통한 동원이 보이는 것도 주목할 만하다. 천진의 광동인은 광주의 선당·상회에 전보를 쳐서 저항의 결의를 표명하였다(『華字日報』 6月14日 「敬請江浙同鄉

諸君十六日商務總會集議啓」). 또한 영파방의 왕명괴 등은 대책을 협의하기 위해 상회건물에서 집회를 열고 영파인을 중심으로 하는 '강절(江浙)동향제군'의 참가를 호소하였다. (『大公報』 6월 16일「敬請江浙同鄕諸君十六日商務總會集議啓」).

한편, 이상과 같은 여론의 전폭적 지지 아래 상무총회에서도 6월 18일 오후 2시부터 6시까지 보이콧 실시를 검토하기 위해 대회가 열렸다. 총 200여명 정도의 상인단체 대표자들이 한자리에 모였다. 이 회의에서 상회총리인 왕현빈(王賢賓)이 영파방의 왕명괴가 기초한 보이콧안을 낭독했다. 또한 상회에서 협리 직무를 맡고 있던 영세복(寧世福)이 연설을 통해 미국의 화공에 대한 조치는 신상의 공분을 불러일으켰으며, 4억 동포를 동요시켰다면서 보이콧 운동의 실행을 요구하자 만장일치로 동의하였다. 평소 미국제품을 구입하고 있던 동업단체 등은 앞으로 구매하지 않을 것을 맹세하고 만일 위반하는 자가 있으면 5만원(元)의 벌금을 지불할 것도 결의하였다. 왕현빈·영세복 등 천진상회의 리더들은 천진출신으로 그들과 영파방은 중국을 위한다는 목표 하에 협력을 추진하였다. 복건방은 이 대회에 불참했지만 상해 천장회관(泉漳會館, 앞에서 서술한 복건방의 거점)에서 보내온 문서에 따라 운동에 참가하는 기색이었다.(『大公報』 6월 19일「商界之大會議」, 20일「浙紳王觀察京堂不售美貨說帖」, 「商界之大會議續誌」).

18일에는 천진부 관립 중학당·사립 경업학당의 학생이 중심이 되어 교사·학생의 집회를 가졌다. 그들의 호소는 전단을 통해 전해졌을 뿐만 아니라 대공보에도 게재되었다. 집회 당일 학생 504명, 일반인 119명으로 합계 623명이 참가했다. 연설을 하고 보이콧 운동 추진방식을 논의했다 (『大公報』 19일「學界之大會議」, 20일「學界之大會議續志」).

이와 같이 상해에서 정한 2개월 기한보다도 빠르게 보이콧 운동을 개시하려고 한 6월 21일 상회 리더들은 관에 불려가 보이콧 운동을 중지할 것을 강요받았다. 총독 원세개는 의화단전쟁 후 러시아에 점령되어 마침 러일전쟁의 무대가 된 요녕(遼寧) 이북 땅을 외교적으로 회복하기 위해 미국의 조정을 기대하고 있었기 때문에 미국과의 관계 악화를 피하고 싶었던 것이다(張存武, 1966, pp.67~68). 이를 받아들여 상회는 보이콧 운동 중지를 알리는 전단을 각 상인에게 배포하였다. 천진상회가 관의 압력에 굴복한 듯이 보이지만, 문제는 그리 간단하지 않다. 여기에는 미국상품 보이콧 운동이 천진경제에 미칠 악영향을 상인들이 우려하였다는 속사정도 있었다는 사실을 염두에 두어야 할 것이다.

상업계와는 대조적으로 학계 사람들은 보이콧 운동에 대단히 열성적이었다. 각 학당에는 미국제품이 거의 사라졌으며, 학당 근처의 상점에서도 다른 나라 제품으로 대체하였다(『大公報』 6月 26日 「天津學界特色」).

한편, 관에 의한 탄압 방침은 계속되어 20인 이상의 집회는 반드시 사전에 신고해야한다는 명령이 내려졌다. 또한 보이콧 운동의 고취에 열성적이었던 대공보도 탄압 대상이 되어 열람이 금지되었다.

보이콧 운동을 전개하기 위해서는 불특정다수의 일반 사람들에 대한 선전이 중요하다. 그 점에서 천진에 몇 군데 설치된 '열보처(閱報處)'(신문 등을 열람하는 곳)나 '선강처(宣講處)'(중요한 테마에 대해서 연설하는 곳)라는 시설이 주목된다. 이곳은 반드시 보이콧 운동을 선전하기 위한 것만이 아니라 (묘[廟]의 신앙이나 풍수관념에 대한 비판을 내포한) 일반적인 계몽을 목적으로 하고 있었지만, 미국상품 불매를 호소하면서 등장했다고 생각한다. 왜냐하면 천진에서 이러한 시설을 설치하는 움직임이 1905년 여름에 급속하게 진행되었기 때문이다. 게다가 20명 이상의 집회규제를 피해가기 위한 의미로도 생각할 수 있다. 이 움직임을 주도한 것이 천진 학계인데, 특히 사숙(私塾)의 교사들이 적극적이었다.

이와 같이 학계가 보이콧 운동에 대단히 열성적이었던 이유는 무엇 때문일까? 사실 광주나 상해에서도 학생·교사의 움직임이 활발하였는데, 여기에는 상인과 달리 보이콧 운동으로 인한 경제적 손실이 없었기 때문일 것이다. 그와 더불어 애국운동을 통해 학계의 존재의의를 드러내기 위해서였을 것이라고 생각한다. 과거제가 폐지된 후의 시대적 추세에서 학습을 정당화하기 위해서는 그것이 중국을 위해 유용하다고 주장할 필요가 있었다. 따라서 이 시대의 교육쇄신과 학계의 형성은 애국주의의 탄생과 밀접한 관계를 갖고 있다고 생각해도 좋을 것이다.

또한 천진 특유의 사정도 생각해 볼 수 있다. 학계 사람들은 대부분이 천진 본토출신이지만 천진의 경제적 번영에 따른 혜택을 받는 일은 별로 없었다. 상인들은 보이콧 운동에 따른 경제적 타격을 염려하고 있었지만, 학계 사람들은 평상시의 정치적 관심을 표현하고 운동으로 삼는 절호의 기회였다. 원래 북방인인 그들은 방언의 장애도 적어 무리없이 광범위한 사람들을 향해 연설할 수 있었다. 즉, 반미운동은 천진 본토인이 정치적인 발언력을 획득하는 좋은 기회였던 것이다. 중국을 위한다는 논리는 그들의 문제의식을 따라야 할 뿐만 아니라 그들의 주장을 반론하기 어렵게 했다.

한편 다른 곳에 본적을 둔 사람들은 어떠했을까? 광동방이 특별한 관심을 보인 것은 당연하다고 해도 영파방의 리더인 왕명괴까지 보이콧 운동의 취지서를 쓰고 있는 것은 주목할 만하다. 중국을 위한다는 이념이 출신지를 초월한 협력을 가능하게 했다고 할 수 있다. 애국적 담론은 정면에서 반론하기 어려워 많은 상인은 일단 중국을 위해 이익을 희생할 것을 약속할 수밖에 없었다. 결의집회마다 복건방이 불참한 채 독자적으로 상해 동향인과 연락을 취하고 있는 것을 보면 동향적 유대는 확실히 중요한 의미를 지니고 있었다. 그러나 1905년 반미운동은 틀림없이 중국의 단결이라는 정치적 동원을 위한 이념으로서 제시한 것이다.

또 하나 대중적 동원으로서 중요시된 것은 의화단과 같은 폭력의 발생을 미연에 방지하는 것이었다. 이러한 지향은 '문명'적으로 형용된다. 신문에 실린 한 투서는 다음과 같이 말하고 있다.

> 많은 곳에서 연설회가 열려 화공이 배척당하는 상황을 여기저기에 전하려고 하고 있다. 사람들에게 그 박해의 고통을 알리면 권장하지 않아도 미국 상품을 사지 않게 될 것이다. 이것은 대단히 '문명'적인 방법이다. 다만 결코 미국인을 박해하거나 미국의 종교를 공격해서 국가에 외교적인 문제를 불러일으켜서는 안 된다. 이는 각 신문이 이미 지적하고 있는 것으로 내가 다시 말할 필요도 없는 것이다(『大公報』 6月 17日 「敬告會議不買美貨的諸同胞」).

또다른 투서는 4억 '동포'에게 호소하면서 "결코 의화단과 같이 크리스트교를 타도한다는 등 대혼란을 일으켜서는 안 된다"(『大公報』 7月 10日 「敬告我華同胞」)고 하였다. 이러한 주장은 사묘(寺廟)신앙 등 민중문화를 부정하는 당시 논조와 호응하고 있다. 의화단의 배후에는 '미신'이 있다고 지적되고 있었기 때문이다.

때 마침 천진에는 벨기에의 회사가 시내에 노면전차를 건설하려고 하자 재래 운수업자들은 반대 입장을 취하고 있었다(吉澤誠一郎, 2002, pp.281~324). 상회가 보이콧 결의를 하기 직전으로 그들은 전차문제에 대해서 상회가 지지해 줄 것을 기대하고 대거 몰려들었다. 그 기회에 상회 측이 미국상품 불매운동의 취지를 말하자 "손을 들고 외치며 찬성하지 않는 자가 없었다"(『大公報』 6月 13日 「天津商務總會致本館函」). 여기에 모였던 사람들은 각행(脚行; 운수업에 종사하는 집단)이나 인력거꾼 등 육체노동자들이지만 그들에게도 애국의 대의를 주입시킴으로써 도시 사회가 하나가 되는 목표를 달성하게 되었다. 애국의 이념은 외국에 대한 저항의 근거지가 될 뿐만 아니라 도시 사회의 통합에도 유효하였다는 점에 주의해야한다.

화공과 애국

지금까지 반미 운동의 배경과 경위에 대해서 살펴 보았다. 이 운동의 의의를 논할 경우 우선 이민 문제가 해결되었는지의 여부에 대해 생각해 볼 필요가 있을 것이다. 즉 보이콧 운동은 명시적 목표를 어디까지 달성하였는가라는 것이다. 이 점만 가지고 본다면 보이콧 운동의 의의는 그다지 대단하지 않았다고 결론을 내릴 수 있다. 경제적으로는 러·일전쟁으로 인한 호경기로 미국상품 수입은 오히려 증가하고 있었기 때문이다. 외교면에서도 루즈벨트 미국 정부의 양보는 미비했다고 할 수 있다. 달리 선택의 여지가 없었다고는 하지만, 보이콧 운동이 이민 문제를 해결하기위한 적절한 방법이었는가에 대해서는 재고할 필요가 있을 것이다.

그럼에도 불구하고 이 운동은 청조의 국내 정치 및 사회에 커다란 반향을 불러일으켰다. 우선 이민 문제를 계기로 애국심이 널리 확산되었다는 것을 들 수 있다. 이 점을 당시의 국제적 상황에서 정리해 보자.

19세기의 이민은 바로 세계시장의 노동력 배치 문제 즉, 흑인 노예제의 폐지와 함께 구미 각 국에 의한 해외 식민지 경영의 전개, 신대륙 개발의 진전과 관계있다. 예를 들면 빈곤에 허덕이던 아일랜드인들은 대거 일찍이 노예 무역항이었던 리버풀을 거쳐 미국으로 건너갔다. 한편 구미 제국의 강한 요청과 점차로 증가하는 화공 유출로 인해 청조도 해외이민을 공인하지 않을 수 없게 되었다. 이와 같이 국경을 초월한 인구의 이동 및 분산 그리고 네트워크형성이라는 현상은 트랜스내셔널리즘Transnationalism 의 좋은 예라고 할 수 있을 것이다.

그러나 화공의 분산을 단지 세계의 일체화라는 문제만으로 생각할 수는 없다. 지금까지 서술하였듯이 이민 문제는 동포를 지킨다는 명목으로 널리 공감을 사서 애국적 이념이 고양되었다. 이 과정을 통해 중국인이라는 집합적 자기의식이 점차 널리 공유되어 간 것은 주목할 만하다.

그러면 이민이라는 현상이 세계의 일체화 · 균질화로 나아가지 않고 오히려 애국주의에 근거한 보이콧 운동의 계기가 된 이유는 무엇일까? 그 이유로는 우선 주권 국가 체계의 존재를 생각해 볼 수 있다. 이민은 양국간의 조약이 가장 중요한 규정 요인이다. 여기에는 입국관리는 각 국의 권한이고 시민권 부여도 타국이 참견할 사항은 아니라는 인식이 전제되어 있다. 화공은 연방회가 정한 법에 의해 유입이 금지되었으며, 게다가 미국의 귀화법에 의해 시민권을 획득할 수도 없었다. 이렇게 미국 사회의 '한화' 가 저지되었다고도 할 수 있다.

실은 1905년의 시점에서 청조는 국적법을 갖고 있지 못했기 때문에 엄밀한 의미에서 '중국인'은 국적에 관한 개념이 아니라는 사실도 유의할 만하다. 그러나 지금까지 보아왔듯이 국경의 벽이 중국인 관념을 강하게 심어주는 계기가 되었다는 것도 사실일 것이다.

또한 미국에서 볼 수 있듯이 인종 차별 의식과 차별의 실천이라는 문제가 있다. 남북전쟁 후 미국은 일단 흑인 노예제도를 폐지하였지만, 인종 차별 문제는 여전히 뿌리 깊게 남아있었다. 화공의 캘리포니아 이주를 비판하는 언론은 거세져서 20세기에 접어들면서는 황화론(黃禍論)까지 등장하였다. 또한 백인 내에서도 앵글로 · 색슨계, 프로테스탄트 엘리트는 (아일랜드계 등의) 가톨릭을 노골적으로 열등하게 보았다.

이러한 차별을 국력과 단결이라는 방법으로 해결하고자 한 것이 바로 중국의 애국운동이었다. 여기에서 양계초가 『톰아저씨의 오두막집』의 차별 받는 흑인을 반면교사로 삼아 미국의 가톨릭계 이민의 열등성을 소리 높여 외친 것을 볼 때, 차별을 지지하는 편견을 뛰어넘지 못한 채 그 계층 구조를 전제로 보다 우등생이 되려고 했다는 것을 알 수 있다.

　　당시 미국에 대한 정보가 그다지 풍부했다고 보기는 어렵다. 그러나 민주와 자유라는 이념만이 아니라 인종차별이 심각하다는 인식은 널리 퍼져 가고 있었다. 보이콧 운동을 권장하는 이유로써 "미국은 문명국으로서 공정한 사람도 적지 않다. 그러나 노동 조합원이 많으며 민주 정체로는 다수가 이긴다. 만일 우리가 힘을 다해 싸운다면 공정한 사람이 만회하기 쉬울 것이다(鄭觀應, 『盛世危言後篇』 卷7, 「致廣州拒約合同人書」)라는 냉정한 의견도 있었다. 그러나 통속적으로는 미국인에 의한 학대가 얼마나 심하였는지가 강조되고 있었다.

　　이상으로 보이콧 운동을 개시할 당시의 국제적인 조건을 살펴보았는데, 그 구체적인 전개는 청말 도시의 정치적·사회적 상황에 입각해서 살펴볼 필요가 있다.

도시사회와 애국주의

　　청말 도시는 중국의 단결을 요구하는 운동이 성장하는 장이었다. 여기서 주의해야 할 것은 제 도시에서 거의 동시에 동일한 담론이 진행되었다는 점이다. 거기에는 우선 정보전달방법의 혁신을 생각할 수 있다. 전보는 각지에 애국운동을 호소하고, 전개 상황을 전달하는 유효한 수단이었다.

그리고 그러한 정보는 신문 등 정기간행물로 집약되어 접하기 쉬운 것이 되었다. 신문은 서로 기사를 전재(轉載)하여 정보를 공유하였다. 또한 각 도시에 설치된 상회간의 정보 교환도 이루어지고 있었다. 보이콧 운동은 각 상회가 설립된 후 서로 연락을 취해 연대하는 최초의 기회를 제공하였던 것이다.

애국운동은 각 도시 내부에서 본적지끼리 분립하는 사회편성을 뛰어넘는 데 적합하였다. 특히 상회와 지방자치의 발전에 기여한 역할은 대단히 컸다. 동업·동향단체를 통합한 지방 지배 체제를 만들기 위해서는 그 도시 내부의 사정을 초월하는 문제에 대처하는 계기가 유효하다고 생각되었기 때문이다. 소주(蘇州)상회가 보이콧 운동 과정에서 설립되었고, 상해의 지방자치 제도화가 동시기에 진행된 것은 좋은 예이다. 지방자치 체제와 애국주의 형성은 언뜻 보기에 서로 상반되는 것 같지만, 이상과 같은 연유에서 양자는 병행하여 진행되었다.

이리하여 본래는 자기 지역에 한정된 문제라도 무엇인가 이유를 달아 중국 전체가 처한 환경 속에서 논하게 되면서 점차 애국적 담론은 널리 확산되어 갔다. 애국 이념은 논리적 정당성의 원천으로서 많은 논자가 이용하였다. 발언의 의도는 제쳐두고도 결과적으로 담론의 반복을 통해 단결된 중국상이 생겨나고 있었다. 그 후 북경 중앙정권의 실제 통치가 이완됨에도 불구하고(혹은 그 때문에) 다양한 애국운동의 고양이 진전된다. 이점에서 일본이나 프랑스가 중앙정부의 시책 하에 균질적인 국민형성을 지향했던 것과는 크게 다르다고 할 수 있다.

한편, 본적지 아이덴티티는 중국인 의식에 압도되어 약해졌던 것은 아니다. 반미 운동을 보아도 광동인의 인적 네트워크가 크게 작용하고 있으며, 천진이나 상해에서도 광동방의 움직임을 볼 수 있다. 상해의 광양화행(廣洋貨行, 광동이나 외국의 제품을 취급하는 업계의 단체)이 홍콩의 동화의원(東華醫院)에게 보이콧 운동에 참가할 것을 호소하고 있듯이(『華字日報』 8月 15日 「華商公局會議」) 광동인으로서 동원이 이루어졌던 것은 자연스런 흐름이었다고 할 수 있다. 동향관계의 활성화가 애국운동을 지탱하고 있었다.

그렇다고는 하나 보이콧 운동이 의미를 갖기 위해서는 광범위한 단결이 불가결하기 때문에 어디까지나 중국인의 문제로서 제시되었다. 중국을 위한다는 담론은 본적지 구별을 포섭하면서 그것을 초월한 힘을 갖게 되었다고 할 수 있다.

학생과 애국운동은 서로 분리해서 생각할 수 없다. 본래 과거시험으로 지탱된 유학이 지식 · 교양의 중심이었던 시대는 과거제 폐지의 추세로 종말을 고하려고 했다. 유학은 인격 향상과 관계가 있기 때문에 학문이 존중되었고 과거도 그것을 전제로 하고 있었다. 그런데 그 이념이 흔들릴 때에도 여전히 학습이 의미를 갖는다고 한다면 무엇때문일까? 젊은 교사와 학생들은 그것을 중국을 위한 것이라고 믿고자 했다. 이 입장을 강조함으로써 그들은 도시사회에서 정치적 발언권을 가질 수 있게 되었다. 게다가 이 시기에 설치되기 시작한 신식 학당이 운동의 전제가 되는 사회적 유대를 형성한 것도 주목할 만하다(桑兵, 1991b).

애국운동은 우매하다고 여겨진 민중문화와 대항적으로 전개되었다. 보이콧 운동은 민중문화에 근거한 의화단운동의 재판(폭력적 배외)이어서는 안 된다고 주장되었다. 중국의 존망은 보다 선진적 · 보편적인 문명의 조류를 타는 데 달려있다고 생각했기 때문이다. 중국의 단결이란 도시의 엘리트층이 냉엄한 국제환경 하에 국가의 존속을 도모하고 나아가 지역사회에서 그들의 우월성을 도모하는 데 유효한 방책이었다고 생각해도 좋을 것이다. 그리고 도시사회에서 출신지를 뛰어넘은 공생 · 연대의 논리와 심정을 제공한 것도 애국주의였던 것이다.

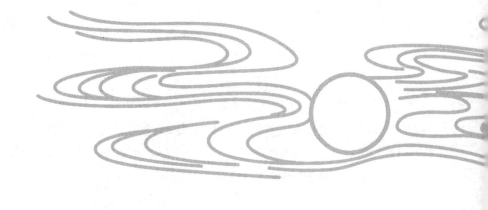

3장

중국의 일체성을 추구하다

지도와 역사의 서술

과분(瓜分)의 공포

주지하듯이 '과분'이란 열강에 의해 중국이 분할되어 버린다는 것을 의미하고 망국의 운명을 걷는 것은 아닌가라는 위기감을 내포하고 있다. 박을 자르는 것에 국토 분할을 비유한 '과분'이란 말은 고전에서도 용례를 찾아볼 수는 있지만, 그것이 유행하게 된 것은 바로 세기 전환기인 20세기 초 몇 년간이라고 할 수 있다.

예를 들면 『청의보(淸議報)』에 실린 논설 「과분위언(瓜分危言)」은 다음 과 같이 지적하고 있다.

> 서양인이 과분을 논의한지 이미 수십 년이 지나고 있다. 중국의 지식인이 과 분의 상황을 염려하기 시작한 지 이미 십 년이 된다. 한 두 명의 지식인은 땀을 흘리며 숨을 헐떡거린 채 천하를 달리며 큰소리로 외쳐 사람들에게 알리려고 하 지만 사람들은 어리석게도 코를 골면서 잠에 빠져있으며 느긋한 자세로 귀를 기 울이려고도 하지 않고, 가령 들었다고 해도 웃어넘긴 채 조금도 개의치 않는다. 서양인들은 침착하고 신중하여 마음속으로 깊이 생각할 뿐 가볍게 표출하지 않 는다. 지금까지 토지를 분할한다고 해도 변경의 속지에 그쳐 당당한 대국에 대해 서는 조금도 손해를 끼치지 않았다. 그래서 중국에서 코를 골고 있는 사람들은 점점 안심해서 이렇게 생각한다. "서양인이 그런 것을 생각하고 있을 리가 없다. 이 말은 악질적인 것으로 정치를 문란하게 하는 무리가 일부러 과격한 말을 해서 세상을 혼란에 빠뜨리려는 것일 뿐이다"라고. 아아! 어찌 통곡하지 않으리(袁時 客, 「瓜分危言」, 『淸議報』 15册, 1899).

이 글의 필자인 양계초[1]는 계속해서 최근 1년 사이에 독일이 교주만(膠 州灣)을 러시아가 여순(旅順)·대련(大連)을 영국이 위해위(威海衛)를 프랑

---

1 '哀時客'은 양계초이다. 제1장의 주 (3)참조.

스가 광주만을 차지하려는 분할 움직임이 급속하게 진행되어 철도·광산의 권리가 타국의 손에 들어가는 사태를 지적하고 있다. 과분의 위험성을 심각하게 받아들이는 태도이다. 게다가 "맹자가 말하길 외국에 멸망당하는 나라는 반드시 그 전에 스스로 멸망의 길을 걷고 있다〔『孟子』離婁篇〕. 인도를 멸망시킨 것은 인도의 수장이지 영국인은 아니다. 폴란드를 멸망시킨 것은 폴란드의 귀족이지 러시아·프로이센·오스트리아가 아니다"라고 하면서 중국은 정책담당자의 부패 때문에 스스로 과분의 위험을 초래하고 있다고 하였다.(袁時客, 「瓜分危言三續」, 『淸議報』 23冊, 1899). 구체적으로는 서태후(西太后)를 비롯한 청조정권의 중추가 강유위(康有爲)의 정치개혁을 좌절시킨 것에 대한 비판으로 이해할 수 있다.

『청의보』는 외국 신문의 기사를 번역하여 게재하고 있는데, 그 중에는 열강이 과분을 도모하고 있다는 내용의 기사를 싣고 있다. 그러나 그 기사는 외국 형세를 냉정하게 판단할 수 있는 재료를 제공한다기보다는 아마 국난의 위기감을 자극하는 선정적인 내용을 선택한 것으로 여겨진다. 기사가 오보에 가까운 것이나 논리전개가 억지스러운 사설도 있어 오늘날 시각에서 보아 신뢰할만한 정보라고는 보기 어렵다. 누가 만든 이야기인가는 단정할 수 없지만 중국을 과분하기 위해 국제위원회를 구상하고 있다는 내용도 소개하고 있다. 이 모임은 영국·프랑스·미국·독일·러시아·이탈리아·오스트리아·일본이 평화적으로 중국을 분할 지배하기 위해 조직되어 있다(당연하지만 이것은 가공의 이야기이다).

1. 이 모임은 평화과분중국공회(平和瓜分中國公會)라고 명명한다. 각 국은 위원 3명을 파견하여 전권을 위임한다. 회의는 모임의 사항을 스스로 결정한다.
2. 이 모임은 중국을 주도적으로 처단하는 전권을 가진다. 모든 회의는 본국 정부의 지시를 따르지 않는다.

3. 각 국이 점령한 토지는 각 국이 관할한다. 현재 그 나라의 상무(商務) 매상의 다과(多寡), 또는 그 나라의 권익의 관계에 따라서 지도를 사용해 경계를 정한다.
4. 회원 상호간에 분쟁이 발생했을 시에는 다른 회원이 중재해서 공평하게 결정한다.
5. 회의에서 결정된 전체의견에 반대하고, 회의에서 결정된 사항에 따르지 않는 나라에 대해서는 모임에서 추방하고 나아가 약속을 지키지 않고 반대한 책임을 모두가 추궁한다.
6. 이 모임이 새로운 토지를 획득한 경우 각 국이 분할 점령한다. 특정 회원국이 고의로 조약을 맺어 다른 나라의 상무를 방해하고 이권을 침해해서는 안 된다. 중국의 모든 토지는 이미 만국이 관할하게 되었으므로 통상은 만국에게 맡긴다. 만일 통상을 저해하는 나라가 있으면, 각 국은 공동으로 이를 처벌하고 그 나라가 점령한 토지를 몰수하여 각국이 균등하게 나누어 차지한다.
7. 만일 뒤늦게 모임에 참여하고자 하는 나라가 있을 경우에는 그 나라가 중국에 상무 세력이 없어도 함께 협력하여 중국을 과분하고 토지를 할당해 점령하는 것을 인정한다.
8. 각국은 중국에 너무 많은 병력을 파견해서는 안되며 그 나라의 토지를 방위하는데 족할 만큼만 한다.
9. 모임의 규칙으로 중국인의 무기 제조를 영구히 금지한다(「擬立瓜分中國平和會」, 『淸議報』 4冊, 1898).

　　나아가 번역된 기사에서는 과분은 중국인도 환영하고 있다고 기록하고 있다. 과분되어 강국의 지배 하에 들어가면 부패한 관헌의 압박에서 벗어나 생명과 재산을 지킬 수 있기 때문이라는 것이다. 참으로 제멋대로의 구상이지만, 『청의보』가 이런 기사를 게재한 의도는 위기의식을 선동하기 위해서일 것이다. 거기에는 열강의 침략에 대한 비판과 함께 무능한 정부 그리고 애국심이 결여된 인민을 문제 삼는 의식을 읽어낼 수가 있다. 이와 같이 과분을 경계하는 담론에는 애국심을 함양하고 확실히 국토를 지켜야 한다는 주장이 담겨있는 것이다.

20세기에 들어서면 점점 더 위기감이 강해진다.

> 20세기 초기는 지나(支那)가 북경에서 패전(의화단전쟁과 신축조약)을 경험한 후의 시대이다. 최근 수년 사이에 러시아는 북방에 진출하고 영국은 양자강(揚子江)유역에 프랑스는 운남과 광동·광서에 독일은 산동에 일본은 강서·복건에 세력범위가 점차로 고정되어 갔다(衛種, 「二十世紀之支那初言」, 『二十世紀之支那』 1期, 1905).

이러한 상황에서 신해혁명 이전의 강유위·양계초 등과 혁명파가 정치 노선을 둘러싸고 전개한 논쟁 중에서도 과분 문제는 중요한 위치를 차지하고 있었다. 즉 강유위·양계초는 만일 청조를 타도한다면 내란 과정에서 외국의 간섭을 초래하여 중국은 과분될 것이라고 주장하였다. 이에 대해 혁명파는 반론을 제기하여 한치의 양보도 없이 논전을 전개하였다(元冰峯, 1966, pp. 168~178; 寺廣映雄, 1978).

혁명이 과분을 초래한다는 가정은 혁명에 반대하는 논거로 제시되었다. 그러나 이 논의는 단지 논쟁을 위해 제기된 것이 아니라 양계초 등의 평소 관점과 깊게 연결되어 있다는 사실에 주목해야 한다. 즉 위에서 보았듯이 양계초가 편집한 『청의보』야말로 과분이라는 용어를 퍼트린 유력한 발신원이었다. 즉, 냉엄한 국제환경이라는 현상인식을 전제로 그에 대응하기 위해서 서태후 정권으로는 불가능하기 때문에 정치개혁을 추진해야 한다는 주장이다.

혁명을 추진하는 세력은 정면에서 이에 대항할 필요가 있었다. 대표적인 논객으로 왕정위(王精衛)는 "혁명에 의해서 과분의 화를 방지할 수 있으며, 혁명이 과분을 불러일으키지는 않는다"(精衛, 「駁革命可以召瓜分

說」,『民報』6號, 1906)고 하였다. 요컨대 중국은 만주정부를 타도하지 않는한 자립할 수가 없기 때문에 과분의 원인은 사라지지 않으며, 따라서 외국세력의 균형을 틈타 혁명을 성공시키는 것이 평화로 귀결된다고 하는 것이다.

이 논의는 종래 신해혁명사 연구에서 이미 밝혀졌다. 그러나 왕정위 논문의 논리 정연성을 인정한다고 해도 이후 신해혁명 후 성립한 중화민국은 실질적으로 정권이 분립하였기 때문에 일본을 비롯한 외국의 간섭과 침략을 초래하였다는 사실은 부정할 수 없다(공교롭게도 왕정위 자신은 일본의 중국침략에 가담해 버린다). 한편 혁명이 과분을 초래한다는 양계초의 논설도 현 청조 정부의 무능함을 지적한 이상 과분을 회피하기 위해 어떠한 응급조치를 취해야 할 것인가를 제시하지 않는다면 무의미할 것이다.

그러나 여기에서 주목하고자 한 것은 정치적 입장의 차이에서 과분에 대한 논쟁이 일어났다는 것은 아니다. 오히려 그러한 논의를 성립시키고 있는 전제가 무엇인가를 묻고자 한다. 논쟁하는 양쪽 모두 과분이라는 용어로 망국의 위기를 말하고 있음에 틀림없다(논의되고 있는 것은 단지 처방전에 지나지 않는다). 당연한 이야기이지만, 국토분할의 우려는 정치노선의 대립을 초월하여 공유되고 있었다고 생각한다.

여하튼 이러한 논쟁을 통해서 중국의 영역이란 지켜야 할 불가분의 실체라고 하는 발상이 점점 더 확산되어 갔다. 박을 잘라 나눈다고 하는 비유는 원래 국토가 완전한 일체성을 가진 것이라는 전제를 내포하고 있다. 청조가 통치하는 판도란 확실히 일정한 영역이 있었다고 할 수 있지만, 그것이 불가분의 일체성을 가졌다고 하는 논의가 18세기에 존재했다고는 생각하기 어렵다. 이미 서술하였듯이 청조의 지배영역이란 거듭 되풀이된 외정의 결과로서 거의 우연성으로 통합되어 온 것이다. 과분의 공포를 표방하는 것은 바로 우연히 집적된 영역이라는 유래를 망각시키고 오히려 불가분의 일체로서의 국토라는 관념을 선전하고 있는 것임에 틀림없다².

지도를 상기하며

절강(浙江)출신 일본유학생들이 발간한 잡지인 『절강조(浙江潮)』에 실린 논문 「중국지질약론」은 다음과 같은 말로 시작하고 있다.

> 일국을 살피는 것은 어려운 일이 아니다. 어떤 나라에 들어가 시가지를 둘러보고 그 나라에서 만든 정밀한 지형도가 하나도 없다면 그 나라는 문명국이 아니다. 그 나라에서 만든 정밀한 지질도(및 지형·토질 등의 지도)가 하나도 없다면 그 나라는 문명국이라고 할 수 없다(索子, 「中國地質略論」, 『浙江潮』 8期, 1903).

이 글은 광산학을 전공한 주수인(周樹人, 魯迅)이 저술한 것이다(그는 강남육사학당부설 광무철로학당의 졸업생이다. 이상의 역문은 학습연구사판, 『魯迅全集』에 의거하였다). 이 논문은 리히트 호펜Ferdinande Freiherr von Richthofen[역1]이 중국의 지리·지질조사를 한 것을 토대로 열강이 중국의 탄광·광산을 노리기에 이르렀다는 것을 날카롭게 지적하고 있

---

2 통차이의 연구에 보이는 샴(태국의 옛 국명–역자)의 사례와 비교해도 이 시대 중국의 특징은 확실히 이 '과분'의 공포를 통해 국토 의식이 명확해 졌다고 생각한다(Thongchai, 1994).

역1 독일의 지리·지질학자. 1862년 독일 극동경제사절단의 일원으로 타이완·일본 등지를 방문하였다. 1868~1872년 중국 본토와 티베트 지질조사에 착수하였으며, 고대 중국의 비단이 서북 인도를 거쳐 로마에 전해진 사실을 감안해 그 교역로를 '자이덴 슈트라센(Seidentrassen)', 즉 실크로드(Silk Road)로 명명하였다.

그림⑭ 중국의 범위. 초기의 『신민총보』의 표지는 중국의 범위를 검붉은 색으로 칠하여 영역을 명시하
고 있다.
　　출전 : 『新民叢報』 3號, 1902, 표지.

다. 또한 중국 국토의 광산자원을 열강이 쟁탈하여 '과분멸국의 화'가 야기되는 것을 경계하였다. 이 글에는 당시의 지리에 대한 관심이 잘 표현되고 있다.

그림 14는 『신민총보』의 표지로서 중국의 영역이 진하게 표시되어 있다. 청조에서도 나름대로 영역의식이 있어 경우에 따라서는 러시아 등 인국과의 경계도 존재하고 있었지만, 전체적으로 보면 그 판도란 어디까지나 청조 정복활동의 결과로 통치 하에 편성된 단편의 집적에 불과하다고 할 수 있다. 그러나 이 지도에서는 국토의 일체성을 지켜야 한다는 주장과 맞물려 한가지 색으로 영역이 명시되어 있다. 참으로 획기적인 표상이라고 할 수 있다.

천진의 일간신문 『대공보』에 「중국이 망하지 않는 것은 하늘의 이치가 없는 것이고, 중국이 만일 망하면 이는 땅의 이치가 없다는 설」이라는 제목 하에 수편의 현상논문이 실려있다. 그 중 하나는 지도를 눈앞에 펼친 것처럼 중국 땅의 이치를 고찰하면서 국토의 넓이를 개관하고 있다.

　　지도를 느긋하게 내려다보며 지역을 비교해 보면, 중국은 결코 멸망하지 않는다는 것을 알 수 있다. 서로는 곤륜산(崑崙山)에서 시작하여 동으로는 바다에서 끝난다. 남으로는 남해에서 북으로는 흑룡강(黑龍江)·내외몽골까지 모두 중국의 판도이다(『大公報』 1905年 5月 1日, 燕南公, 「中國不亡是無天理中國若亡是無地理說」).

이와 같이 대국이며 기후·토양 등 땅의 이치에서 중국은 멸망할 수가 없다는 것이다.

『절강조』는 2기부터 성내 '항주(杭州)', '가흥(嘉興)' 등의 부(府) 지도를 매호 게재하고 있다(그림15 참조). 이 지도는 이전 지방지에 보이는 '여지도(輿地圖)'와는 약간 다르며, 축척을 의식하여 산과 하천·성(省)과 진

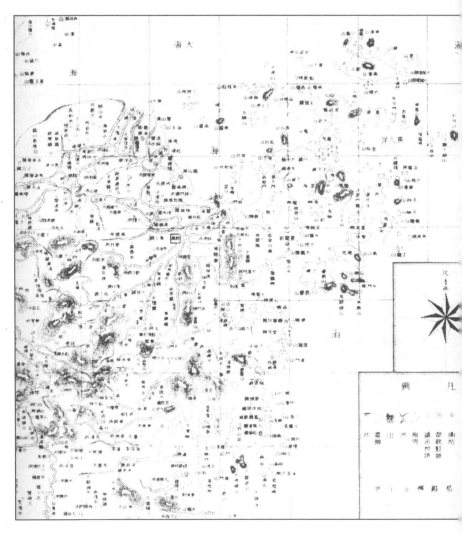

그림⑮ 절강(浙江)의 지도(영파〔寧波〕). 『浙江潮』는 절강성에 속하는 각 부의 지도를 연재하고 있다. 이
것은 영파부의 지도이다. 구래의 지방지의 지도와 조금 달리 북쪽을 위로하고 고지대는 명암을
주어 표현하고 있다.
출전: 『浙江潮』 5期, 1903,

(鎭) 등의 지세를 그대로 표현하고 있다(위쪽이 북을 표시하고 있다). 물론 이것은 절강성내 부마다 동향의식이 강함을 반영한 것이겠지만, 각 부의 지리적 현황을 가능한 한 객관적으로 표현하고자 노력한 것이다. 즉, 지도를 통해 몇 개의 부가 모여 성이 형성되고 있다는 것을 시각적으로 보여주고자 한 것이다.

절강성도 중국지도 안에 자리매김 할 수 있다.

> 우리나라 지도를 펼쳐 절강성을 보면 산을 등지고 바다로 향해 왼쪽으로는 강회(江淮), 오른쪽으로는 민월(閩越)이 있다. 그 중앙을 관통해서 전단강(錢塘江)과 구강(甌江)이 흐르고 있다. 이것이 바로 우리 절강이다(公猛, 「浙江文明之槪觀」, 『浙江潮』 1期, 1903).

오늘날 시점에서 보면 너무나 당연한 설명을 왜 굳이 강조할 필요가 있었던 것일까? 바로 중국 지도상에서 절강의 위치를 확인하고 귀속 의식을 환기시키기 위해서가 아닐까 생각한다. 그 과정에서 전체 구도를 형상화한 중국의 존재를 아울러 의식하고 있다는 점은 유의할 만하다. 이상과 같이 중국-성-부라고 하는 계층성을 인식시켜, 각각 그에 대한 귀속을 확인하는 계기로서 지도가 사용되고 있었다.

양육린(楊毓麟)의 『신호남(新湖南)』(1902)에서는 격렬한 어조로 호남(湖南)인의 입장을 강조하면서 피로써 피를 씻는 항쟁을 통해 청조타도를 호소하고 있다.

> 누군지도 모르는 사람, 누군지도 모르는 얼굴로 우리 호남의 지도를 몇 번씩이나 칠하기 보다는 우리 호남인의 피로써 우리 호남의 피를 물들이는 편이 훨씬 아름다울 것이다. 한걸음 더 나아가 우리 호남인의 피로써 우리 중국의 대지를 물들인다면 중국으로 중국을 물들이는 것이 되는 것이다(『楊毓麟集』 p.38).

이러한 인식의 연장선상에서 전세계 속에 중국을 자리매김하고 자신들의 성(省)을 그 안에 자리매김한다고 하는 발상이 나온다. 유학생 잡지인 『강소(江蘇)』에 다음과 같은 글이 보인다.

동아시아를 내려다보면 광활한 대륙, 4000년 이상의 역사를 자랑하며 397만 평방마일의 면적과 4억 7천만 이상의 인구를 보유하고 1만 6천 정도의 물산을 갖고 있으며 정교(政敎) 풍속이 가장 발달하였기 때문에 문물·명성이 전세계에서 추앙받고 있는 것은 우리 지나가 아닌가? 문화가 3100년 전부터 시작되어 양자강 1200여리 유역을 감싸며 물산이 풍부하여 인민의 문화수준이 지나의 각 성에서 제일인 것은 우리 강남(江蘇省)이 아닌가? (侯生, 「哀江南」, 『江蘇』 1期, 1903).

이처럼 사람들의 심중에는 세계지도 속의 중국, 중국지도 속의 자신의 성, 그리고 그 이하의 부와 현을 묘사하고 그것을 자기와 전체사회의 구도로 삼았던 것이다. 『강소』는 다음과 같이 서술하고 있다.

지나는 전체이고 강남(江蘇省)은 일부분이다. 지나는 지나라고 하는 전체 속의 지나이며, 우리는 지나라고 하는 전체 중의 일부분이다. 강남은 강남이라고 하는 부분 속의 강남이며, 우리는 강남이라고 하는 부분 중의 일부분이다(侯生, 「哀江南」, 『江蘇』 1期, 1903).

청말에는 '향토'라는 언어를 사용하여 고향에 입각한 교육활동과 사회발전을 지향하는 움직임을 볼 수 있다(郭双林, 1998. 佐藤仁史, 1999). 주의할 점은 위의 예에서 알 수 있듯이 애향심과 애국주의는 상반된 것이라기보다는 상호 보완적인 것이라는 점이다.

예를 들면 국학보존회는 국수를 존중하고 그 때문에 학술을 '국학'으로서 전개하고자 하였는데(羅志田, 2001), 그 연장선으로서 향토사지 교과서를 간행하였다. 광고에 의하면 국학에 정통한 학자를 모아서 18개 성 향토의 역사 · 지리 · 자연 방면의 교과서를 편찬했다고 한다. 그 취지에 대해 다음과 같이 설명하고 있다.

> 생각컨대 소학교 단계에서는 국민의 기초를 배양해야 한다. 서양 각국의 교육은 모두 향토사지라는 교과서를 중시하고, 보고 듣는 것 중에 가장 일상적이며 재미있는 것을 가르치고 있기 때문에 기억력이나 감각력이 활발해 지고 향토를 사랑하는 마음이 자극되어 나라를 사랑하는 것을 알게 된다(『國粹學報』合訂本 第1年 第3冊 史編의 후면 표지 광고).

이 글에서 보이듯 애향심을 그대로 확대하면 애국심이 된다고 생각하였던 것이다.

국토를 방위하라

과분에 대한 담론은 매우 자주 위기감을 조성하는 계기로 작용하였다. 앞에서 서술하였듯이 그러한 정보 중에는 진위가 의심스러운 것도 포함되어 있지만, 여기에서 과분의 위기가 실제인가 아닌가는 그다지 중요한 문제는 아니다. 일본에 유학하고 있던 송교인(宋敎仁)은 일기에서 다음과 같이 적고 있다.

> 〔신문의〕호외를 샀다. 놀랍게도 독일이 강소성 연안에 군함을 파견해 해주구(海州口)를 점령하고 축포를 쏘며 깃발을 내걸고 있는 것이다. 아아! 이 보도가

사실이라면 지나의 과분은 목전의 일이다(『我之歷史』 開國紀元四千六百零三年五月十六日條).

러일전쟁이 한창인 가운데 독일 군함의 불온한 움직임이 일본에서 주목받은 것은 당연하다고 생각한다. 다만 점령이라는 것은 오보(誤報)로 송교인도 그런 가능성을 의식하고 있다. 여하튼 과분의 위험성에 대해 예민해져 있다는 것을 알 수 있다.

영토의 불가분성에 대한 의식은 앞에서 서술한 군국민교육회 성립의 근간이기도 하다. 러시아는 본래 의화단 진압을 위해 파병한 군대를 동삼성(東三省, 현재의 중국 동북지방)에 주둔시키고 있었다. 군대 철수 문제는 청조와 협정하고 있었지만, 1903년 철병조건 7개조를 내걸고 점령하고 있던 지역에서의 기득권을 승인하도록 청조를 압박하였다. 물론 일본에서도 이 사건은 심각한 위기적 상황으로 보도되었다. 일본에 유학하고 있던 중국학생들은 강하게 반발하면서 스스로 의용대를 조직해 원세개의 북양군(北洋軍)에 참가해서 저항하고자 하였다. 이 의용대가 군국민교육회로 발전하고 그 후의 혁명운동에서 하나의 기점이 되었다.(黃福慶, 1975, pp.259~272; 中村哲夫,1992, pp.61~95; 桑兵, 1995, pp.238~278).

이 운동은 러시아에 의한 국토 분할에 반발하였다는 점, 그리고 의용대 조직이라는 방법이 제기되었다는 점에서 주목할만 하다. 유학생은 『시사신보(時事新報)』의 호외에 실려있는 러시아 외교관의 "현재 러시아의 정책은 반드시 동삼성을 취하여 러시아의 판도로 귀속시키는 데" 있다는 담화에 주목하고 있다(「留學界記事」, 『浙江潮』 4期, 1903; 「留學記錄」, 『湖北學生界』 4期, 1903)

유학생회관의 간사와 평의원이 논의하는 가운데 유영건(鍾永建)이 의용대를 조직할 것을 제안하였다. 그래서 간다(神田)의 금휘관(錦輝館)에서

500명이나 모인 유학생 집회에서 임시의장에 추대된 탕유(湯爐)는 다음과 같이 연설하였다.

남자란 항상 멋진 죽음을 위해 장소를 가리지 않는다고 한다. 지금 러시아인이 동삼성에서 물러나지 않으려는 것에 대해서는 일본의 긴급보도를 통해 제군은 잘 알고 있을 것이다. 이야말로 우리들 당당한 국민이 피를 흘릴 기회다. 영국·미국·일본이 정의라는 논리로 러시아인에 반대하고 있지만, 그들도 자신들의 이권을 위해 말하고 있는 것에 불과하다. 그들이 중국을 사랑하고 있는 것은 아니다. 오늘날 대세는 일일이 말할 필요도 없다. 싸워도 멸망하고 싸우지 않아도 멸망한다. 여하튼 망국이라면 스스로 개전하여 주도하는 것이 좋지 않겠는가? 생명을 내던져 무기가 떨어지고 병사가 다하여 완전히 패배한다고 할지라도 망국의 당당한 영혼이 될 수는 있을 것이다. 삼국[영국·미국·일본]이 우리를 돕지 않더라도 우리는 싸움을 주도할 수밖에 없다. 삼국이 우리를 돕는다면 우리는 선두에 서서 싸워야 할 것이다. 동삼성을 상실하면 내지의 18개 성에도 외국인들이 앞을 다투어 국기를 세울 것이다. 중국인에게 발을 디딜 토지가 남아 있겠는가? 그 때가 되면 싸워 죽는다고 해도 이미 늦다. 오늘이야말로 우리 당당한 국민이 피를 흘릴 기회가 아니겠는가?(「留學界」, 『江蘇』 2期, 1903; 「留學界記事」, 『浙江潮』 4期, 1903).

여기에서 만장의 박수를 받으며 연설은 계속되었다. 이리하여 의용대에 들어가기를 희망하는 사람은 차례차례 서명하였다. 시기 적절한 열렬한 선전과 자신의 생명을 나라에 바치는 의사를 의용군의 편입형태로 확인하는 운동방식은 고양감(高揚感)을 널리 공유시켜 국토방위를 위해 목숨을 바쳐야 한다는 의식을 강하게 했던 것이다.

의용대가 실제로 파견된 적은 없었지만, 이러한 반러시아운동은 유학생만이 아니라 국내에도 영향을 미쳤다. 그리고 계속되는 과분의 담론은 유사한 반응을 불러일으켰다.

1910년 영국 외무성은 노스위치Northwich라는 도시에 본사가 있는 부루너·몬드사Brunner Mond and Company로부터 의견서를 받았다[3]. 거기에 첨부되어 있던 이 회사의 상해주재원 에드워드·리틀Edward S. Little의 보고서는 청조치하의 각지에서 배외적인 징후가 보인다고 경고하고 있다. 그 보고서에는 76년 만에 지구에 접근하고 있는 헬리혜성이 사람들에게 주는 동요나 철도를 둘러싼 차관 등이 거론되고 있었지만, 과분의 위기감이 선동되고 있는 것도 지적하고 있다.

중국에서는 박을 자르는 것이 정치적 영역을 분할한다는 것을 은유metaphor하고 있다. 인도에서 반란이 일어나기 전에 〔밀가루를 반죽해서 구운 음식인〕 챠파티the chuputty cakes가 전국에 신비적으로 나돌았던 것과 같이 중국 제국 전역에 동시에 돌출적으로 나타난 것은 표현은 다르지만 의미는 같다. 즉 중국은 이듬해 봄에 과분되어 외국 열강에게 분할된다. 이 위기를 피하기 위해서는 모든 학생 그리고 중국에 충성을 다하는 자는 의용대에 들어가 무기 사용을 배우고 외국인을 국토에서 몰아내기 위해 만만의 준비를 다해야만 한다는 것이다. 이 문서는 다양한 형태로, 예를 들면 신문지상에 또는 거리의 성벽에 붙여지는 등의 방식으로 등장해 가는 곳마다 애국심을 자극하고 있다.

이 보고서를 받고 북경의 영국공사가 각국 영사관에 상황을 문의한 바, 과분에 관한 이야기는 리틀의 보고서가 상당히 정확하다는 것을 확인하였다.

사천성(四川省)의 성도(成都)영사는 이미 과분의 건에 대해서는 보고한 대로라고 서술하면서 성도에서 발견한 계첩(揭帖; 전단)의 사본을 한문 원

---

3 이하에서 소개하는 1910년의 과분론에 관한 정보는 Public Record Office (Kew)에 소장된 영국 외교문서에 기초하고 있다. 영문문서는 FO 228/2617. 한문문서는 FO 228/1767로 정리되어 보관되어 있다.

문에 영문번역을 첨부하여 제출하였다.

남경의 사천성 유학생의 서간에 의하면 다음과 같다고 한다. 프랑스는 이미 아프리카병 20여만을 움직여 안남(安南)의 톤킹만에 주둔시키고, 5000명을 나누어 광서(廣西)성 용주(龍州)의 강무당(講武堂)에 배치하였으며, 1000여명을 광서성 각 부에 파견하였다. 그 지역을 관할하는 지방고관(양광순무)은 단호한 태도로 교섭에 응했지만, 오히려 토지할양에 서명할 것을 강요당하였다. 그래서 법률·정치제도를 가르치던 광서 법정학당의 감독인 낙성양(駱成驤)은 상황이 긴박함을 보고 다음과 같이 지시하였다. "나라를 강하게 하려면 먼저 신체를 단련해야 한다. 내 몸을 지켜야 비로소 나라를 지킬 수 있다. 중국은 밖으로부터 능멸을 당해 위험한 상태이다. 그래서 제군과 한 몸이 되어 기약하고자 한다. 입헌시대에는 누구나 정치에 참여할 권리가 있고 누구나 병사가 될 의무가 있다. 나아가 제군은 법률을 제대로 배우고 있어 대의를 알고 있을 것이다. 오늘부터 감독인 나를 비롯하여 전 학생에 이르기까지 모두 군대식 훈련을 실시하고 군사를 배우고자 한다. 애국보종(愛國保種)의 마음이 없는 자는 떠나도 좋다".

이 글은 영토 분할의 위기가 임박한 사례를 많이 들고 있는데, 영국의 티베트 침공은 특히 사천과 관계가 깊다고 한다. 이와 같이 자신의 향리에 대한 위기감을 전제로 하면서도 그것을 전국적인 정보와 연결해서 논하고 있는 것을 알 수 있다. 전국적으로 유사한 정보를 강하게 희구한 나머지 불확실한 이야기가 혼재되어 위기감이 증폭되었다. 그리고 과분 위기의 강조는 자위 무장에 대한 바램과 상응하여 국가와 자신 모두를 강하게 의식하는 것으로 귀결되었다고 할 수 있다. "국가를 강하게 하려면 우선 신체를 강하게 할 필요가 있다. 내 몸을 지켜야 비로소 나라를 지킬 수가 있다"고 하는 것은 그러한 관계를 단적으로 보여주고 있는 것이다.

이 후에도 과분에 대한 위기감은 거듭 선전되어(小野信爾, 1993),

지리적인 일체감을 형성하였다. 다음으로는 통시적인 일체성의 문제를 생각해 보자.

중국사의 탄생

양계초는 1962년 수도 남경에서 중국 전인민이 성대하게 유신 50주년을 기념하는 대축전을 개최하는 모습을 그리고 있다. 물론 이것은 가공의 세계를 묘사한 『신중국미래기(新中國未來記)』에 등장하는 이야기이다. 모든 우방국이 경축하기 위해 군함을 사용하고, 참석한 귀빈으로는 영국의 황제 및 황후, 일본의 황제 및 황후, 러시아의 대통령과 부인, 필리핀의 대통령과 부인, 헝가리의 대통령과 부인이 있으며, 그 외 제국에서도 최고격의 특사를 파견했다. 가상으로 러시아·필리핀·헝가리는 모두 공화국으로 되어 있으며 중국도 대통령제이다. 축전에 맞추어 상해에서는 박람회가 개최되었다. 많은 사람들이 강연을 하는 가운데 경사(京師)대학교 문학부 사학과가 박람회장 중앙에 강단을 설치하고 30여명의 박사가 중국정치사·중국철학사·종교사·경제사 등 분야를 나누어 강의하였다. 이는 "우리나라 인민의 애국심을 불러일으키고, 외국인에게는 우리 황제의 자손이 변천·발달해 온 과정을 알게 한다"는 취지를 지니고 있었다(「政治小說 新中國未來記」, 『新小說』 1號, 1902).

여기에는 양계초가 이상적으로 생각하는 사학의 역할이 명확히 드러나 있다고 할 수 있다. 역으로 말하면 양계초는 당시 중국사학의 현실에 불만을 품고 있었던 것이다.

그것은 그의 '신사학(新史學)'의 구상을 보면 더욱 명확해진다(竹内弘

行, 1959, pp.167~238). 양계초는 사학의 의의를 다음과 같이 설명하고
있다.

오늘날 서양에서 널리 행해지고 있는 제 학문 중에서 중국에도 본래 있는 것
은 사학뿐이다. 사학이란 학문 중에서 가장 광활하고 긴요한 것으로, 국민의 밝
은 거울이며, 애국심의 원천이다. 오늘날 유럽에서 민족주의가 발달하고 열강의
문명이 발전하고 있는 것은 사학의 공적이 그 절반을 차지한다(中國之新民, 「新
史學第1章 中國之舊史學」, 『新民叢報』 1號, 1902).

그러나 양계초는 중국의 사학이 구미와 같은 역할을 하지 못했다며 절
실하게 개탄하고 있다. 그 이유는 조정이 있음을 알되, 국가가 있음을 알
지 못하여 왕조에 입각한 군주중심의 정통론에 구애받고 있으며, 또한 개
인이 있음은 알되, 군체(群體;사회집단)가 있음을 알지 못하여 본기·열전
등 각각 개인의 인물사는 있으나, 집단으로서 국민의 역사를 이루지 못했
기 때문이라는 것이다. 이리하여 4억 동포가 우승열패(優勝劣敗)의 세계에
서 확실히 발판을 얻기 위해서는 '신사학'이 불가결하다는 것이다. 양계초
를 '사학혁명'의 기수라고 하는 것은 바로 이러한 날카로운 문제의식 때문
이다(佐藤愼一, 1979; 王汎森, 2001, pp.165~196; Tang, 1996, pp.
80~116).

양계초는 과거 사학이 왕조의 정통에 대해서 논의한 것을 통렬하게 비
판하고 있다. 그것은 군주 중심의 정치관에 의거한 문제만이 아니라 사학
이 도덕적 관점에서(실은 정치적 배경을 가지고) 개개의 정권·군주의 '정
(正)'과 '위(僞)'를 변별하는 논의를 해왔다고 하는 문제를 의식한 것이다.
양계초는 진(秦)나라 시대에 봉기한 진승(陳勝)·오광(吳廣)에서부터 청말
태평천국(太平天國)을 건설한 홍수전(洪秀全)까지를 예로 들면서 이들 반
란지도자는 애석하게도 영속적인 왕조를 세우지 못했기 때문에 역사가로

부터 역적으로 취급받고 있지만, 만일 왕조의 시조가 되었다면 그들의 덕을 찬양하는 칭호를 부여했을 것이라며, 과거의 학자를 질책하고 있다(中國之新民, 「新史學3 論正統」, 『新民叢報』 11號, 1902). 청조에 정면으로 대항했던 홍수전을 언급한 점에서 양계초는 반드시 청조에 충성을 다한 것이 아니라 개별적인 왕조를 초월한 중국의 신사학을 희망하였다고 할 수 있다.

그 즈음 장병린(章炳麟)도 『중국통사』를 집필하고 있었다. 장병린은 양계초에게 보낸 편지에서 자신의 의욕을 전하고 있다. 장병린은 종래 정사의 체제를 기반으로 하면서도 『한서(漢書)』 이래의 정사가 각 왕조별 단대사(斷代史)인 것과는 달리 고대로부터의 역사를 통괄하는 『중국통사』를 구상하고 있었다(「章太炎來簡」, 『新民叢報』 13號, 1902). 상세한 내용은 표1을 참조하길 바란다.

우선 5표(表)란 『사기』, 『한서』의 「표」의 부분을 선례로서 채택한 것이다. 십이지(十二志)도 정사의 「지」를 답습한 것이지만, 「종족지(種族志)」를 제일 앞에 두고 있다는 점이 주목할 만하다. 십기(十記)란 사회적 사상을 통시적으로 설명하기 위해 고안된 것으로 남송의 원추(袁樞)가 『통감기사본말(通鑑紀事本末)』에서 보인 방식(사건의 전말을 연대순으로 정리한 역사서술)을 참고하고 있다. 나아가 「호구기(胡寇記)」(북방 제민족의 침공을 묘사할 생각이었을 것이다), 「광복기(光復記)」(구체적으로는 청조타도의 정치운동을 가리키는 것일지도 모르겠다) 등을 구상하고 있는 데 특색이 있다. 고기(考記) 그리고 별록(別錄)은 종래 정사의 본기·열전에 해당하는 제왕과 신하의 전기이다. 여기서는 인물 선정도 흥미를 끌지만, 장병린이 홍수전 별록 부분에 주를 달아서 "이것은 고기 쪽에 넣어야 할지 모르겠다. 검토중"이라고 한 부분도 주목을 끈다.

장병린은 다음과 같이 주장하고 있다.

통사에서 중요한 것은 두 가지가 있다. 하나는 사회·정치의 진화와 퇴보의 원리를 명확히 하는 것으로 전지〔典志; 위에서 말한 십이지〕로 표현된다. 또 하나는 민의 기상을 고무하고 장래의 지침으로 삼는 것으로 이것은 필연적으로 기전〔위에서 말한 고기와 별록〕으로 표현된다. 다만 4천년동안 제왕은 수백 명, 장군과 대신은 수천 명으로 잘 알려진 인물만으로도 전부 헤아릴 수가 없다. 통사는 체제가 있어 한사람 한사람의 이력을 모두 서술할 수는 없다. 그래서 군주·대신·학자를 위해서 표를 만든다. 기전은 현실적인 관점에서 보아 오늘날 사회에 커다란 영향을 주고 있는 사람만을 들어 수 편을 저술한다.

【표1】 장병린이 구상한 『중국통사』

〔五表〕

帝王表　方輿表　職官表　師相表　文儒表

〔十二志〕

種族志　民宅志　食貨志　工藝志　文言志　宗教志　學術志　禮俗志　章服志　法令志　救恤志　兵志

〔十記〕

革命記　周服記　秦帝記　南胄記　唐藩記　黨錮記　陸交記　海交記　胡寇記　光復記

〔八考紀〕

秦始皇考紀　漢武帝考紀　王莽考紀　宋武帝考紀　唐太宗考紀　元太祖考紀　明太祖考紀　淸三帝考紀

〔二十七別錄〕

管〔仲〕·商〔鞅〕·蘇〔何〕·諸葛〔亮〕別錄　李斯別錄　董仲舒　公孫弘·張湯別錄　劉歆別錄　崔浩·蘇綽·王安石別錄　孔·老·墨·韓別錄　朱熹·王守仁別錄　許衡·魏象樞·湯斌·李光地別錄　顧〔炎武〕·黃〔宗羲〕·王〔夫之〕·顔〔元〕別錄　蓋寬饒·傅翰·曾靜別錄　辛棄疾·張世傑·金聲桓別錄　鄭成功·張煌言別錄　多爾袞別錄　張廷玉·鄂爾泰別錄　曾〔國藩〕·李〔鴻章〕別錄　楊雄·庾信·錢謙益別錄　孔融·李別錄　洪秀全別錄　康有爲別錄　游俠別錄　貨殖別錄　刺客別錄　會黨別錄　逸民別錄　方技別錄　疇人別錄　序錄

출전: 「章太炎來簡」, 『新民叢報』 13号, 1902. 단, 명백한 오자는 수정하였다.

양계초가 생각하는 신사학에 비해 장병린은 예전 사학 양식을 가능한 살리면서 새로운 역사서술 방법을 모색하고 있다는 인상이 강하다. 『사기』 이래의 기전체를 대폭 답습하면서도 양계초와 마찬가지로 역사가 인물전기의 집적이 되어서는 안 된다고 말하고 있다. 그러나 홍수전을 제왕의 전기 쪽에 분류해야할 것인가에 대해서는 양계초가 부정하는 정통론의 입장을 취하고 있다고 볼 수 있다. 장병린은 기존 사학(황제제도와 불가분의 관계에 있는 수사)의 축적을 지나치게 의식하고 있기 때문에 양계초와 같은 명쾌한 논의가 불가능했다고 할 수 있다. 그러나 그렇다고 해도 '중국 통사'를 구상하고 있었다는 점에는 변함이 없다.

기년(紀年)을 어떻게 할 것인가?

본래 왕조의 정통론과 역사 서술이 깊게 관계할 수밖에 없는 것은 "정삭(正朔)을 받든다"고 하는 역법, 즉 왕조의 정통성과 기년·연호가 연결되어 있다는 점에도 기인한다. 그러나 역사서술에서 언제 발생했는가는 반드시 기재해야할 필수항목이다. 따라서 가령 '건륭(乾隆) 몇 년'이라는 식의 표현을 사용하지 않는다고 해도 어떤 식으로든 언제 일어났는가를 지정해 줄 방법이 필요하다. 그래서 양계초는 2000년간에 무려 316개나 사용된 연호의 번잡함을 지적하면서 중국사를 관통하는 기년법을 제창하였다.

서양인이 예수 기원을 사용한 것도 1400년 전에 불과하다. 고대 바빌로니아인은 나보낫사르(拿玻納莎王)의 기년(기원전 747년)을 사용하였다(실은 2세기의

천문학자 프톨레마이오스가 바빌로니아의 관측기록을 논하는데 사용하였다). 그리스인은 처음에 집정관이나 대사제의 재위년을 기준으로 삼았지만, 그 후 올림피아(和靈比亞) 축제를 기원으로 삼았다(기원전 767년에 해당〔정확히는 776년〕). 로마인은 로마부가 최초로 세워진 해를 기원으로 한다(기원전 753년에 해당). 이슬람 국민은 교조인 무함마드(摩哈麥德)가 피난한 해를 기원으로 한다(622년에 해당한다, 헤지라력). 유대인은 『구약성서』 창세기에서 이야기하는 천지개벽을 기원으로 한다(기원전3761년). 예수가 교리를 세운 후 교회는 예수가 처형된 해를 기원으로 하였다. 서기 6세기에 로마의 한 주교가 예수의 탄생을 기원으로 하자고 제창하여 오늘날 세계의 대부분이 이를 사용하고 있다. 이것은 서양의 번잡한 기년법이 점차로 개량되어 간략하게 변화해 온 추세이다. 요컨대 만일 지극히 야만적인 시대가 아니라면 결코 하나의 황제에 하나의 원호(元號)라는 기년을 삼을 필요는 없다. 그것이 있는 것은 아시아주의 중국·조선·일본뿐이다(일본도 최근 진무〔神武〕천왕의 건국을 기원으로 하였다).(中國之新民, 「新史學6 論紀年」, 『新民叢報』 20號, 1902)

이처럼 중국에서도 역사를 관통하는 기년법이 필요한데, 그렇다면 과연 언제를 기점으로 삼아야할 것인가? 양계초는 상해에서 강학회(强學會)를 조직하였을 때 공자 사후 2473년이라는 표기를 사용했다. 이에 대해서 "이것은 현 황상 폐하의 역법을 따르지 않은 것으로, 예수기원의 모방이다"라는 비판이 있었지만, 사실은 『사기』에 선례가 있다. 다만 그 후의 논의를 거쳐 공자가 죽은 해가 아니라 태어난 해를 기원으로 하는 편이 좋다고 하는 결론에 도달하였다고 한다(『强學報』 1號, 1895년에는 "孔子卒後二千三百七十三年"이라고 하여 연대의 차이가 있다).
이 구상은 확실히 역사상 군주의 정통성을 논의할 필요를 없애고, 또한 간명하다는 특징이 있다. 하지만 왜 다른 사람도 아닌 공자 탄생을 기점으로 삼는 가라는 점은 다른 차원의 문제로서 생각해 볼 필요가 있다. 양계초는 "공자는 우리나라의 지성(至聖)으로 이를 기년으로 삼는다면 교주를

그림⑯ 혁명의 시간. 황제기원 4610년(서기 1912년에서 1913년
에 걸쳐)의 역(曆). 농력(農曆, 태양태음력)과 서력(西曆,
태양력)을 대조하고 있다. 중앙에는 선통제(宣統帝, 溥儀),
오른쪽 위에는 무창(武昌) 혁명세력의 지도자로서 추대된
려원홍(黎元洪), 왼쪽 위에는 중국동맹회 등 해외에서의
혁명운동의 맹주인 손중산(孫中山)이 그려져 있다. '민국'
이라는 기년은 여기에는 보이지 않고, 중화민국기(오색
기)도 보이지 않는다.
출전:劉玉山許桂芹古薩羅夫編, 『蘇聯藏中國民間年畫珍
品集』, 阿芙樂爾出版社/人民美術出版社, 1991, No.206.

숭배하는 의식을 불러일으켜 애국사상도 자연히 용솟음칠 것이다"라고 서술하고 있다. 그러나 양계초도 이야기 하듯이 그 외에도 기년의 기점은 있을 수 있다. ①황족(黃族; 한족)의 시조이기 때문에 황제(黃帝)의 기원을 사용한다. ②공자가 대동의 치(이상적인 정치)의 시작으로 상정한 제요(帝堯; 오제의 한사람)의 기원을 사용한다. ③중국의 개벽은 하후씨(夏候氏)이기 때문에 그 시조인 대우(大禹)의 기원을 사용한다. ④중국은 진(秦)에 의해 통일되었기 때문에 진의 기원을 사용한다.

양계초는 이상의 다른 제안은 모두 문제가 있다고 하지만, 구체적인 지적은 하지 않고 있다. 양계초는 말을 흐리고 있지만 공자기년을 제창하는 것은 공자를 교주로 하는 공교(孔敎)를 국교로 하고자 하는 강유위의 개혁 이념에 기초한 것임에 틀림없다. 무라타 유지로(村田雄二郎)가 상세히 밝히고 있듯이 강유위는 자신의 이상적 주장의 일환으로 공자기년을 제창하고 이것을 확산시키려고 노력하였다(村田雄二郎, 1992, (중문) 2000). 적어도 강유위·양계초와 정치적으로 대립하는 사람이라면 강유위가 제창하는 공자교와 공자기원과의 관련성을 분명히 간파할 수 있을 것이다.

이러한 이유에서 혁명파 입장에서는 도저히 공자기년을 채용할 수는 없었다. 물론 청조타도를 지향한 혁명파는 청조 역법을 의도적으로 무시하였다. 그래서 부상한 것이 양계초도 거론하고 있는 황제기년설이다. 황제란 '한족'의 시조로 이 시기 급속하게 칭송받게 된 태고의 군주를 가리킨다(孫隆基, 2000; 石川禎浩, 2002).

황제기년설을 강력히 주장한 사람은 유사배(劉師培)이다. 유사배는 양이(攘夷)의 입장에서 만주를 배격하는 주장을 전개하고 있었다(얼마 후 무정부주의로 전환한다. 小野川秀美, 1969, pp.339~366). 혁명을 선전하기 위한 책자 『황제혼(黃帝魂)』의 권두에 실린 「황제기년설」에는 다음과 같이 서술되어 있다.

민족이란 국민이 고유하게 지니고 존립하는 성질이다. 무릇 민족이라고 한다면 기원을 거슬러 올라가야만 한다. 우리 4억 한종의 시조는 누구인가. 그것은 황제 헌원씨(軒轅氏)이다. 이 황제야말로 문명을 창조한 최초의 사람이며, 4000년 역사를 시작한 교화자이다. 따라서 황제의 사업을 계승하고자 하는 사람은 황제의 탄생을 기년의 시초로 삼아야 할 것이다.

서양 제국을 보면 모두 예수의 탄생기년을 사용하고 있다. 이슬람 각국도 무함마드의 기년(헤지라력)을 사용한다. 우리 중국의 기년은 모두 군주의 연호를 사용해 왔다. 최근 강유위·양계초 무리가 차츰 중국 기년의 문제점을 인식하고 공자 기년을 사용할 것을 주장하고 있다. 나는 그것에 반대한다. 아마 그들은 '보교(保敎;공자의 가르침을 지키는 것)를 구실로 공자탄생의 기년을 사용하려는 것이지만, 나는 '보종(保種; 종족을 지키는 것)을 목적으로 하기 때문에 황제탄생기년을 사용하는 것이다.

황제기년을 사용하면 세 가지 장점이 있다.

(1) 황제이전의 역사적 사실은 적지만, 공자이전의 역사적 사실은 많다. 따라서 황제기년을 사용하면 기원전이라는 것이 없어져서 기술이 간편하게 된다.
(2) 일본은 진무(神武)천황이 건국한 해를 기년의 시점으로 삼고 있다. 중국은 종종 왕조교체가 이루어져 일본의 만세일계라는 것과는 다르다. 그러나 예전부터 지금까지 한족으로 중국을 지배한 자는 모두 황제의 자손이 아닌가. 따라서 일본에 진무천황이 있는 것처럼 중국에는 황제가 있는 것이다. 일본의 좋은 점은 채용하는 것이 좋다.
(3) 중국의 정치체제는 천하를 군주의 사유라고 생각하고 있는 점에서 전제 정치가 극한에 달했음을 보여준다. 따라서 지금 황제기년을 사용하면 군주의 연호는 단순한 공문(空文)이 되고 임금을 존중하는 발상도 자연히 사라질 것이다.

아아! 북의 도적(청조)이 틈새를 파고 중화에 흘러들어와 군주가 된 것은 고금의 대사건이 아니었던가? 한족이 위기에 처한 지금 한족의 생존을 원한다면 황제를 존중하는 것이 급선무이다. 황제란 한족의 황제이기 때문에 기년으로 삼는다면 한족으로서 감각을 자극할 수 있을 것이다. 위대하구나 황제의 공적이여.

눈부시구나 한족 백성이여.

황제탄생 사천육백일십사년윤오월십칠일에 기록한다(『黃帝魂』, 후에 『劉申叔先生遺書』에 수록).

여기에서는 황제기년이 강유위의 공자기년에 대항하기 위해 고안되었다는 점, 그리고 기독교기원이나 이슬람력, 그리고 진무기원을 의식하여 구상된 점, 또한 '한족'의 시조로서의 황제를 기리고자 했다는 점 등을 알 수 있다. 이를 공자기년과 비교해 보면 공자는 '보교'를 상징하고 황제는 '보종'을 상징한다는 의미에서 차이가 있으며, 그것은 보황과 혁명이라는 정치적 대립과도 중첩되고 있다. 그러나 개개의 군주·왕조를 초월해 중국의 역사를 관통하는 하나의 것으로서 의식한다는 효과를 기대하고 있는 점에서 황제기년과 양계초의 목적은 같다고 할 수 있다.

송교인도 일기에서 자기 나름대로의 방식인 황제기원으로 연대를 기록하고 있다. 그도 다양한 기년설에 불만을 품고 자신만의 『중국신기년(中國新紀年)』이라는 저작을 저술하고자 하였다. 송교인도 황제기년을 주장하고자 하였던 것이다. 그러나 황제는 전설상의 인물이기 때문에 구체적으로 원년을 몇 년 전으로 설정할 것인가는 분명하지 않았다. 실제로 몇 가지 설이 있었는데, 송교인은 『국수학보(國粹學報)』에서 제창하는 황제기

4 또한 『경종일보(警鐘日報)』 1904년 9월 3일 「본사복함(本社復函)」에도 그러한 논의 일부를 엿볼 수 있다. 광한(光漢)이라는 서명을 보아 필자는 유사배(劉師培)이며, 이 문장은 '송복인(宋復仁)'이라는 인물에게 보낸 공개서한의 형식을 취하고 있다. 문제가 되는 것은 황제(黃帝)를 비롯한 오제(五帝)가 몇 년 재위에 있었는가 등의 년수가 명확하지 않다는 점이다. 또한 잘 모르는 경우 무엇을 기점으로 하는가 등의 의문도 파생한다. 앞서 들었던 유사배의 논문은 황제의 '탄생'에 의한 기년이라고 칭하고 있다. 또한 송교인이 비판하고자 한 『국수학보(國粹學報)』의 설은, 황제가 즉위하고 나서 처음으로 갑자(甲子, 십간 십이지의 처음으로 60년마다 온다)가 된 해를 기원으로 한다고 상정하고 있다(『我之歷史』 開國元年四千六百零三年六月九日條). 더욱이 다른 설로, 서기 1910년을 4260년으로 하는 기년도 제기되고 있다(『時報』 1910年3月17日, 「中國四千二百六十年庚戌紀年大事考」).

년 시점에 대해서 이의를 제기하고 있다(『我之歷史』 開國紀元四千六百零三年一月十五日條, 四月二十六日條, 六月九日條[4]).

1905년 송교인이 중심이 되어 간행한 『20세기의 지나(二十世紀之支那)』에서는 개국기원 4603년이라는 표기가 보인다. 그리고 그것이 『민보』 등에 계승되어 혁명운동 중에 일반화 되었다고 생각한다. 청조도 황제기원 사용을 문제시하고 있었다. 상약대신(商約大臣) 여해환(呂海寰)은 학생 기율의 문란함을 지적하고 감독 강화를 요구하는 상주문에서 유학생은 변발을 자르고 양장을 할 뿐만 아니라 "정삭(正朔)을 받들지 않으며"(청조의 역법을 사용하지 않는다), 황제기년을 사용한다고 서술한 바, 교육행정을 담당하는 학부도 엄격하게 단속할 의향을 표명하였다(『光緖朝東華續錄』 卷205, 光緖三十三年三月乙卯學部等奏). 황제기년은 사용하는 측이나 금지하는 측 모두에게 청조의 정통성을 부인하는 의미를 담고 있었다고 하겠다.

1911년 혁명 운동이 군사적 성공을 거두어 가는 과정에서 혁명 정권은 황제기원에 의거하여 포고령을 내렸다. 그러나 1912년을 중화민국 원년으로 정하자 민국기년에 의한 표기가 일반화되었다. 물론 현시점을 나타내려면 민국 몇 년이라고 하면 되지만 신해혁명 이전의 역사를 표기하는 데에는 민국기년은 거의 사용할 수 없었다. 청조타도의 혁명운동에 대해서 민국전 몇 년이라고 하는 정도는 별문제 없지만, 과거의 모든 역사에 대해서 연대를 거꾸로 헤아리는 기원전 방식은 지극히 번잡하였던 것이다. 게다가 민국이라는 연호 자체가 중화민국의 정치적 정통성을 함의하고 있었기 때문에 중화민국 건국이전의 기년에 이를 사용하는 것은 적절하지 않다는 의견도 있었을 것이다. 민국성립 이후 결국 중국역사 기년은 종래의 왕조 연호로 하거나 아니면 서력을 사용하여 표기하는 것으로 결말을 보게 되었다.

그러나 개개의 왕조를 초월하여 연속하는 중국사라는 인식은 양계초의 목적대로 정착하게 되었으며, 바로 이 점이 청말 새로운 기년을 둘러싼 논쟁의 역사적 의미라고 할 수 있다(이상은 사료에서 선학의 고증에 많은 부분을 의거하면서 특히 통사를 희구하는 관점에서 해석하고자 하였다. 竹内弘行, 1994).

개인의 기년 - 송교인(宋敎仁)의 회의

종래 기년의 부정을 일단 실행하게 되면 기년을 설정하는 기준은 상대적·편의적인 것에 불과하다는 생각에 이를 것이다. 황제기원을 주창한 송교인은 한걸음 더 나아가 기년 자체의 본래적 성격에 대해 논쟁을 진전시켜나갔다. 그는 기년이란 어디까지나 인간의 주관에 의해 정해진 것에 불과하다는 점에서 상대적인 의의를 지니고 있을 뿐이라고 말한다.

내가 생각하건데 기년이란 본래 시간을 표현하기 위한 기호이다. 공간과의 관계는 사람의 형편에 따라 변하는 것으로 여러 나라에서 하나의 기년을 사용하기도 하고, 한 나라에서 두 개의 기년을 사용하기도 한다(일본·한국 등). 기년을 공유하는 공간의 범위가 크고 작은 것은 편의적으로 정한 것으로 인간이 스스로 결정한 것이다. 만일 내가 이슬람의 국민이 되고 싶다면 자연히 이슬람력을 사용할 것이다. 내가 구미의 국민이 되고 싶었다면 자연히 예수 그리스도의 기년을 사용할 것이다. 내가 중국의 국민이 되고 싶다면 자연히 황제개국의 기년을 사용할 것이다. 또한 가령 일본국민이 되고 싶다면 자연히 진무기년과 메이지기년을 아울러 사용할 것이다. 내가 베트남 국민이 되고 싶다면 자연히 프랑스의 예수 그리스도기년과 (구웬조, 元朝) 타인타이(成泰)기년을 함께 사용할 것이다. 만약 외국인과 조약을 체결하고자 한다면 자연히 양국의 기년을 아울러 사용할 것이다. 지금 전쟁의 역사를 서술하고자 한다면 자연히 양국의 기년을 사용할 것이다. 지금 우리가 일본의 역사를 편집한다면 자연히 일본의 황기(皇紀)와 역대 천황의 연호기년을 동시에 사용할 것이다. 지금 우리가 조선의 독립시대사를 편집한다면 건국기년과 현 황제가 정한 건양(建陽)·광무(光武)연호를 아울러 사용할 것이다. 내가 지금 중국의 편년체 통사(『통감』)를 편집한다면 자연히 황제개국 기년과 역대황제의 연호와 간지기년을 아울러 사용할 것이다. 이상 거론한 것은 모두 자기의 주관에 의해서 자유롭게 정한 것이다(자연의 이치로 보아도 당연한 것이다).

다만 이들 기년법은 모두 처음에는 누군가에 의해 정해져 다른 사람도 사용하게 된 것이다. 그러나 사람이 정했다는 것도 처음에는 역시 주관성에 의거해 결정된 것이기 때문에 어느 정도 범위에서 사용할 것인가는 역시 사용하는 사람의 주관성에 달려있는 것이다.

이와 같이 생각하면 보편적으로 타당한 기년이라는 것은 있을 수 없다. 모든 기년은 편의적이고 주관적으로 정해진 것이다. 그렇다면 개인의 주관에 의거하여 기년을 세우는 것도 자유이다.

나는 이렇게 생각한다. 내년부터 일기를 쓸 때는 기록·감상 및 타인과 관계없는 내 개인에 관한 일은 모두 내 개인의 기년법을 사용할 것이다. 군주·교주 등의 기년법으로 내 개인의 자유를 침해당할 수는 없기 때문이다. 내 개인의 기년법이란 무엇인가? 그것은 내가 세계에 출현해 처음으로 이 몸이 존재하게 된 해를 원년으로 하는 것이다. 나는 줄곧 중국기년설을 사용하려고 했으나 이루지는 못했는데, 오늘 우연히 여기에 생각이 미쳐 이를 기록하여 장래의 참고로 한다(『我之歷史』 開國紀元四千六百零四年十月十一日條).

이는 송교인의 개인의식확립이라는 사상사적 문맥 속에서 이해해야할 사항으로(狹間直樹, 1989), 매우 흥미로운 발상이라고 생각한다. 그러나 한편으로 "타인과 관계없는 내 개인에 관한 일"이라는 것이 사회 생활을 하는 개인에게 과연 있을 수 있을까라는 의문점도 생긴다. 물론 송교인이 기년에 포함된 정치성과 권위성을 날카롭게 지적한 것은 납득할 수 있다. 그러나 모든 사회성을 떠난 개인이란 대체 무엇이란 말인가? 그 문제는 송교인도 대답하기 어려울 것이다.

여하튼 기년을 둘러싼 사고는 세계 속에 독자적 일관성을 가진 실체로서 중국사를 설정 하고자 한 것이며, 그렇게 역사를 파악하려는 '주관성'을 가진 개체의식을 이끌어 냈던 것이다.

일체성을 위하여

청말의 정치적·사회적 사고 중에서는 '중국'의 단결과 일체성을 어떻게 볼 것인가라는 문제가 부각되었다. '중국'의 일체성에는 국토의 일체성, 국민의 일체성, 그리고 통시적인 역사적 일체성이 있다.

국토의 일체성이란 물론 '중국'의 영토와 관계하는 이미지이다. 우선 러시아의 '동북' 점령, 영국의 티베트침공이란 사건은 자신들의 영토가 강국에 의해서 침범되고 있다는 인상을 유포시켜 이들 지역을 포함한 '중국'은 불가분의 일체라는 이념을 강하게 했던 것이다. 손문도 국토의 통일성에 대해서 지적하고 있다.

지나는 국토가 통일된 지 이미 수천 년이 된다. 그 사이에 분열되었던 시기도 있었지만 이윽고 다시 통일되었다. 근래 500~600년 동안 18개 성의 토지는 거의 쇠로 만든 병처럼 견고하여 분열의 염려는 없다. 면적이 광대하여 복건성과 광동성의 언어는 중원과 다르지만, 그 외 지역은 약간 차이가 있을 뿐 대체로 일치한다. 문화·풍속은 전국이 대체로 비슷하다. 일찍이 외국인과 교섭이 없었던 시대에는 각 성이 고립되어 있다는 견해가 있었지만, 지금 그러한 것은 없어졌으며 서로를 형제처럼 생각하는 감정이 날로 깊어지고 있다(逸仙, 「支那保全分割合論」, 『江蘇』 6期, 1903).

이는 분명히 과분 위기 논쟁을 의식하면서 이에 대항해 중국 국토의 본래적 불가분성을 지적한 것이다(다만 여기에서 몽골이나 티베트가 포함되어 있는 지는 명확하지 않다). 박을 자르는 이미지로 중국이 열강에 의해 과분된다는 위기감을 비유한 것이지만, 뒤집어 생각해보면, 잘라지기 전의 박= '중국'이 외형의 정해진 실체성을 가지고 있는 것처럼 사람들에게 각인시키는 효과를 갖고 있었다.

이에 대해서 국민으로서 일체성의 표출은 앞장에서 검토한 화공에 대한 '동포'로서의 공감이 대표적인 사례일 것이다. 특히 중요한 것은 반미운동을 통해서 지금까지 중요한 의미를 지녀온 본적지 아이덴티티에 '중국인'으로서의 일체성 관념이 더해져 널리 퍼져갔다는 점이다. 그것은 화공들의 문제라고 하기보다 천진, 상해, 광주 등 항구도시 사람들, 나아가 운동이 전파된 내륙 지역사람들의 의식문제이다. 특히 4억이라는 인구를 들어 단결해야 한다는 주장이 유행하였다.

세간에서는 우리 중국을 비방하여 18개 성은 18개의 나라다(지역마다 제 각각이다), 중국의 백성을 비방하여 4억인은 쟁반 위의 모래다('一盤散沙', 모래와 같이 흩어져있어 단결하지 않는다)라고 한다. 애국자는 이것을 수치로 여긴다(『大公報』 1905年 6月 29日 「論天津解散團體之可惜」).

그리고 국토와 국민이 통시적으로 일체라는 데서 새로운 역사 인식과 기년법이 요구되었다. 이것은 '국수'라고 불리는 실체를 상정하는 의식으로 이어져 갔다(鄭師渠, 1993; 王汎森, 1996; 俞旦初, 1996; 川上哲正, 2001). '전통'이라고 여겨진 학지(學知)도 '국학'으로서 재편되었다(桑兵, 2001; 羅志田, 2002).

왕조의 흥망성쇠를 초월한 연속성을 상정하기 위해 '지나'라는 용어도 사용되었다.

> 본래 지나는 세계문명 최고의 나라이고 세계 최대의 아시아주에 있으며 아시아 최대의 나라이다. 4000년간 이어온 사랑스러운 역사가 있으며 3000년 전부터 오늘에 이르는 사랑스러운 전적이 있고 4억의 사랑스러운 동포가 있으며 20개성의 사랑할만한 판도가 있으며 오악사독(五嶽四瀆)의 사랑할만한 산천이 있고, 전국 공통의 사랑할만한 언어문자가 있다 (衛種, 「二十世紀支那初言」, 『二十世紀之支那』1期, 1995).

이러한 발상은 청조 측이 주도해서 만들어 내고자 한 부분도 있다. 그러나 중국을 불가분의 일체로 보는 관점은 오히려 청조에 대항하는 운동 속에서 탄력을 받아 형성되었다는 점을 중시하고 싶다. 그리고 이것은 '사랑스러운' 대상으로의 강압적인 통합론이라는 것만이 아니라 전체 사회 중에서 개인이 차지하는 위치는 어디인가라는 물음도 생겨나게 했던 것이다. 이처럼 애국운동을 통해서 개인 의식이 강해지고 주관적·주체적인 능동성이 구축되어 갔다고 보아도 좋을 것이다.

4장

변발을 자르다

상무(尙武)와 문명에의 지향

왜 변발을 잘랐는가?

청대 성년남자가 변발이라는 독특한 머리 형태를 하고 있었던 것은 너무나 잘 알려져 있다. 또한 청말에 이르러 변발을 자르는 운동이 일어난 것도 주지의 사실이다. 그런데 변발을 자르는 것이 지니는 의미는 무엇이었을까? 본 장에서는 변발을 자르는 것(즉 전변[剪辮]·전발[剪髮])의 사회적·정치적 의의에 대해서 고찰해보고자 한다.

청말 전변(剪辮)은 청조의 통치에서 이탈하려는 의사표시라고 자주 지적되고 있다(嚴昌洪, 1992, pp. 235~237). 특히 청조 타도를 지향한 혁명가들의 경우가 이에 해당한다. 그러나 후에 상술하듯이 1910년에는 황제가 전변령을 내려야 한다는 의견이 조정 내에 등장해 저널리즘과 자정원(資政院; 전국에서 의원이 북경에 모여 정치의 자문에 응하는 기관)에서 왕성하게 논의되었다. 따라서 변발을 자르는 것을 단지 반청의 상징으로 생각할 수만은 없다.

또한 전변을 '근대문명의 전파'라는 시각으로 바라볼 수 있을지도 모른다(陳振江, 1991). 이에 대해 여기에서 주제로 다루고 싶은 것은 전변을 주장·실천하는 측의 동기와 논리이다. 즉 거시적으로 보면 '근대문명의 전파'로 볼 수 있을지도 모르는 현상을 당시의 사람들의 바램과 전략의 문제로서 고찰하고자 한다. 노신(魯迅)의 단편소설의 등장인물은 "나는 유학하면서 변발을 잘랐다. 달리 특별한 이유가 있었던 것이 아니라 단지 불편했기 때문이다"라고 서술하고 있다(「頭髮的故事」, 『吶喊』). 여기에서는 노신 특유의 은유를 읽어내야 하겠지만, 실제로 편의적인 이유로 변발을 자른 사람도 있었을 것이다(노신과 변발에 대해서는 嚴安生, 1991, pp.128~133). 그러나 많은 사료에서 보이듯이 청말의 전변 논의는 위기적 상황에 처한 국가·국민의 미래를 위해 무엇을 해야할 것인가 하는 대단히 커다란 문제의식을 기점으로 하고 있었던 것은 아닐까 생각한다. 물론 전변을 주장하는 동기는 다양하다고 해도 전변을 둘러싼 담론을 다양한 역사적 문맥 속에서 고찰하는 것으로 이해의 폭을 넓혀나가야 할 것이다.

선행 연구로서 유향직(劉香織)의 저서는 청조만이 아니라 일본·조선의 단발 문제도 포함해 폭넓은 관점에서 접근하고 있기 때문에 참고할 만하다(劉香織, 1990). 다만 에피소드의 집적이라는 인상이 강하기 때문에 상술한 문제 의식에서의 접근은 충분하지 않다. 실증면에서도 전변에 관한 일본 유학생의 사정에 대해서는 상세하지만, 국내의 전변 열기는 거의 소개하지 않고 있다. 이것은 유향직이 저명한 지식인의 회상록에 의거하여 당시의 국내정기간행물을 그다지 참조하지 않았기 때문이라고 생각한다.

게다가 '근대화'의 일환으로서 "단발이 사람들에게 불러일으킨 심리적 충격"(劉香織, 1990, p.220)에 주된 관심을 기울이고 있는 점은 매우 불만스럽다. 그러나 유향직이 "서양풍의 산발이라는 근대사회의 평균치적인 심미관에 의해서"(劉香織, 1990, p.211) 단발하게 된 사람들의 심정에 다가가고자 한 점은 높이 평가할 만하다. 유향직이 단발에 임해서 개인의 심리적 갈등에 관심을 집중시킨 것은, 왜 단발을 해야만 했는가에 대한 이유를 "근대화" 과정으로 설명할 수 있다고 전제해 버렸기 때문이라고 생각한다.

그러나 여기에서는 전 남성이 변발을 잘라야한다는 자각적 주장에 초점을 맞추고 싶다. 즉 당시 사람들은 왜 변발을 잘라야만 한다고 생각하였던 것일까? 어떠한 논리로 변발을 자를 필요성을 설명하고 있었던 것일까? 또한 머리형태의 '제한에서 자유로'라는 도식적인 발상이 아니라 '변발에서 단발로'라는 흐름을 제기하게 된 요인, 즉 왜 필요한 일부 사람만이 아니라 전 남성에게 일률적으로 단발이 요구되었던 것일까? 라는 점을 문제시 하고자 한다. 실은 이들 문제에 대해서 유향직도 전혀 도외시하고 있지 않으며, 시사하는 바도 많다. 다만 논의가 산발적이고 결론도 지극히 애매하다. 이하 변발을 잘라야 한다는 논의를 단서로 당시 사람들이 이상적으로 생각하고 있었던 사회와 국가가 나아가야 할 방향을 고찰해 보고자 한다.

이러한 필자의 문제의식에 가장 근접한 것은 왕이민(王爾敏)의 연구이다. 왕이민이 검토 대상으로 삼은 전변론의 사례는 몇가지에 불과하지만 그는 "왜 단발해야만 했는가?"라는 문제를 분석하는 데 초점을 맞추고 있다. 게다가 변발 문제를 혁명 운동과의 관계에서가 아니라 정치개혁과의 관계 속에서 취급하고 있는 점에서도 시사하는 바가 많다(王爾敏, 1982). 이점에서 왕이민의 시각을 계승하면서 혁명론과의 관계도 중요한 요소로서 아울러 논하고자 한다. 또한 전변을 둘러싼 담론만이 아니라 전변의 실태도 추적해 보겠다[1].

또한 전변과 아울러 전통적인 예복을 서양복식으로 바꾸는 '역복(易服)'도 당시 문제가 되고 있었기 때문에 필요에 따라서 언급하기로 한다.

---

[1] 본장의 원본이 되는 구고(舊稿)가 간행된 다음해 여지강(黎志剛)의 연구가 발표되었다. 관점이 겹치는 점도 많지만, 개인적으로 구고에서 중시한 1910년의 전변 논의는 전적으로 언급하고 있지 않다(黎志剛, 1998). 이로 인해, 전변이 입헌과 밀접한 관계를 가지면서 주장되었고, 북경과 천진 등 북방의 여러 도시에서는 1910년까지 대규모로 실천되고 있었다고 하는 중요한 점을 누락하고 있다.
그런데 구고에서는 강유위가 1898년에 전변을 주장했다고 서술하였는데, 이것은 황창건(黃彰健)의 연구에 의거한 것이었다(黃彰健, 1970, pp.569~570). 황창건은 강유위가 1911년에 간행한 『무술주고(戊戌奏稿)』에는 개작된 부분이 있다는 것을 지적하고 있지만, 전변 주장을 포함한 해당 상주문에 관해서는 그다지 문제가 없다고 한다. 다만 공상길(孔祥吉)이 강유위의 무술주의(戊戌奏議)에 대해서 더욱 상세한 고증을 하였지만(孔祥吉, 1988. 孔祥吉編著, 1998), 아직까지 강유위가 전변을 주장했다는 것에 대해서는 확인되지 않고 있다. 물론 담사동(譚嗣同)의 『인학(仁學)』에서 전변을 주장하고 있는 데서 강유위가 전변을 주장할 생각을 가지고 있었음을 추측할 수도 있지만, 그 구체적인 내용을 알 수 있을 정도의 사료는 없다. 구고에는 강유위의 문장은 "청말 전변론 대부분의 논점을 선취하는 것이었다고 할 수 있다"고 서술하였지만, 그것은 역으로 강유위가 청말 전변론 대부분의 논점을 안 이후에 문장을 정리했을 가능성을 시사하는 것이다. 그러므로 해당 상주문은 위작일 가능성이 크다고 생각하여 본서에서는 무시했다(이상에 대해서는 무라타 유지로(村田雄二郞)교수의 가르침을 받았다). 왕이민·여지강도 강유위의 상주문을 인용하고 있지만, 그것도 정정되어야 할 것이다.

쉽게 예상할 수 있듯이 머리형태와 복장은 서로 어울리는 것으로서 논의되기 때문이다. 이하 청말의 정기간행물을 사용하는데, *The North-China Herald and Supreme Court & Consular Gazette* 자료는 *NCH*로 약칭한다.

전변론(剪辮論)의 등장

변발은 원래 여진족의 풍속이며 12세기 금나라 시대부터 존재했다. 17세기 중반 청조가 입관하여 북경을 점령하고 각지에 군대를 진격시키면서 새롭게 지배 하에 들어온 주민에게 변발을 강제하고 이에 반발한 사람들에게 무력 행사를 가한 것은 잘 알려져 있다. 그러나 청조의 통치가 안정됨에 따라 변발도 당연한 것으로 받아들여지기에 이르렀다(桑原隲藏, 1968; Wakeman, 1985; pp.646~652. 馮爾康·常建華, 1990, pp.170-180).

에도(江戶)시대 일본인도 청조의 풍속으로서 변발에 대해 언급하고 있다. 남자의 성인의례에 대해 나카가와 타다테루(中川忠英)의 『청속기문(淸俗紀聞)』에는 "체발인(剃髮人), 따뜻한 물에 머리를 적시고 나서 머리 중심부의 머리털을 둥그렇게 남기고 그 나머지는 남김없이 밀어낸 다음 중앙의 머리를 얼레빗으로 빗고나서 대나무로 만든 참빗으로 가지런히 한 후 세가닥으로 땋아 늘였는데 이것을 변자(辮子)라고 한다"고 기록하고 있다(平凡社 東洋文庫版 제2권, p.72). 또한 1860년 미일통상항해조약의 비준서 교환을 위해 미국에 파견된 사절단의 일원도 돌아오는 길에 들린 쟈바섬 바타비아의 화교에 대해서 "머리는 중앙의 둘레 2촌 정도만 남긴 채 밀

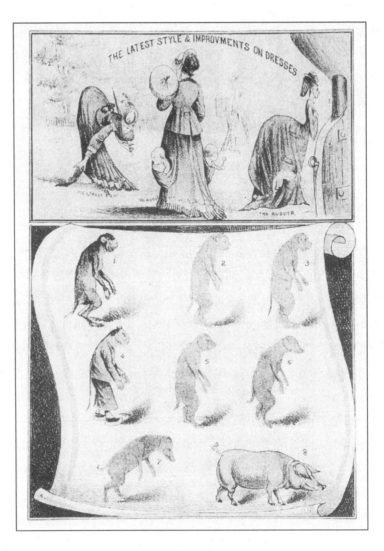

그림⑰ 변발의 이미지(미국의 풍자화). 변발을 비난하는 말투로서 '호미(胡尾)'라는 표현이 있
다. 이것은 금수와 같은 야만적인 이적의 습속이라고 하는 의미가 담겨 있다. 동시에
통속화된 진화론을 전제로 한 차별의식이 구미에서 퍼져있었던 것을 내면화한 것이라
고도 생각할 수 있다.

출전:胡垣坤·曾露凌·譚雅倫合編,「美國早期漫畵中的華人」, 三聯書店(香港), 1994, p.111.

어버리는데, 그 길이는 허리에 이른다. 만약 머리가 짧은 경우에는 실로 연결한다. 실을 짜는 것과 같다. 항상 등뒤로 늘어뜨리는데, 거추장스러울 때는 목에 감는다. 이것을 변발이라고 한다"고 설명하고 있다(玉虫左太夫, 「航米日錄」, 『西洋見聞集』, p.203).

태평천국이 머리를 자르지 않고 길러 청조와 대결한 것도 잘 알려진 사실이다(菊地秀明, 1987). 양수청(楊秀淸)과 소조귀(蕭朝貴)가 발포한 격문 (『頒行詔書』 수록)에 "본래 중국에는 중국의 모습이 있다. 그런데 지금 만주는 머리를 자르고 한 줄기 긴 꼬리를 뒤로 늘어뜨리도록 모두에게 강요하고 있다. 이것은 중국인을 금수로 만드는 것이다"(『太平天國印書』 p.109)라고 하듯이 변발에 대한 혐오스런 태도를 분명히 하였다. 간과해서 안 되는 것은 변발을 거부하기 위해 머리를 길게 한 것이지 짧게 한 것이 아니라는 점이다. 그 때문에 태평군의 '장발(長髮)'을 청말 전변론의 선구라고 하는 주장은 타당하지 않다.

청말 해외로 나간 사람 중에 변발을 자른 사람으로 우선 유학생을 들 수 있다. 1872년 이후 청조는 미국에 유학생을 파견하기 시작하였는데(李喜所, 1992, pp.27~82), 그들은 변발을 한 채 생활하고 있었다. 그 중에는 기독교에 입문하여 변발을 잘라 금령을 위반했다는 이유로 감히 귀국하지 못한 사례도 있다(Phelps, 1939, p.83; 傅維寧, 1972, p.908). 이후 재일 유학생의 전변 사례에 대해서는 일일이 거론할 수 없을 정도로 많다. 또한 재외 상인 중에도 전변 역복을 하는 자가 있었다. 요코하마(橫濱)에서 출판업을 하던 풍경여(馮鏡如)는 홍콩에서 자랐지만, 청일전쟁 후 전변 역복하고 영국영사에게 영업보호를 요구하였다. 아들인 풍자유(馮自由)에 의하면 재일화교 중에 최초로 변발을 자른 사례였다고 한다(馮自由, 1939, p.1~2).

그러나 이상과 같은 동향은 외국에서의 생활 및 사업상 필요에서 개인적으로 변발을 자른 것에 불과하다. 다음에서 주목하고자 하는 것은 변발은 바람직하지 않기 때문에 전 사회적으로 없애야만 한다는 논의이다.

담사동(譚嗣同)은 유저(遺著) 『인학(仁學)』에서 중국의 자강을 위한 방책이 필요하다는 문맥에서 다음과 같이 서술하고 있다.

> 그런데 중국에는 긴급히 개혁해야만 하는 것이 있다. 그것은 머리를 밀고 변발을 늘어뜨리는 것이다. 이것이 북방의 야만적인 풍속에서 유래하는 것은 둘째치더라도 생활상 대단히 불편하다. 이에 고금 내외 머리를 처리하는 방법을 밝히니 각자 선택하였으면 한다. 두발의 처리법에는 4가지 방법이 있다. ① 전발(全髮). 중국의 옛 풍습이다. 머리카락은 하늘로부터 부여받은 것이기 때문에 반드시 용도가 있다. 즉 뇌신경의 보호이다. 이것은 머리 전체를 보호할 수 있다는 장점이 있지만, 너무 무거워서 부자유스러운 단점이 있다. ②전체(全剃). 승려의 풍속이다. 청결하고 번거롭지 않다는 장점이 있으나, 뇌를 보호할 수 없다는 결점이 있다. ③반전(半剪). 서양의 풍속이다. 뇌를 보호할 수 있는 데다가 번거롭지도 않아 편리하다. ④반체(半剃). 몽골·달단(韃靼)의 풍속이다. 대뇌에 해당하는 곳을 잘라서 전방을 보호할 수 없으며, 게다가 변발을 길게 늘어뜨려 뒤에 무게가 실리므로 폐해가 너무 많다. 어느 것이 득이고 어느 것이 손해인지, 어느 것을 버리고 어느 것을 취할 것인지, 알 만한 사람은 판단이 설 것이기 때문에 특별히 설명할 필요는 없을 것이다(『譚嗣同全集』 增訂本, pp. 362~363).

담사동은 변발의 불합리함과 서양식 머리 형태의 편리함을 명쾌하게 말하고 있다. 그러나 이것만으로는 머리 처리가 왜 중국의 자강에 불가결한 일인가 충분하지 않다.

앞에서 서술하였듯이 재일 유학생 중에는 성마다 동향적 결속에 의거해 잡지를 간행하였는데, 그중 하나로 『호북학생계(湖北學生界)』가 있다. 『호북학생계』 제3기(1903년 간행)에는 「전변역복설(剪辮易服說)」이란 제목 하에 투고가 게재되어 있다(필자불명). 그 내용을 보면 제도를 바꿔서는 안 된다는 보수론 및 부강(富强)에 머리나 복장 문제는 관계없다는 전변 역복 무용론을 함께 비판하면서 전변 역복의 필요성을 8가지 항목으로 나누어 제기하고 있다.

①변법의 계기로 삼는다. 변법의 상유(上諭:1901년 1월 신정의 상유)가 내렸음에도 불구하고 관료는 조정의 진의를 의심하여 개혁이 늦어지고 있으므로 전변 역복령을 내려 조정의 단호한 태도를 명확히 밝혀야 할 것이다. ②복제를 간소화시켜 쓸모없는 지출을 줄이면 부정도 사라질 것이다. ③강한 군대에 유용하다. 거추장스러운 변발을 자르면 병사의 움직임이 민첩해 질 것이다. ④강종(强種; 강한 종족)에 유용하다. 서양인은 체육을 중시하기 때문에 심신 모두 강인하지만, 중국은 의관이 번거로워서 체조하기에 불편해 상무정신을 기를 수 없다. ⑤복장이 간편해지면 여행할 때 짐이 적어진다. ⑥공업을 발전시킬 수 있다. 머리 형태와 복장을 기계조작에 편리하도록 해야 한다. ⑦외교에 좋다. 서양인과 같은 복장을 하면 서양인에 대한 편견이 없어지고 교섭도 잘 될 것이다. ⑧교안(教案)이 없어진다. 반기독교 감정은 배외 감정에서 유래한다. 누구나 양복을 입으면 교도와 비교도의 융화가 이루어질 것이다.

마지막으로 투고자는 "천하의 대세가 향하여 가는 바 아무리 강한 힘이 있어도 돌이킬 수 없다. 지금 전변 역복을 하지 않아도 언젠가는 반드시 그러한 날이 온다. 이것이 이른바 변해도 변하고 변하지 않아도 변한다(梁啓超, 「論不變法之害」, 『時務報』 2冊, 1896)는 것이다. 〔어차피 변할 것이라면〕 외부에 의해 변화되어 눈앞에서 이민족의 침략을 받기보다는 스스로 변하여 자강의 기개를 표방하는 쪽이 낫다"고 말을 맺었다. 변발을 자르고 양복을 입는 변화는 의지를 발휘하지 않더라도 필연적으로 일어난다는 것이다.

이상 살펴본 『호북학생계』 투고내용의 골자는 전변 역복을 실행한다면 인심을 일신하고 부국강병의 길을 열어 외교 문제를 해결할 수 있다는 것이다. 전변역복은 경제적·군사적 발전에 유리할 뿐만 아니라 이미 국제 관계에서 패권을 장악하고 있는 열강의 풍속이기 때문에 도입해야 한다고 주장하고 있다. 여기서 이 개혁은 조정의 명령에 의해 거행되어야 한다는 점은 주목할 만하다.

한편 변발을 자르는 것에 청조타도의 의미를 담았던 사람은 장병린(章炳麟)이다. 1900년 당재상(唐才常)이 상해에서 '국회(國會)'라고 하는 저명인 대회를 열었을 때, 장병린은 당재상이 '근왕(勤王)'의 슬로건을 주창하는 데 불만을 가지고 변발을 잘라 결별의 의지를 표명하였다고 한다(『太炎先生自定年譜』湯志鈞編, 1979, pp.109~110).

장병린이 자신의 사상적 변화를 반영해 개정한 저작 『구서(訄書)』는 그가 소보사건(蘇報事件:청조를 비방한 필화사건)으로 옥중에 있었던 1904년에 도쿄에서 간행되었다. 개정판 『구서』의 발문(跋文)에 「해변발(解辮髮)」이라는 문장을 추가해(高田敦, 1974, p.134) 장병린 자신의 전변 이유를 설명하고 있다. 이에 의하면 "나는 30세를 넘었으나 여전히 이적의 복장을 하고 있다. 전혀 변화도 없고 〔변발을〕자르지 못하고 있다. 이것은 내죄이다"라며, "옛날 기반손(祁班孫)·석은현(釋隱玄)은 모두 명나라의 노유(老儒)로 단발하고 죽었다. 『춘추곡량전(春秋穀梁傳)』에 "오나라는 머리를 단발한다"고 하고 『한서(漢書)』 엄조전(嚴助傳)에 "월나라는 전발한다"고 한다. 나는 "옛날 오나라·월나라의 한인(閑人)으로 변발을 잘라서 옛날 방식을 그대로 따르고자 한다"고 서술하였다. 서양복장에 대해서도 "명대의 예복과 유사하며 동쪽 일본도 이것을 모방하고 있다"고 한다(『章太炎全集』 3卷, pp.347~348).

장병린은 변발을 강제한 청조의 역사를 명확히 의식하여 배만의사를 표방하기 위해 전변을 실행하였다. 이는 당시 장병린의 배만사상이 철저했음을 보여주는 것이다(小野川秀美, 1969, pp.285~338; 王汎森, 985,

pp. 72~90). 그러나 장병린은 명대와 같이 (혹은 고대의 예를 따라서) 머리를 길러서 총발(總髮)할 것을 주장하는 것은 아니다. 역시 서양이나 일본과 마찬가지로 단발할 수밖에 없다는 것을 정당화시키기 위해 무리하게 고대 오·월의 기록(장병린은 절강성 출신)을 들춰내고 있다. 역으로 말하면 총발이 아니라 단발을 주장하는 것에 대해 무엇인가 설명이 필요했던 것이다. 이는 1900년 단계에서는 의거해야 할 단발 선례가 부족했기 때문으로, 장병린의 실천이 곧 정치적 입장을 표명한 전변의 선례가 되었다고 볼 수 있다.

여기서 손문(孫文)의 전변에 대한 입장은 검토할 만하다. 풍자유(馮自由)가 14살 때의 일을 회상한 문장에 의하면 1895년 어느날 오래동안 머리를 밀지 않는 두 명의 손님이 아버지인 풍경여(馮鏡如)를 찾아왔다. 손문과 진소백(陳少白)이었다. 그들은 몇일 후 변발을 자르고 양복을 입었다고 한다(馮自由, 1939, p2). 유향직(劉香織)은 이 일화를 소개한 후 손문의 단발은 "반만혁명이라는 확고한 신념에 의거한 행동으로 이해할 수 있다"(劉香織, 1990, p.130)고 설명한다. 그러나 손문이 혁명 운동의 지도자였다는 것 이외의 근거는 밝히지 못하고 있어 의문의 여지가 있다.

손문은 일본에 가기 전 이미 하와이에서 흥중회를 결성하고 광동에서 청조 전복을 도모하는 군사행동을 일으켰다. 따라서 단발 직전에 반체제적 견해를 갖게 되었던 것은 아니다. 당시 손문은 방랑자 생활로 청조 관헌의 추적을 피해 밀항하여 일본으로 건너갔고, 그 후 하와이를 거쳐 미국으로 건너갔으며, 런던에서 청조 공사관에 잡혔다. 그렇다면 일본에 가기 전에 변발을 자르지 않은 것은 의심 받지 않고 도망하기 위해서 였는지도 모른다. 그리고 요코하마에서 전변 역복을 단행한 것은 앞으로 미국·유럽으로 건너가기 위한 준비일 것이다. 손문과 동행하였던 정필신(鄭弼臣)이 재차 귀국하기 위해 복장을 바꾸지 않았던 것도 이를 증명한다(馮自由,

1939, p.2).

물론 손문의 전변에도 청조에 반대하는 의미가 있었다는 것을 전면 부정할 생각은 없다. 그러나 국외로 망명해서 요코하마에서 풍경여의 선례를 보고 전변 역복을 단행했다고 하는 해석으로도 충분하다고 생각한다. 이에 반해 장병린의 전변은 배만 입장을 명확히 표방하고 있는 최초의 예로서 주목할 만한 가치가 있는 것이다.

다음으로 검토하고자 하는 것은 「논발변원유(論髮辮原由:변발의 유래를 논함)」이다. 「논발변원유」는 두개의 텍스트가 있다. 첫째로, 샌프란시스코의 『문흥일보(文興日報)』(강유위파의 신문)에서 전재해서 1904년 요코하마에서 출판된 『청의보전편(淸議報全編)』권26에 수록된 것이다. 둘째는 1903년 상해에서 발행된 혁명 선전논집인 『황제혼(黃帝魂)』에 수록되어 있는 것이다(전거는 밝히지 않고 있다). 양자는 자구(字句)의 차이가 많지만, 논의 전개상 차이는 없기 때문에 다음에서는 공통적인 논지를 살

2 두 개의 텍스트를 비교할 때 현저한 경향은, 『청의보전편(淸議報全編)』에 있어서 '화인', '한인'이 혼용되고 있는 데 반해 『황제혼(黃帝魂)』에서는 모두 '한인'으로 통일되고 있는데, 여기서 『황제혼』의 편집의도를 엿볼 수 있다. 그러나 대부분 무의미하다고 여겨지는 글자의 차이가 압도적으로 많은데, 이는 표현상의 호감 등 심미적 요인으로 이해할 수도 있을 것이다. 이것은 『황제혼』텍스트가 무엇에 기초하고 있는가 즉 『문흥일보(文興日報)』원문에 의한 것인가 그렇지 않으면 무엇인가 별도의 서적·잡지 등에 전재된 것에 의하였는가라고 하는 문제와도 관계하지만, 더 이상 검토를 요할 만한 문제는 아니다. 『문흥일보』원문의 존재를 신뢰한다고 해도 『청의보전편』편자가 고쳐 바꾸었다고 단정하지 않을 수도 없다. 다만 여기에서 중요한 것은, 「논발변원유」는 『청의보전편』과 『황제혼』에 수록되고 나서 상당히 광범위한 독자를 확보했다는 것이다.
또한 『신해혁명전십년간시론선집(辛亥革命前十年間時論選集)』1巻, pp.745~749에도 『황제혼』텍스트를 수록하고 있지만, 원저의 인종차별적 표현을 의도적으로 고쳐 사용하고 있기 때문에 사료로서의 가치를 떨어뜨리고 있다. 예컨대 "天下之賤種, 至紅毛土番烟剪巫來黑人, 而已極"이 "天下之種, 如紅毛土番烟剪巫來黑人"으로 바뀌어 있다. 「논발변원유」의 취지는 이러한 '천종(賤種)'조차 모양을 바꾸고 있는데, '한인'은 추한 변발을 대단히 소중한 것으로 삼아 외국에 비웃음을 사고 있는 것은 왜인가라는 것이다. 인종 우열을 전제로 하면서 '한인'의 평가를 고양시키고자 하는 논리인 것이다. 이 시기의 인종관은 이러한 치열한 서열 의식을 포함하고 있다.

펴보기로 한다.[2]

「논발변원유」는 네덜란드령 동인도에서는 변발을 자르는 자가 많으며, 고향에 미련이 있는 자는 삿갓 속으로 말아 넣어 변발을 감추고 있다고 서술하고 있다. 그것은 해외에서 변발 때문에 멸시를 당하기 때문이라고 한다.

게다가 청조가 변발을 강제한 역사를 회고한 후에 "만주의 청조 지배에서 벗어나기 위해서는 만주의 외견을 버리는 것이 선결과제이다. 이 쓸모없고 더러우며 번거로운 것을 제거해야 비로소 정치도 근본적으로 개혁할 수가 있다"고 주장한다. 변발로 인해 '중국 퇴화의 국면'이 야기된 것이다. 의복도 양복으로 바꿔 점차로 대동(세계가 하나로 가지런해 지는 것)으로 나아가 역동적인 '서양복장의 정신'을 몸에 익혀야 할 것이라고 한다. 목표는 "만주의 청조를 타도하여 세계의 문명과 어깨를 나란히 한다"는 것이다.

이 논설의 특징은 전변 역복의 실리적 유용성보다는 머리형태 복장의 상징적 의미를 중시하고 있다는 점이다. 게다가 장병린과는 달리 전변역복을 진보·발전의 문맥으로 자리매김해 나아가서는 청조 타도조차 '문명'의 전제로 보는 것이다. 변발은 만주에 의한 지배의 표현이고 뒤쳐진 중국의 표상이기도 한다. 이 논문의 특징은 변발 문제를 통한 반청 주장을 진보관념으로 근거를 부여하려는 데 있다고 할 수 있다(다만 이 문장을 수록한 『황제혼』의 편자는 『수호전』, 『칠협오의(七俠五義)』 등의 연극에서 보이는 옛날 복장도 '상무정신'에 어울리며, 양복보다는 '문명'적으로 생각한다고 언급하고 있다).

마지막으로 『만국공보(萬國公報)』에 실려있는 논문을 살펴보고자 한다. 『만국공보』는 미국인 선교사 영 알렌(Young J. Allen, 한자명으로는 林樂知)이 상해에서 광학회를 조직해 발간하던 월간지이다. 임락지(林樂

知)저(著)·범위(范褘)술(述)「개장위변법지요무(改裝爲變法之要務)」(18册, 1904), 및 「중국절발문제(中國截髮問題)」(201册, 1905)도 전변을 주장한다. 주된 논지는 러시아 피터대제와 일본 메이지천황의 정치개혁을 선례로 삼아 개혁의 일환으로 전변을 거행해야 한다는 것으로서, 변발의 좋지 않은 점으로서는 외국인의 조소를 받는다는 점에 중점을 두고 있다. 논의가 외국인 입장에서 중국이 나아가야 할 길을 제시하고 있는 인상을 주고 있다.

　지금까지 몇가지 논설을 검토해 보았다. 본격적으로 전변을 주장한 최초의 인물은 담사동일 것이며, 반청 입장을 담아 전변을 실천한 최초의 사례는 1900년 장병린의 행동이라고 생각한다. 나아가 주의해야 할 점은 청조 주도에 의한 전변을 주장하는『호북학생계』에 실려있는 논문과 반청 주장을 담은『황제혼』에 실려있는 논문은 거의 동시기(1903~1904년 경)에 간행되었다는 것이다. 이 시점에서의 전변론은 광범위한 정치개혁의 일환으로 거론되었던 것으로 단순히 혁명론으로 귀결시킬 수는 없다고 생각한다.

전변론의 전개

　이상 살펴보았던 것은 비교적 특수한 경우의 주장이었다고 할 수 있다. 특히 청조 타도를 지향하여 변발을 자른다는 것은 특별한 결의를 필요로 하였다. 그러나 전변론이 결코 소수 사람들의 특이한 주장에 그쳤던 것은 아니다. 오히려 다음 예에서 알 수 있듯이 극히 평범한 신문조차 전변을 고취하여 그 주장은 점점 더 확산되어갔던 것이다.

1906년 천진의 일간신문 『대공보』는 「전발역복의(剪髮易服議)」라는 제목으로 현상논문을 모집하였다. 모집 광고를 보면 "중국의 변발은 백해무익하여", 좋은 논설이 모이면 무용한 장애물을 제거하고 상무정신을 일으켜 세울 수가 있을 것이라고 한다. 상금은 1등 10원(元), 2등 5원, 3등 2원이다(『大公報』 8月5日 「徵文廣告」).[3]

이 결과 같은 제목의 논문 6편이 『대공보』에 연재되었다. 1등은 산동성 등주부(登州府) 복산현(福山縣) 사람으로 팔기학당 사범반에 속한 우천택(于天澤, a논문이라고 한다. 8월 20일~23일 연재)과 〔신원불명의〕 심악(沈鄂, b, 24일~26일), 2등은 일본에서 기고한 쇼고 게이꼬(湘鄕季子, c, 27일·28일), 〔신원불명의〕 산동성 육려(育黎)의 왕채오(王采五, d, 30일·31일), 경사고등사범의 장조음(張兆蔭, e, 9월1일·2일), 같은 경사고등사범의 장준원(張濬源, f, 3일·6일)이다. 이 중 1등인 우천택은 소속학교로 보아 팔기출신임에 틀림없다.

그들의 주장은 대단히 다양하지만, 기본적인 취지는 서로 중첩되는 점이 많다. 따라서 이 6편의 논점을 정리하는 것으로서 전변을 정당화하는 논리를 추적해 보고자 한다.

[변발장복의 해] 우선 동작이 부자유스럽다는 점을 들 수 있다. "학생 체조, 군인 훈련, 상공업자의 노동, 여행 어느 하나도 긴 의복·긴 머리는 불편하다"(b). 또한 기계 조작에 방해가 된다(a). 젊은이의 뛰어난 기상이 머리와 의복 때문에 불필요한 속박을 받고 있다(d).

---

3 이 해 『대공보』가 모집한 현상논문이 하나 있는데, 제목은 「중국여학생복제의(中國女學生服制議)」이다(8月11日, 「徵文廣告」). 본문에서 논하는 전변역복은 남성의 시각에서 논의한 것이지만, 여성에 있어서도 역시 복제가 논점이 되고 있었던(한편, 여성의 단발은 화제가 되지 않았다) 것이 주목된다.

위생에 대한 관심도 현저하다. "위생은 체육의 출발점이며, 자강의 최우선 사항이다. 우리나라에서 위생학은 오랫동안 논해지지 않았지만, 최근 생리학자의 연구에 의하면 모발은 본래 혈구(血垢)로,[4] 잘라서 깨끗이 하지 않으면 몸의 움직임에 나쁜 영향을 미치게 된다"(a). 또한 쉽게 불결해지고 여름에는 땀도 심하다(c). 학당의 강당이나 군영 등 집합 장소의 공기를 오염시킨다(b).

또한 외국인의 조소를 받는 것도 심각한 문제라고 할 수 있다. "우리 중국인만이 개·소·돼지·말의 모습을 본따서 꼬리를 어깨에서 등으로 내려뜨려 볼썽사납다. 인류 일반에 따르지 않고 짐승의 무리에 만족하고 있다. 이리하여 남으로부터 조소를 받으며 뒤에서 손가락질을 받게 된다"(c). "돼지 꼬리·여자의 옷"이라고 욕을 먹는다(b). 외국과 같은 머리 형태·복장으로 한다면 차별은 사라질 것이다(f).

또한 머리나 의복을 갖추기 위해 쓸데없이 시간과 금전을 소비하고 있다(b, c, e).

[전변역복의 이점] 우선 주목할 것은 "문약함에 빠지기보다는 무용(武勇)을 숭상해야한다"(c)는 발상이다. '상무'가 열쇠가 되는 말이다(a·b·d·e·f). 이 '상무' 이념은 군사와 결부된 남성의 신체적 능동성을 강조하기 위해 당시 종종 선양되고 있었다(朱英, 1993). "국민은 국가라는 유기체를 구성한다. 인민의 문약함은 즉 국가의 문약함이며 인민의 강무(强武)는 즉 국가의 강무이다"(f). 전변역복을 행하면 움직이기 쉬워져 상무의 기

4 이 시기 도시민의 통속적인 과학인식으로 머리털(髮)은 피가 변질된 것으로 여기고 있었다. 예를 들면 『신보(申報)』 1911년 12월 27일에 보이는 '생발교(生髮膠)' 광고에는 "머리털은 피가 남은 것이요, 피가 마르면 머리털이 빠진다. 본인은 화학반응을 통해 일종의 생발교를 발명했다. 피를 만들어 머리털이 생기게 하는 제 약품을 화학적으로 제련하여(化鍊) 교(膠)를 만들었다. 향은 맑고 윤기가 흐른다. 혈액을 잘 돌게 한다. 머리털을 생기게 하는 제일의 신비한 상품이다"라고 한다.

초가 된다. 그 뿐만이 아니라 용맹한 정신을 단련할 수 있다. 만일 종래 그대로 풍아한 외견을 자랑한다면 유약·위축에 빠져버린다(b). "무릇 사람의 신체란 외견이 단정해지면 내면도 확실해 진다. 아관박대(峨冠博帶:사대부의 모습)는 기풍은 우아하나 정신은 문약하다. 단복웅관(短服雄冠:군복 등 양장과 모자)은 뜻을 바르게 하고 그 신체를 바로하게 한다. 약육강식 시대에서 이와 같이 바꾸면 국민은 모두 군인 자격을 갖는 것이다"(e). "천연(天演)의 세계는 약육강식에 조금의 유예도 없다. 우리 중국이 존속을 바라지 않는다면 그 뿐이다. 그러나 존속하길 바란다면 낡은 습관을 타파하고 상무를 중시하지 않고서는 앞으로 나아갈 수가 없다"(a).

인심을 일신하는 의미도 있다. "지금 결연히 이것을 실행하면 전국의 정신은 반드시 분연히 일어날 것이다"(a). 만일 기한을 정해 전변역복할 것을 황제가 명한다면 "모든 인민은 구습을 씻어내어 기쁨은 말할 나위 없을 것이다. 천둥 소리에 놀라 잠에서 깨어나는 것과 같다. 바로 만사가 크게 흥하는 기점이 될 것이다"(c).

외국인과의 교제에도 바람직하다. 단발·단장(短裝)은 이미 전 세계가 공통적으로 인정하는 몸가짐이다(d). 복장이 같아지면 우호의 정도 깊어진다(e).

[전변에 반대하는 논의에 대한 반론] 변발 장복은 청조의 전통적 국가적 제도라고 하는 논리에 대해서 예전에는 닫혀있던 세계('閉關之世界')였지만, 지금은 교류가 넓어져 일체화되는 세계('大同之世界')로 변했기 때문에 가령 강희제(康熙帝)가 현재 살아있다면 스스로 전변 역복하여 해외 시찰에 나갔을 지도 모른다고 반론한다. 또한 '국수'를 지켜야 한다는 논리에 대해서는 전변역복보다도 중대한 제도개혁(서양교육의 도입 등)이 이미 이루어진 지금 진실로 지켜야 할 '국수'란 외면적인 것이 아니라 애국심이라고 말한다(a).

다른 논문에서는 '국수' 보수론에 대해서 근대 병기 도입이나 과거제 폐지를 주장하면서 전변 역복에 반대하는 것은 이상하다고 서술한다(d). 가장 중요한 '국수', '국체'가 되어야할 조종(祖宗)의 판도조차 점차로 상실하고 이권도 외국에 빼앗기고 있는 상황에서 경솔하게 머리형태와 복장의 '국수'에 구애받는 것은 본말이 전도된 것이라고 비판한다(a, b, d).

게다가 전변역복을 실행하면 사태를 알지 못하는 무리가 소동을 일으킬지도 모른다는 위구심에 대해서 개명적인 자는 학계(교육관계자)와 공상계에도 이미 다수 있으며, 게다가 전제의 구습으로 위에서 주창하면 아래는 따를 것이라고 반박한다(a).

[전변의 시기와 방법] 입헌군주제를 지향하여 준비하고 있는 지금이야말로 전변 역복을 행해야 할 시기이다(a·c). 때마침 정치 시찰을 위해 해외에 파견한 다섯 대신이 귀국한다(a·b·d·e·f. 다섯 대신의 출국에 관해서는 孫安石, 1994).

그래서 전변역복의 실현방법으로는 조정의 명령이 전제가 되고 있다. '신정'의 선행자로서 피터(彼得)대제와 메이지천황이 자주 언급된다(a·d·f). 가장 좋은 방책은 조정이 전국 신민에게 실행할 것을 명하는 것이다. 다음으로는 군계와 학계 사람들에게만 강제적으로 실행시키고 그 습관이 자연히 확산되게 하는 것이다. 만일 이들 방책이 불가능하다면 전변역복을 방해해서는 안 된다는 명령을 조정이 내리면 된다(a). 다른 논문에서도 우선 학생·병사·공상 노동자는 의무적으로 전변 역복시키고 그 외사람에게도 허락할 것을 제의한다(b). 우선 관을 비롯하여 학당·군 및 일반민에 이르는 '일정한 질서'가 요구되고 있다(d).

이상 6편의 「전발역복의」에 대한 내용을 정리해 보았다. 그 중에는 외견을 바꾸기보다는 국민정신을 바꾸는 것이 중요하다는 논문도 있고(e), 각각 논의 방식에는 개성이 넘치고 있지만, 그러나 주제가 정해진 현상논문이라는 성격상 많은 공통점을 쉽게 찾아 볼 수 있기도 하다. 요컨대 전변역복은 신체적 활동성을 높이고 나아가 정신적 능동성을 발휘하는 전제가 되기 때문에 국가적 위기를 극복하기 위해 불가결하다는 것이다. 또한 외국인의 시점과 중첩되는 형태로 변발이 수치스러운 야만적인(금수와 같은) 풍속이라고 인식하는 것도 중요하다.

'상무'를 위해서는 남성의 신체적 활동성을 개발할 필요가 있다. 긴소매에 구애받는 것은 "춤이 능숙한 여자로서 자신을 만난다"(a)는 것과 같다. 종래 남성 복장은 '여자복'이라고 외국인으로부터 조소를 당하였다 (b). 여성다움이 부정적인 것으로 지적되고 있다. 그것만이 아니다. "만일 전변역복하면 남녀 구별도 명확해 진다"(f)고 한다. 즉 남성만 머리를 자르고 서양복장을 한다면 머리 형태 및 복장 면에서 성별 차이를 강조하는 것이 된다. 전변역복을 위한 논의는 종래의 문약한 사대부상을 부정하고 신체적 활동성이 많은 새로운 시대의 남성상을 새롭게 제시하고자 한 것이며 그것은 여성과의 성별 차이를 재구성하는 것이기도 하였다고 할 수 있다.

그리고 조정의 주도로 전변을 거행하는 것은 이들 현상논문의 전제였다는 점에 유의할 필요가 있다.

1910년의 전변논의

조정내부에서 전변논의를 제일먼저 제기한 사람은 외교 경험이 풍부한 오정방(伍廷芳)이다. 그는 1909년 11월에 미국에서 상주문을 올렸다. 그러

나 이 문장이 일반에게 명확히 알려진 것은 그 다음해 여름이다.[5]

상주문에서 오정방은 자신이 미국공사 및 페루·멕시코·쿠바에 사절로 부임하였을 때의 경험을 거론하고 있다. 이들 지역 화교의 대부분은 변발을 자르고 양복을 입고 있으며 변발을 아직 자르지 않은 자도 머리 위로 말아 올려 모자로 숨기고 있었다. 이에 오정방이 국가의 제도를 따르라고 권고하자 그들은 현지 사람들로부터 조소를 당하고 또한 기계조작에 불편하기 때문에 어쩔 수 없다는 취지를 설명했다고 한다. 그래서 오정방은 조정에 대해 변발은 잘라야 할 것이지만 복제는 바꾸어서는 안 된다고 제안하였다. 왜 변발을 잘라야 하는가에 대해서는 무용한 것을 남겨서 외국인에게 조소를 받기보다는 잘라서 개혁의 기풍을 일으키는 편이 좋기 때문이라는 것이다. 게다가 변발을 자르는 자가 갈수록 많아져 금지할 수 어렵기 때문에 오히려 황제가 정식으로 전 인민에게 전변을 허락하는 편이 바람직하다는 것이다.

그러나 상주문을 받고 감국(監國:선통제의 후견)을 맡은 아버지 재풍〔載灃〕)은 군기처(軍機處) 회의를 열었으나 나동(邢桐)이 강경하게 반대하

5 이 상주문의 주고(奏稿)는 『淸末民初駐美使館檔案』, 「伍大臣任內具奏儵陳截髮案」(中央硏究院近代史研究所所藏外交檔案 02-23-3-(8))이다. 1983년에 이 당안(檔案)이 정리될 때 첨가된 『본책사기단(本册査記單)』에는 '宣統元年十月十八日'(1909년 11월 30일)의 날짜가 보인다. 이것이 무엇에 의거한 것인가는 알 수 없지만, NCH, Aug.5, 1910, p.310에 보이는 농력(農曆) 10월에 상주되었다는 기술과 일치하기 때문에 신뢰해도 좋을 것이다. 『성경시보(盛京時報)』 1910년 8월 25일·28일 「오흠사주청전변지내용(伍欽使奏請剪辮之內容)」이나 『동방잡지(東方雜誌)』 7卷8期(1910) 문건 제일에 보인다. 또한 오정방집(伍廷芳集) pp.358-360에도 수록되어 있다. 필자가 보는 한, 활자화된 것 중에는 『성경시보』가 가장 원래의 주고(奏稿)에 충실한 것 같다. NCH, Aug.5, 1910, pp.309-310에는 영역이 있다. 결국 오정방에 의한 상주가 두 번(1909년과 1910년) 있었다고 지적하는 설도 있지만(Pomerants-Zhang, 1992, pp.186-188), 이것은 잘못되었다고 생각된다. 1909년 미국에서 쓰여진 주고와 1910년 『성경시보』 등에 공표된 상주문은 명확하게 동일하기 때문이다. 그렇다면 조정에서 무시된 상주문이 상당한 시간을 거쳐 신문·잡지에 게재되었던 것은 왜인가? 아마 오정방 자신 또는 그에 찬동하는 자가 저널리즘에 정보를 흘렸을 것이라고 추측된다.

자 오정방의 제안은 보류되었다(NCH, July 22, 1910, p.205). 조정이 반응을 보이지 않자 변발을 자르기를 희망하는 오정방의 친구들이 재차 상주를 재촉하였다고 한다(『盛京時報』 1910年7月10日 「伍前使請剪髮辮之傳說」).

조정 내에서 본격적으로 논의가 시작된 것은 1910년 여름 해외시찰에서 돌아온 고사군정대신(考査軍政大臣) 재도(載濤)가 열심히 전변을 진언하면서부터이다.[6] 감국은 결정을 유보했지만, 모저(某邸:황실과 관련이 있는 고관일 것이다)는 회의장에서 "전변 역복은 형식상의 조치이고 유학생의 의견에 불과하다. 전변 역복은 강국이 되는 데에 전혀 관계가 없다. 어째서 재도 패륵(貝勒)[역1]은 서양에 가자마자 그러한 습관에 물들어 버렸는지 전혀 이해할 수 없다. 우리는 앞으로 변발을 지키기 위해 전력을 다할 것이다"라고 말하였다고 한다(『盛京時報』 1910年7月17日 「樞老之力保髮辮」).

재도가 감국에게 상주한 바에 의하면 군인의 훈련에 불편하기 때문에 군사 관계자는 일률적으로 전변해야 할 것이라고 한다. 나아가 조정이 본격적으로 개혁에 착수한다는 의사표시를 위해 전발령을 내려야 한다고 주장하고 있다. 또한 "변발을 없애지 않으면 〔열강과〕 강함을 경쟁할 수가

---

6 재도(載濤)는 외유(外遊) 전부터 전변론자였던 것 같다. 일본 외무성 기록 『當地方新聞紙拔粹翻譯進達ノ件』(外務省外交史料館所藏 1. 3. 2. 22) 明治 43년 4월 5일, 재천진총영사 오바타 도리키치(小幡酉吉)가 외무대신 고무라 슈타로(小村壽太郎) 앞으로 발송한 『최근의 단발령 상황』에서 "이번 금위군(禁衛軍)대신 도패륵(濤貝勒)의 동서 각 국 육군 시찰에 있어 패륵 이하 수행원 모두에 이르기까지 적어도 군직(軍職)에 종사하는 자는 정해진 군복을 입고 출발하였는데, 지금 그 이유를 들어보니 수행원 중에 변발한 이상한 모습으로 인해 일본 국민의 경멸을 당할 것이라는 취지를 설명한 결과, 변발 머리를 말아 올려서 모자 안에 감추어 대단히 문명식 군인으로서 자세를 바로하고 싶다는 것에 의한 것이라고 합니다. 그래서 도패륵은 이상의 내용을 섭정왕(攝政王)과 직접 만나 청하고 스스로 단발령의 선구가 되어 금위군 군인의 면목을 일신시킬 것을 거듭 다짐하고……"라고 한다.

역1 패륵은 만주어로 부장(部長)을 의미한다. 만주 및 몽고출신자의 작위로써 군왕아래에 위치한다.

없다"고 하고 각 왕공이 솔선수범해서 변발을 잘라, 이하 정부 부내, 민간에 이르기까지 이를 본받도록 할 것을 제창하고 있다. 그러나 감국은 재도의 진언을 각하하고 게다가 근본을 알지 못한 채 경거망동한다고 그를 질책하였다(『順天時報』 7月7日「軍界髮辮之將薙」, 『盛京時報』 8月12日「剪髮之先聲」, 9월2일「濤貝勒提議變服剪髮之確聞」, 8月17日「請剪辮髮阻力之由來」, NCH, Aug26, p.490). 그 후 육랑(毓朗)이 알현할 때 변발의 폐해를 역설하였기 때문에 감국도 움직이게 되었다고 한다. 다만 복제를 제정하고 나서 황족부터 실행해 가기로 하였다(『盛京時報』 8月30日「國粹將失之先聲」).

육군부 상서 음창(廕昌)도 감국을 만나서 모든 군인은 군복을 입고 변발을 잘라야 한다고 주장하였다. 음창은 이는 형식적인 변화이지만 정신적 효과가 있어 심기일전할 수 있으며, 또한 조정이 군인을 중시한다는 것을 알리는 효과도 있다고 하였다.

한편, 이탈리아주재 공사 오종렴(吳宗濂)도 전보를 통해 전발을 청원하였다. 이러한 정세 속에서 다음해부터 군인과 재외공관에 근무하는 외교관계자는 전발을 하게 될 것이라는 풍문이 퍼지게 되었다. 재도도 두차례 전발을 주청하였다. 그러나 간단히 인가되지 않았다(『盛京時報』 9月8日「廕尙書奏請剪髮易服述聞」, 9月8日「剪辮有明年實行之消息」, 9月11日「吳公使電請剪髮之述聞」, 9月20日「濤貝勒又請剪髮之述聞」. 9月14日, 「剪髮事尙難實行」). 전변역복에 의한 영업부진을 염려한 항주 모자업자나 포목상의 동요에 대해 상무총회는 북경에 전보를 쳐서 알렸다(NCH, Sep.16, p.672, Sep.23, p.738).

외교관의 경우 결국 전발이 인정되었다는 풍문이 나돌았다(『盛京時報』 11月17日「准外交官剪髮」, NCH, Nov.4, p.305). 이것은 외교부가 전변역복을 요구하는 상주를 올리는 등 개혁에 적극적이었기 때문일 것이다

((NCH, Nov.25, p.484).

군인의 경우 전변은 훈련의 편리함과 애국심이라는 동기만으로도 충분하였다. 군관학교 생도들은 이전부터 전변을 하고 있었다(Fung, 1980, p.79). 1910년에 이르러 전변을 둘러싼 논쟁이 지속되었다. 그러나 전변의 이점을 인정하면서도 "각 성 신식군의 사고가 아직 완전히 개방적이라고는 할 수 없기 때문에", 전발을 거부하는 병사가 있을지도 모른다는 의견도 있었다(『盛京時報』 9月14日「剪除髮辮之一大阻力」).

육랑은 이듬해 육군이 전발함에 있어 황제의 숙위(宿衛)인 금위군(禁衛軍)이 모범을 보여야 한다고 생각했다. 이에 금위군인 통대(統帶;군관의 관직)에게 의견을 물어 우선 보병대 진영부터 병사에게 전변을 권장하고 희망에 따라 자르게 하였다. 통대는 일본에 유학한 적이 있어 일찍부터 변발을 자르고 있었다. 그는 육랑의 지시를 받자 병사를 모아 변발의 유래와 전변의 필요성을 연설하였다. 병사 중에 다섯 명이 감동하여 전변을 희망하였다. 그러나 다른 병사들은 전변의 장려에 불만을 품고 그 다섯 명을 비난하였다. 통대가 그들을 질책하자 진영의 병사 수백 명은 달아나버렸다(『盛京時報』 9月 22日「禁衛軍逃避剪髮述聞」).

이러한 사건은 있었지만, 군인의 전변은 급속하게 진전되었다. 남양해주병함(南洋海籌兵艦)에서는 통령(統領)의 명령에 따라 전원이 변발을 잘랐다. 해군대신 살진빙(薩鎭冰)이 전발한 후 해군처에서는 절반 이상이 전발하였다. 금위군도 거의 대부분이 변발을 잘랐다(『民立報』 10月28日「不要辮孜的當兵」, 『盛京時報』 11月24日「海軍處剪髮之踊躍」, 12月1日「辮髮之末運」).

학계에서는 전발이 당장 필요없다는 의견(『盛京時報』 9月13日「學界髮辮可保無恙」)도 있었으나, 전발열은 뜨거웠다(桑兵, 1991b, pp.398~400). 천진에서는 북양법정학당(北洋法政學堂) 학생 백여 명이 전발하였으며,

군의학당에서 40여 명, 북양사범학당에서 60여 명, 고등공업학당에서 10여 명이 전발하고 장려중학당(長蘆中學堂)과 신학서원(新學書院)의 많은 학생도 이를 따랐다. 영구(營口)의 상업학당에서는 명확히 전발령이 내린 후 잘라야 한다는 왕일엄(王一庵) 감독의 지도가 있었음에도 불구하고 학생의 전발열을 저지할 수 없었다. 4백여 명 중 139명이 전발하였다고 한다. 북경에서는 경사법정학당·재정학당·민(閩)학당·상(湘)학당의 학생 대부분이 변발을 잘랐는데, 각 학당의 학생은 연합대회를 열어 년내 전원이 전발한다는 결의를 계획하였다. 봉천(奉天)에서는 삼림·농업·중학 학당의 학생이 변발은 백해무익한 것으로 진화 과정에서 도태되어야 할 것이라고 해서 동지를 규합하여 변발을 잘랐다(『順天時報』 10月13日「剪髮者之多」, 『盛京時報』 11月12日「學生之剪髮熱」, 11月18日「學生剪髮益多」, 11月23日「學生之剪髮」, 12月1日「辮髮之末運」, 12月3日「辮髮之死刑宣告」).

한편, 학당의 전발은 관헌에 의해서 이전부터 문제시되고 있었다. 1907년 호광(湖廣)총독 장지동(張之洞)은 학당에서 서양식 복장을 채용하는 것 외에 좋지 않은 서적을 소장하거나 전발하는 것을 비판하였던 것이다(『張文襄公全集』 卷68, 「請定學堂冠服程式摺」). 1910년에 학부상서가 된 당경숭(唐景崇)은 당초 변발을 자르는 것에 대해 너그러웠지만, 학당에서의 전발열로 "한 사람이 주창하면 백 명이 이에 호응하고 행동이 거침이 없는" 기세를 우려하여 학생의 전변역복을 엄금하였다(『盛京時報』 12月11日「學部嚴禁自由薙辮」, 12月13日「學部禁阻剪髮之原文」).

군부나 학계이외에도 전발열은 퍼져가고 있었다. 천진에서는 송계방(宋桂舫)·송칙구(宋則久) 등이 '전발불역복회(剪髮不易服會)'를 발기하여 언론계 사람들도 전발을 단행하였다. 그 후 학당 관계자도 이를 따랐다. 게다가 치안 유지를 담당하는 순경국에서도 중오구분서(中五區分署)의 순관(巡官) 마기운(馬驥雲), 순장(巡長) 온유경(溫有慶)·위국상(魏國祥), 순경

마화린(馬化麟)·유옥산(劉玉山)·이련방(李蓮舫) 등이 '변발에 사형을 선고하였다.' 한편 당산(唐山)에서는 철로·광산 노동자 중에 전발한 사람이 100명 이상에 달하였다(『盛京時報』 12月3日 「剪髮之死刑宣告」). 청조 치하의 움직임은 홍콩에도 전해져 대대적으로 전변이 유행하였다(NCH, Nov.25, p.473).

때마침 입헌제도 준비의 일환으로 북경에 의사 기관인 자정원(資政院)이 설치되고 10월 3일에 정식으로 개원하였다(張朋園, 1969, pp.83~104; 侯宜杰, 1993, pp.343~378; 韋慶遠·高放·劉文源, 1993, pp.421~458). 의원 나걸(羅傑)은 전변역복을 명하는 상유를 청하는 의안을 제출하고 그 외 주진린(朱震麟)·이수량(李樹良)도 제의하였기 때문에 12월 2일 제 21차 회의에서 의장은 18명의 특별위원('特任股員')을 지명하고 심의토록 하였다(『資政院第一次常年會議事錄』 22號, 23號[7]). 다음날 3일 주진린·나걸은 스스로 전변을 실행하였다(『時報』 12月 12日 「京師剪辮之風雲」).

이에 영향을 받아 정부 내에서도 대응 방안을 위한 회의가 열렸다. 여기서도 개혁의 필요성은 논의되었지만, "현 시점에서 사회분위기는 아직 개방적이지 않기 때문에 만일 갑작스럽게 상유(上諭)의 형태로 전발령을 내리면 틀림없이 유언비어나 당혹감으로 인한 혼란을 초래해 치안에 문제가 발생할 것이다"라는 판단에서 군부 내에서는 전발을 해도 평민은 자유

---

7 『자정원제1차상년회의사록』은, 도쿄도립대학 부속도서관 마쯔모토문고(松本文庫)에 소장되어 있다. 이 특별위원회의 구성원은 다음과 같다. 장친왕(莊親王)·영장군(盈將軍)·나친왕(那親王)·이자작(李子爵)·진무정(陳懋鼎)·숭방(崇芳)·왕영보(汪榮寶)·장복(長福)·심림일(沈林一)·임소기(林紹箕)·호가기(胡家祺)·허정림(許鼎霖)·강렴(江謙)·문화(文龢)·소희(邵羲)·역종기(易宗夔)·이문희(李文熙)·모림(牟琳). 이 가운데 전변을 주창한 모림은 귀주성(貴州省) 준의현(遵義縣) 사람이며 거인이다. 일본에 유학하여 코분카쿠인(宏文學院) 사범학과를 졸업했다. 귀국 후에는 교편을 잡았으며, 또한 근학소(勸學所) 총책임자(總董)가 되었다. 귀주자의국(貴州諮議局)에서는 부의장을 역임하였다. 또한 동시에 역종기는, 호남성(湖南省) 상담현(湘覃縣) 사람이다. 일본에 유학하여 귀국 후 장사(長沙)의 각 학교에서 교편을 잡았다(田原天南編, 1918, p.214, p.259).

의사에 맡겨 무리하게 자르지 않기로 하였다. 그러나 정무처에서 음창(蔭昌)은 강제적 수단을 사용하지 않으면 전족문제와 마찬가지로 효과가 없다고 강경하게 주장하였다(『盛京時報』 12月9日「樞府對於剪髮之辦法」).

북경 학생들도 민감하게 반응하였다. 각 전문고등학당의 학생은 일치 단결해 전변하였다. 대학당에는 "마음대로 변발을 자르면 감점의 근거로 삼는다"는 공지가 붙었지만, 자르는 사람이 끊이지 않았다. 북경 학생 중 450여 명이 잘랐다고 한다(『民立報』 12月11日「一大過換一辮子」; 『時報』 12月9日「專電」).

12월 10일 자정원이 특별히 임명한 위원회는 전발역복 문제에 대해서 논의하였다. 소희(邵義)가 "언젠가 육해 양군은 전발하게 될 것이므로 대원수인 황제폐하가 우선 변발을 잘라 모범을 보이는 것이 좋을 것이다"라고 하고 모림(牟琳)이 "지금 군·학·공·상 각계는 멈추기 어려운 기세로 변발을 자르고 있기 때문에 모든 신민에게 전발을 하라는 유지를 내려야 한다"고 주장하자 찬동하는 사람이 많았다. 나아가 복제에 대해서는 전발 후 긴 옷이 불편하다면 다시 제정하는 것으로 합의를 하였다(『盛京時報』 12月14日「辮髮之命運盡矣」).

12월 15일 드디어 자정원에서 이 문제가 토의·표결에 붙여졌다. 특별위원회 위원장('特別股員長') 장친왕(將親王)의 위탁으로 모림이 위원회에 제출한 안을 보고하였다. 찬반양론의 토론이 계속되었는데, 예를 들면 역종기(易宗夔)는 변발이 갖가지 불편을 초래하는데다가 외국으로부터 '돼지 꼬리'라고 멸시당한다는 이유를 들어 전발을 주장하였다. 논쟁이 뜨거워지는 가운데 강서(江西)의 민선의원인 민하생(閔荷生)이 팔을 걷어붙이고 전발 반대를 외친 것을 계기로 장내는 일시 소연해졌다. 결국 기명투표에 의한 표결이 진행되어 찬성표 103, 반대표 28, 무효표 6으로 가결되었다. 또한 황제에 대한 상주의 안에 대해서도 가결되었다(『盛京時報』 12月

20日「資政院記事」).

그런데 20일 농공상부가 경사상무총회의 청원을 받아 상주하였기 때문에 자정원의 동향에 반대하는 조정의 의사가 표방되었다. 경사상무총회는 자정원이 의결한 전발 역복으로 복식업계가 피해를 입을 것을 염려하여 보호를 요청하였던 것인데, 상유는 국가의 복제는 쉽게 변하는 것이 아니므로 대수롭지 않은 이야기에 미혹되지 말라고 하였다(『政治官報』12月 22日, 24日).

그래도 자정원은 12월 28일 상주문의 의결안을 통과시켰다(『資政院第一次常年會議事錄』21號). 그러나 결국 30일 전변 역복을 허가하지 않는다는 상유가 내려졌다(『政治官報』12月 31日). 이리하여 자정원에서 거듭된 논쟁은 물거품이 되었다.

이상의 과정에서 알 수 있듯이 1910년에 변발을 자르는 것은 반드시 청조에 반대하는 것을 의미하지는 않았다. 오히려 궁중에서 전변이 활발하게 논의되었고 황제의 친위대격인 금위군조차 변발을 자르고 있었던 것이다. 그러나 고관 중에는 종래의 머리 형태를 고수하려는 사람도 있어 아마 그러한 개혁반대론이 전변 역복을 금하는 상유를 가져왔을 것이다. 한편 학생이나 민간인의 전변 동향은 이미 막을 수 없는 기세를 띠고 있었다. 그러나 이 기세도 자정원에서 전변이 의결되고 조정도 이것을 인정하려고 한 상항에서 청조를 타도하려는 의사를 담고 있었다고는 생각하기 어렵다.

또한 이상의 사례에서 보면 1910년의 전변 운동의 중심은 북경·천진 등 북방도시에 한정되어 있었다는 인상을 받는다(『時報』, 『申報』와 같은 상해의 신문에는 관계기사가 비교적 적다). 이 점은 혁명 후의 상황과 대조적이다(후술).

신해혁명시기의 전변실천

조정의 불허에도 불구하고 변발을 자르는 사람들은 끊이지 않았다. 상해 장원(張園)에서는 전변을 위한 대회가 개최되었다. 절강성(浙江省) 가흥(嘉興)에서도 학당의 교사 다수 및 학생 70여 명이 머리를 자르고, 전변 결사를 조직하였다. 또한 가흥에서는 풍자 그림도 유행하여 긴 꼬리를 가진 돼지 그림으로 변발을 야유하는 사람이나 반대로 '귀신(鬼)'에 두 눈과 짧은 머리를 한 그림을 그려 변발을 자르면 '서양귀신(洋鬼; 서양사람을 경멸하여 부르는 칭호)'이 되어버린다고 호소하는 사람도 있었다(NCH, Feb.10, 1911, p.308; Mar.3, p.489).

『대공보』는 천진에서 전발을 실행한 사람의 이름을 하나하나 보도하였다. 천진의 보통체육사(신체를 단련하고 자위·자강을 목표로 하는 단체)에서는 사원 200여 명 가운데 사장 양이덕(楊以德)을 제외하고는 이미 3분의 2가 변발을 잘랐고 나머지도 길이를 절반으로 했다. 훈련 시 민첩해져 "상무정신이 대단히 고양되었다"(『大公報』 1911年3月1日「社員剪髪」). 또한 벨기에가 경영하는 전차가 사고를 빈번하게 일으키는 것에 대한 천진인의 저항운동에서 "자세히 관찰하면 변발을 자른 지사의 다수가 전차를 타지 않았으며, 변발을 자르지는 않았지만 이전부터 개명적임을 자인하는 사람도 또한 전차를 타지 않는 것으로 대응하고 있다"(『順天時報』 1911年8月 0日「電車公司注意」) 상황이었다(이 운동에 대해서는 吉澤誠一郎, 2002, pp.281~324).

그러나 전변을 결정적으로 가속화시킨 것은 1911년 가을 무창의거(武昌起義) 이후 수립된 혁명정권이었다. 예를 들면 상해를 통치하는 혁명정권은 수립 후 이윽고 다음과 같은 고시(告示)를 내렸다. "무창의거(武漢起義) 이래 각 성도 이에 호응하였다. 모든 우리 동포는 일률적으로 전변하

라. 야만적인 꼬리를 잘라버리고 한민족을 다시 일으키자"("自漢起義, 各省響應. 凡我同胞, 一律剪辮. 除去胡尾, 重振漢室")(『時報』 11月12日「上海軍政府示」). 황제기원 4069년(1911년) 2월 10일자로 도독 진기미(陳其美)에 의해 더욱 상세한 고시가 내려졌다. 거기에서 혁명정권의 전변의 논리를 알 수 있다.

　　본래 머리를 땋아서 변발을 하는 것은 야만인의 특수한 풍속으로, 지구 오대주에서도 볼 수 없는 기괴한 모습이며, 수천년 역사에도 전례가 없다. 그러나 만주 청조가 산해관(山海關)을 넘어온 이래 강압적인 맹위를 떨쳐 야만적인 풍속에 동화시키고자 하였다. 실제로 머리의 역사를 살펴보면 대체로 우리 동포의 선조로써 변발에 저항하다가 학살된 자는 헤아릴 수가 없다. 본래 우리 동포는 260여년간 청조 통치 아래 수치로 인한 정신적 고통을 참아내면서 복수를 다짐했으나 기회를 얻지 못했다. 지금 다행히 하늘은 중국을 축복해 한족의 토지는 다시 회복되었다. 무릇 혈기왕성한 자가 선조의 고통을 기억하고 앞 다투어 이 얼마 안 되는 야만적 꼬리를 잘라 우리들이 바라던 머리형태를 되찾으려는 것은 당연한 일이다. 그러나 일반 하층사회의 무지몽매한 무리들은 아직도 구습에 얽매여 상황을 지켜보고만 있다. 종종 각 단체나 개인이 도독부에 와서 변발 금지령을 청원하지만, 본관은 강제적 명령에 의해 개인의 신체적 자유를 간섭할 수는 없다고 생각한다. 그러나 이 인습이 심해지면 정체(政體)에 심히 합치하지 못하고 또한 만인이 일체가 되어 공화를 갈망하는 진심을 표방할 수 없다(『民立報』 12月29日「都督示令剪髮」).

따라서 민간에 전변 권유를 철저하게 행하도록 지시를 내린 것이다. 이고시에서는 배만을 대의로 삼아 온 혁명정권인 이상 통치하의 인민이 변발을 자르지 않으면 곤란하였기 때문에 260년도 넘는 선조의 고통을 미루어 생각하는 것은 당연하다는 논의가 전개된 것이다.

상해 갑북(閘北) 지방자치사무소는 '의무전변단(義務剪辮團)'을 설립하고 단원을 파견해 거리에서 사람들에게 전변을 권장하였다. 다만 '무지한 우민'이 오해하여 소동을 일으킬 것을 염려해 순경·군사와 함께 권유하도록 했다. 또한 각 군의 병사가 지나가는 사람의 변발을 무리하게 자르는 것이 소동을 일으킨다고 하여 이를 금지하는 고시도 내려졌다. 한편 변발을 자르지 않고 모자 속으로 감추고 있는 병사가 소동의 원인이 되는 일도 있었기 때문에 군인은 인민의 모범이어야 한다는 이유로 모든 병사에게 즉시 전변 명령이 내려졌다(『申報』 1912年1月1日「剪辮問題彙紀」, 1月4日「重申軍人剪辮之命令」).

민간인에게 전변을 강제하지 않는다는 방침은 임시대통총인 손문의 명령으로 변경되었다. 손문은 청조가 변발을 강제하자 양심 있는 인사가 이에 저항한 역사를 언급하면서 현재 세계로부터 조소를 받고 위생에도 좋지 않다며 전 인민에게 명령을 받고나서 20일 이내에 변발을 자를 것을 철저히 주지시키라고 했다(『臨時政府公報』 29號 1912년3月5日). 상해민정총장 이평서(李平書)도 이 명령을 받고 일률적으로 전변령을 내렸다(『時報』 4月6日「不剪辮者以違法論」).

이상은 주로 상해의 상황이지만, 다른 지역에서도 유사한 상황을 볼 수 있다. 중화민국 수도 남경(南京)에서는 1912년 봄까지 변발을 자른 사람이 8~9할에 이르렀다. 경찰총청(警察總廳)은 손문의 명령에 따라 자신들은 '풍속'을 유지할 책임과 의무가 있다며 아직 자르지 않은 사람에 대해서 20일 이내에 전변할 것을 명하였다(『臨時政府公報』 36號 1912年3月12日).

광동자의국(廣東諮議局, 광동성의 자치기관)이 공화독립을 선언하자 광주 각 계층의 남성은 모두 이발소로 달려가 그 날 하루만에 20여만 명이 변발을 잘랐다고 한다. 광동군정부민생부장 진경화(陳景華)는 순경에게 일률적으로 전변할 것을 명하였다(大漢熱心人輯 1961, p.456, 460).

절강성에서는 군정부 도독인 탕수잠(湯壽潛)이 정부직원·군대·경찰의 전변을 철저히 하였다. 더욱이 만주 왕조의 악습인 변발을 잘라서 한족의 나라를 부흥시킨 것을 경축하는 의미로 전 인민에게 1개월 이내에 전변할 것을 명하고 위반했을 경우에는 벌칙으로서 공민권 박탈을 천언하였다. 이에 학생과 군인의 전변은 추진되었지만, 다른 곳에서는 이 정책을 비판하는 자도 있었다.[8]

봉천(奉天)에서는 정부의 지령을 기다리지 않고 변발을 자른 자가 점차로 증가해 이발소는 성업 중이었다. 남방 출신 사람은 처음부터 절반을 잘랐지만, 토착 만주인은 주저하는 기색을 보여 자르는 사람도 목덜미 부근까지 머리를 남겨두었다. 이것은 이 땅을 실제로 지배하는 조이손(趙爾巽) 도독의 정치적 태도가 여전히 분명하지 않고 경우에 따라서는 청조지지로 돌아설지도 몰랐기 때문에 그때 머리가 너무 짧으면 가발을 쓸 수가 없다는 사려에 의한 것이었다.[9] 하얼빈(哈爾濱)에서는 전발 움직임은 활발하였지만, 요양(遼陽)일대에서는 장작림(張作霖)이 전변을 억압하고 있었다 (『民立報』 1911年12月30日 「剪髮之大會」).

이상과 같은 각지의 상황에서 알 수 있듯이 변발의 유무는 청조와 혁명 정권 중 어느 쪽의 지배 하에 있는가를 의미하고 있었다. 혁명정권은 만주 왕조를 타도하는 대의적·명분에서 일반 인민의 전변을 기대하고 또한 신 정권을 지지한 사람들은 스스로 변발을 잘랐던 것이다. 조정도 자정원(資

---

8 외무성 기록 『淸國革命叛亂二際シ斷髮令實施一件』(外務省外交史料館所藏 1. 6. 1. 54), 明治 44(1911) 年 11月 18日 公信 第131號 재항주(在杭州)영사관 사무대리 이케베 마사쯔기(池部政次)로부터 외무대신 우찌다 야스야(內田康哉)앞으로 발송. 또한 은현(鄞縣)에서는 "城市少年好事徒, 手持快剪伺於途, 瞥見豚尾及鋒試, 道旁觀者拍手呼". 〔도시의 젊은 참견하기를 좋아하는 이들은 손에 날카로운 가위를 들고 거리에 숨어있다가 돼지 꼬리와 같은 변발을 보면 잘 잘리는지 시험한다. 노변에서 구경하는 사람들은 박수치며 환호한다.〕라고 하는 시가 나타났다(民國刊, 『鄞縣通志』 文獻志第4, 李喜所, 1982, p.77에서 재인용. 원서는 일본에서는 보이지 않는다).
9 앞의 외무성기록. 明治 45年 3月 29日 公信 第106號 재봉천 총영사 오치아이 겐타로(落合謙太郞)가 우찌다 야스야(內田康哉)앞으로 발송.

政院)의 요청에 따라 비록 늦었지만 '자유전발'을 허가하였는데(『宣統政紀』卷66 宣統3年10月 辛亥諭資政院), 이것의 의미는 그다지 크지 않았다.

이상에서 알 수 있듯이 단지 '전변을 배만의 표시'라고 하는 것은 전변의 정치적 의의를 제대로 이해하지 못하는 것이다. 이전 장병린(張炳麟)의 전변이 체제와 결별하는 강한 의지를 표방한 것이라고 한다면, 일시에 우르르 진행된 전변은 모두가 대세에 뒤쳐져서는 안 된다는 행동의 표시라고 할 수 있다. 이는 자각적인 정치적 태도의 표명('반역')과 신체제 하에서의 자기보신('순응')이라는 전혀 대조적인 정치적 실천이었던 것이다.

이리하여 전변을 행하지 않는 자에 대한 압력이 강해졌지만, 변발이 곧 자취를 감추었던 것은 아니다.

> 금번 민국 혁명은 변발을 자르는 것이 제1의 표상('標記')이다. 변발을 그대로 하고 있는 자가 있으면, 돼지꼬리라고 손가락질하거나 만주의 노복이라고 욕하며, 심지어 변발을 한 사람의 선거권을 박탈하는 강제수단을 사용해야 한다는 사람도 있다. 그러나 북방에서는 정계 · 언론계 · 학계는 그렇다고 해도 군 · 상 · 농 · 공 각계에서는 아직도 전변하지 않은 사람이 여전히 많다. 이는 습관 탓으로 공화에 반대하기 때문은 아니다(『大公報』 1912年11月20日 「間評2」).[10]

여기서 알 수 있듯이 혁명 후 전변은 남방이 북방보다도 철저하였던 것

---

10 이후에 이어서 만약 변발 보호가 공화에 반대하는 것이 된다면 머리털이 없는 중은 어떠한가? 쿠룬(庫倫, 몽골의 수도인 울란바토루의 옛 이름―역자)의 쥬프트탄바호트크트(哲布尊活佛)나 서장(西藏)의 달라이라마(達頼喇嘛)는 "어디까지나 민국에 배반하고 공화에 저항하는 행동으로 나가고 있는" 것이 아닌가 라고 한다. 결국 주된 요지는 전변의 실행이 공화의 승인과는 관계없다는 것이다(이 문장의 일부분은 胡繩武 · 程爲坤, 1986에 소개되고 있다). 남과 북에서는 남쪽이 전변이 진행되고 있다는 관점은 당시 기행문에서도 보이고 있다(Farjenel, 1914, pp.184~185; ファルジュホル, 1970, pp.196~197). 일본의 식민지가 된 대만의 상황은 비교 대상으로서 흥미롭다. 예상되는 반발을 고려한 당국은 변발을 자르는 것을 강제하지 않고 장려하는 정책을 취했다. 이에 호응하듯이 대만인 엘리트 가운데에서 조직적인 단발운동이 일어나 1910년대에 급속하게 변발은 적어지게 되었다(吳文星, 1992, pp.247~304).

으로 보인다. 그 이유는 봉천의 사례에서 알 수 있듯이 북방에서는 혁명파에 의한 정권 장악이 이루어지지 않아 대세 순응적인 전변의 유행이 일어나지 않았던 것 때문일 것이다. 이점은 혁명전 1910년의 전변이 북경·천진 등 북방에서 활발하였던 것과 대조적이다.

게다가 정부 관계자나 교육 관계자가 적은 향촌에서는 도시부 이상으로 변발이 남아 있었다고 추측된다. 노신(魯迅)이 「풍파(風波)」(『吶喊』)에서 장훈(張勳)에 의한 복벽 사건(1917년에 일어난 청조 부활의 시도)때 향촌에서 변발이 일반적이었던 것을 묘사하고 있는 것은 잘 알려져 있다. 섬서성(陝西省) 경양현(涇陽縣) 야욕구(冶峪區)에서는 1927년에 시작된 농민운동이 남성은 변발을 자르고 여성은 전족을 금할 것을 선언하고 연극 관람에 사람들이 모인 것을 이용하여 변발을 자를 것을 선동하였다(楊吉蘭·劉炳乾, 1985).

1930년 모택동의 강서성(江西省) 심오현(尋鄔縣) 조사 보고서에 의하면, 이 현의 이발 역사는 1912년부터 서양식 가위('洋剪')가 사용되었으며, 모두 빡빡머리였다. 그 후 거울이나 빗 등의 기구도 갖추어져 서양식 머리형이 보급되었다. 조사 시점에서는 현성(縣省)이나 시진(市鎭)에서 빡빡머리는 찾아 볼 수 없었지만, 향촌에서는 아직도 빡빡머리가 남아 있었다고 한다. 지주 중에는 변발을 한 사람도 있었는데, 그것은 예외적이었던 것 같다(毛澤東, 1982, p.88, 115).

변발로 본 풍속문제

변발을 잘라야할 것인가, 말아야할 것인가를 둘러싼 논쟁에서 종종 인용되는 것이 『효경』 개종명의장(開宗名義章)의 문장이다. "신체발부는 부모에게서 물려받은 것이니 이것을 손상시키지 않는 것이 효의 시작이다." 즉 변발을 자르는 것은 부모로부터 물려받은 신체를 손상시키는 것으로 '효'의 윤리에 반하는 것이기 때문에 바람직하지 않다는 의견이다. 이에 반해 변발을 하는 것은 머리의 절반 이상을 자르는 것이기 때문에 실제로 공자의 가르침에 어긋난다는 반론도 있다(전게, 『大公報』 현상논문b). 또한 『논어』 헌문(憲問)편의 "관중이 없었더라면 우리는 머리를 풀어헤치고 옷깃을 왼쪽으로 여미었을 것이다"라는 문장을 인용하여 "머리를 풀어헤치는 것은 오랑캐의 풍속이다"라고 하여 변발은 머리를 풀어헤친 것에 가깝다고 하는 지적도 있다(위와 같음). 이는 은밀히 변발이 만주 '오랑캐 풍속'이라고 비난하는 것이다. 여하튼 머리형태(그리고 복장) 문제는 유교 윤리관에 비추어 논하는 윤리에 관한 사항이었다.

고전(古典)의 기술(記述)을 제쳐두고라도 의관풍속 문제가 사회질서 전체에 관계한다는 발상은 극히 당연한 일이었다. 필자가 보는 한 청말 머리형태나 복장을 개개인 자신의 감성에 의해 자유롭게 선택해야 한다는 논의는 극히 드물었다. 이상에서 검토한 전변역복에 대한 찬성론과 반대론 모두 전변역복 문제를 금후 정치 · 사회질서의 올바른 구상과 관계시켜 논의하고 있었다. 이는 현대 우리에게는 있을 수 없는, 당시 중국의 특징으로 지적해 둘 만하다.

주지하듯이 '풍속'이란 뜻있는 자의 역량에 의해 개량될 수 있는 것이었다(森正夫, 1995, 岸本美緒, 1996). 변발이나 복제는 청조 제도였기 때문에 조정에 제도 개변을 강력히 요구하는 형태가 우선 취해졌다. 그러나 풍속 개량이 모두의 책임이라고 한다면 변발이라는 악습을 없애려고 운동하는 민간인의 등장은 피할 수 없게 된다. 앞에서 서술하였듯이 천진에서는 '전변불역복회(剪辮不易服會)'가 만들어지고, 가흥(嘉興)에서도 전변을 지향하는 모임을 만드는 움직임이 있었으며, 상해에서는 장원(張園)에서 대규모 집회가 열렸다. 이것은 그 시기 아편을 흡입하는 것, 전족을 하는 것을 악습이라고 여겨 공격하는 사회개량 운동과 궤를 같이 한다고 생각한다. 아편을 흡입하는 것이나 전족을 경계하는 결사 및 '풍속개량회' 등이 활발하게 만들어지고 있었던 것이다(王爾敏, 1995, pp.134-165).

그런데 이 시기 개명적임을 자인한 사람들의 동향은 그들이 우매하다고 여긴 민중의 저항에 부딪힌다.

풍속 개량의 기지가 되어야 할 학당이나 경찰서는 종종 방화를 당하고 아편 재배 금지는 농민폭동을 야기하였다(波多野善大, 1954). 변발을 자르는 것에 대해서는 어떠했을까?

앞에서 소개했듯이 정부 내의 전변 소극론의 근거로서 "현 시점에서 사회분위기는 아직 개방적이지 않기 때문에 만일 갑작스럽게 상유(上諭)의 형태로 전발령을 내리면 틀림없이 유언비어나 당혹감으로 인한 혼란을 초래해 치안에 문제가 발생할 것이다"라고 지적하고 있다. 당시 산동성 주촌점(周村店)에서 『노스차이나 헤럴드』 통신원은 1910년 전변논의가 종결되었을 즈음에 향촌에 퍼져있던 전변령에 관한 소문을 보고하고 있다. 즉 "어느날 이후 모든 남성은 변발을 잘라야 하고, 모든 여성은 전족을 금지해야만 했다. 그래서 한 관료가 임명되었는데 그의 임무는 각 현의 주요 읍이나 마을을 돌면서 포고에 대해 설명하고 기한대로 규정을 지키게 하는 것이었다"라고 한다(NCH, Jan.6, p.25). 그러나 이러한 소문이 "혼란을 초래하여 치안에 커다란 문제가 생겼다"고 하였는데 그 이유는 무엇일까?

아마도 머리에 '혼'이 깃들어 있다고 믿는 민속신앙과 관계가 있을 것이다(谷井俊仁, 1987; Kuhn, 1990, pp.94-118; Kuhn, 1996, pp.118-143). 이 시기 순경에 의해 실시된 호구조사는 '팔자(八字; 생년월일시각)가 알려진다는 점(그것에 의해 주문을 걸 수가 있다)에서 공포의 대상이 되었다(波多野善大, 1954). 철도 건설(특히 철교 가설)은 인주(人柱)를 필요로 하는 공사라고 해서 혐오시되었다. 새로운 중국을 건설하기 위해 제기된 전발도 민속신앙의 반격을 우려했다. 따라서 이러한 풍속 개량은 민속적 세계관을 미신으로 보고 파괴해 가는 것을 사명으로 삼았던 것이다.

그런데 앞에서 거론한 「논발변원유(論髮辮原由)」, (『淸議報全編』, 『黃帝魂』)는 명대의 결발(結髮)→청대의 변발→서양인의 단발이라고 하는 발전 모델을 제시하고 '진화와 문명의 정도'와의 관련을 상정하였다. 신문기사도 한국인은 전발을 원하지 않고 대만인은 변발에 머무르고 있지만 모두 식민지화되었다고 지적하면서 '문명을 모방하여' 전변을 거행할 것을 제창한다(『時報』 1910年12月10日 「剪除辮髮之潮流」). 이와 같이 전발은 보다 선진적인 풍속을 도입한다는 목적을 지니고 있었다.

그러한 발상의 근원으로 두 가지를 상정할 수 있다. 우선 직접적으로는 당시의 유럽과 일본의 문명관 수용과 내면화이다. "호복(胡服)을 입고 변발을 늘어뜨린 채 어정어정 런던 거리를 걸으면 길을 가는 사람들에게 돼지꼬리pig tail, 야만savage이라고 손가락질 받는다". "어정어정 도쿄거리를 걸으면 길을 가는 사람들에게 야만인이라고 손가락질 받는다"(鄒容, 『革命軍』第2章). 이러한 모욕을 받지 않기 위해서 야만적인 습속은 개량되어야만 한다고 주장한다. 그러나 또 한가지 역사적으로 형성된 화이관의 계보도 있다. 변발은 "수렵유목 오랑캐 만주인"이 자신들의 습속을 강제한 것으로 "우리 동포가 오늘날 조정, 정부, 황제라고 부르는 자는 우리가 어제까지 이(夷), 만(灣), 융(戎), 적(狄), 흉노, 달단(韃靼)이라고 불렀던

자에 불과하다"(상동)는 것이다. 변발을 '야만적인 꼬리(胡尾)'라고 비난할 때 그것은 금수에 가까운 이적이라는 의미가 내포되어 있다. 머리 형태와 복장을 화이구별의 표상으로 보는 발상이 동원되고 있는 것이다.

여기서 주의해야할 것은 일본의 '문명개화'가 본받아야할 선례로서 존재한다는 것이다. 와타나베 히로시(渡邊浩)는 일본인은 "어떤 의미에서 서양이야말로 진정한 '중화'라고 생각하여 '중화화'로서 '문명개화'가 일어난 것은 아닐까?", "그것은 이쪽을 천시하였던 중국을 제치고 나간 '중화화'이다"라고 지적하면서 '짧은 머리'와 양복이 '문명개화'를 상징하였다는 점에 주의를 환기시키고 있다(渡邊浩, 1997, pp.249~250). '문명개화'를 거친 일본인은 변발에 대한 경멸감을 강하게 드러냈다. 이에 대해 중국도 한가롭게 있을 수만은 없다는 반응이 나온 것은 당연한 것이라 하겠다.

나아가 와타나베는 "일본에서는 제국을 순위 매김하는 의식과 순위 상승의 바램이 '진보'관의 대역을 담당한 것은 아닐까?"라고도 서술하고 있다. 이러한 '순위 매김 의식', 그리고 그에 의거한 차별의식은 청말 논쟁에서도 드물지 않았다. 앞에서 거론한 「논발변원유」에는 한인이 외국인으로부터 멸시를 당하는 이유는 변발을 하고 있기 때문이며, 흑인이나 미국 원주민 등의 '천종(賤種)'조차 복장을 바꾸고 있다는 의견도 보인다. 나아가 중국은 문명이 발생한 나라로서 문물 의관은 세계에서 찬양되었지만, 지금에 와서 추락해 버린 것은 만주왕조 때문이라고 한다. 여기서 오리엔탈리즘의 '문명·야만'과 구래 화이 관념의 '화·이'가 간단히 겹쳐져서 이 속에서 보다 나은 지위를 차지하려는 의도를 볼 수 있다.

어느 서양인은 '심미적 견지'aestheticism에서 중국인의 변발과 복장을 옹호하고 양복을 입는 일본인과 같은 추악한 모습이 되어서는 안 된다고 주장하기도 한다(NCH, Oct.7, pp.36~37). 그러나 그러한 발상은 서양인 중에서도 특수한 경우이며 중국의 찬란한 미래를 꿈꾸는 적극적 전변론자를 설득하기는 어려웠을 것이다.

변발은 야만적이며 후진적인 만주족 풍속이라는 이미지는 극단적인 논의로 인식되는 배만론을 수용하기 쉽게 하는 효과를 지니고 있었다고 해도 좋다. 그것은 청조야말로 중국의 후진성을 불러온 원흉이라고 하는 환유 metonymy이기도 하다. 그 때문에 변발이라는 풍속에서 벗어나는 것은 중국의 후진성을 초래한 청조의 멸망과 중첩되었다. 결국 '야만' 에서 '문명' 으로 '오랑캐' 에서 '중화' 로의 이행이었다. 전변에 의해 중국은 재생할 수 있다고 하는 것이다.

그러나 이렇게 성립한 '중화민국' 은 한인만의 국가는 아니었다. 만주인을 비롯해 티베트 불교나 이슬람에 의거한 독자적인 정치 문화·풍속을 지닌 사람들도 포함하고 있었다. 손문의 '임시 대통령 선언서' 는 "한(漢)·만(滿)·몽(蒙)·회(回)·장(藏)의 제 지역을 합쳐서 일국(一國)을 이루며 즉 한·만·몽·회·장의 제족을 합쳐서 하나를 이룬다. 이것을 민족의 통일이라고 한다"(『臨時政府公報』 1號, 1912年1月29日 再版)고 널리 선언하였다. '오족공화(五族共和)' 이념은 결코 손문이 발안한 것은 아니었지만 이 시기에 신중하게 논의되었다(片岡一忠, 1984; 村田雄二郎, 2001). 이러한 국가관을 전제로 남경의 강령(江寧) 순경총청(巡警總廳)은 다음과 같은 논리로 인민에게 전변을 명하였다.

현재 중화민국은 한·만·몽·회·장 오족의 인민을 합친 공화대국이다. 모든 법령과 제도는 개혁해야만 하며 오족 인민을 하나로 해서 민국통일의 표준으로 삼아야 한다. 만인도 오족의 하나이지만 청조의 제도는 〔전인민의〕 일부분에 지나지 않는 만인이 만든 것이기 때문에 오족 전부의 규정으로 할 수는 없다. 세계 어디에도 변발과 같은 제도는 결코 없으며 현재 개방적 시국을 맞이하여 공동양식을 서로 규정하고 있다. 우리 중화민국만이 달라서는 안 된다(『臨時政府公報』 36號 1912年3月12日).

이 논리는 만주인에게도 변발을 금지한다는 것이다. 각 민족의 고유한 전통 습속을 부정하고 전 세계에 통용하는(것으로서 한인이 선택한) 머리 형태·복장을 '국민통일의 표준'으로 삼은 것이다. 그리고 그것은 세계적 조류에도 합치한다는 것으로 정당화되었다. 이와 같이 전변에 대한 사고는 문화적 다원주의나 개성 존중의 원리와는 거리가 먼 차원에서 진행되었다. 현재 중화인민공화국의 소수민족이 '전통'적인 머리 형태·복장을 버린 채 파마를 하고 청바지를 입는 것은 서구화된 것인가? 한화된 것인가? 혹은 보편적인 진보와 같은 것인가? 이를 변별하기 어려운 것은 이상에서 서술한 역사적 경위 때문인가? 현대중국의 '민족'관과 진보 의식의 상관이라는 문제(Gladney, 1994)는 신중하게 생각해 보아야 할 것이다.

청말 전변론의 역사적 의의

본장에서는 청말의 다양한 전변론을 가능한 한 상세하게 추적하고 동시에 어떠한 사람이 어느 시점에서 실제로 변발을 잘랐는가를 고찰해 보았다. 이상에서 왜 변발을 잘라야만 하는가에 대한 이유는 다양하지만, 몇 가지 기본적인 요소로 정리할 수 있다고 생각한다. ①변발은 신체를 움직이는 데 불편할 뿐만 아니라 부국강병을 하는 데 부적합하다. ②변발 때문에 외국인으로부터 경멸을 당한다. ③변발은 만주왕조에 의해 강제된 것이기 때문에 한인은 이를 거부해야 한다.

이는 당시 유행하고 있던 다양한 논점과 관계있으며, 논의를 전개하는 가운데 용이하게 서로 중첩되어 갔다. 그러나 오늘날 현재적 입장에서 냉철하게 판단한다면 각각의 이유에 담겨있는 문제점을 쉽게 지적할 수 있다.

우선 ①에 대해서는 머리 형태나 부국강병이 실은 어느 정도 관련성이 있는지 의문이며, ②와는 반대로 변발을 국수적으로 당연하게 고수하려는 방향성도 있으며, ③의 논리에서는 왜 명대의 총발(總髮)이 아니라 서양의 단발로 해야 하는가에 대해 답변할 수 없을 것이다. 그러나 커다란 흐름 속에서 이들 각각의 이유는 복합적으로 진행되어 전변을 정당화할 수 있었다고 생각한다.

또한 전변론은 바람직한 남성의 유형으로 전통적 문인 사대부가 아니라 신체적 능동성에 뛰어난 남성상을 제시하고 있다. 거기서 강조되는 것은 '상무'이며 단적으로는 중국의 군사적 강국화를 바람직한 이상으로 삼았던 것이다.

나아가 머리 형태 문제는 중국의 장래와 밀접하게 결부되어 있었기 때문에 머리 형태를 자유롭게 해야 한다는 발상의 여지는 거의 없었다고 생각한다. 여전히 머리 형태는 정치·사회질서 문제로서 파악되었던 것이다.

1910년에는 궁정에서도 전변이 논의되어 자정원도 전변령을 요구할 것을 의결하였다. 이것은 결국 좌절되었지만, 군인과 학생, 민간인의 전변 흐름은 멈출 수가 없었다. 이것은 청말 풍속개량 운동의 일환으로서도 생각할 수 있다. 1911년 혁명 이전에 특히 개명성을 자인하는 도시 엘리트들 사이에서 전변은 이미 어느 정도 추진되고 있었다. 그 후 혁명 정권은 전변을 추진하는 포고를 냈기 때문에 대체로 순응하여 변발을 자르는 사람들이 대단히 많았다.

변발 문제에는 서양과 일본에서 유래하는 '문명·야만', 전통적인 '화·이'라는 두 가지 관념이 융합해 가는 과정이 보인다. 이 과정은 '야만'적 '오랑캐'인 만주인을 타도하여 세계적 문명에 비견하는 중화민국을 건설하고자 하는 소망 내지 운동으로 촉진되었다. 혁명파가 청조 지배 체제를 전복시키기 위한 선전에 변발의 역사적 유래를 이용하였다고 보는 것은 틀리지는 않다. 그러나 변발을 잘라서 '야만'에서 탈피하고자 하며, 세계로부터 존중받는 새롭고 강한 중국을 건설하고자 하는 소망은 혁명론과는 일단 별개로 존재하고 있으며 오히려 청조 타도라는 정치적 목표는 이 소망과 결합하여 현실적 역량을 획득할 수 있었다고 볼 수 있다.

또한 변발을 잘라야 한다는 논의에는 반드시 청조에 반대하는 의미가 담겨있지는 않았다. 그보다는 적극적으로 개혁 기풍을 창출하고 '상무'이념을 실현하며, 외국인으로부터 모멸을 받지 않도록 하는 것이 목표였기 때문에 청조 조정이 스스로 전변을 추진할 가능성도 있었다고 생각할 수 있다. 따라서 익숙해진 머리 형태를 뒤쳐진 야만적인 것으로 파악하고 세계에 통용하는 진보의 이름 아래 획일적으로 전변할 것을 제창한 것이며, 또한 군사중시의 발상아래 남성 신체성을 직접적으로 문제시 삼게 되었다. 청조의 부정이라는 또 하나의 의미는 우연히 청조의 멸망이라는 형세 하에 표면에 드러났다. 그러나 그 외 전변론이 지니는 의미도 역시 애국주의에 포함되는 중요한 요소로서 주목할 필요가 있다.

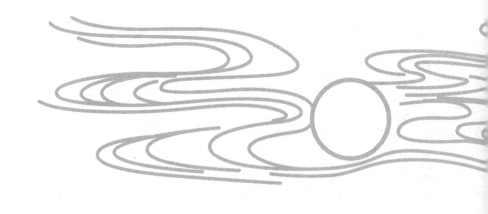

5장

애국을 위해 죽다

정치운동에서의 죽음과 추도

정치운동과 죽음

지금까지 청말 혁명운동의 연구에서는 각각의 정치사조와 그것을 담당하는 집단에 대한 고증이 축척되어 왔다.

본장에서는 청말 정치운동의 양태 그 자체를 주시하고 그 중에서 죽음에 어떠한 의미를 부여하였는가에 대해서 고찰하고자 한다. 무술변법운동의 좌절 이후 청조를 입헌군주제로 변혁시키고자 하는 노선과 청조를 타도하여 공화제를 표방하고자 하는 노선 등 각각의 정치 목표를 추구하는 집단이 존재하여 때로는 치열하게 대립하였다. 그러나 반드시 특정한 정치 노선과 죽음에 대한 의미부여가 대응한다고는 할 수 없다. 여기서는 오히려 1898~1911년의 정치운동에서 정치 노선의 다양성을 넘어 공통적인 발상이 있었을 것이라는 관점에서 구체적 사례를 살펴보고자 한다. 이를 통해서 정치 운동을 양식과 심리적 상태에서 이해하려는 것이다. 즉, 정치 운동에서의 죽음을 주제로 하는데, 그 정치운동이란 중국의 장래를 어떻게 헤쳐 나가야 할 것인가라는 문제의식에서 유래하고 있었다고 보아도 좋다. 다시 말하면 '중국을 위한 죽음'을 문제시하는 것이다. 목숨보다도 중국의 장래가 소중하다고 찬미하는 논리와 심정은 어떠한 것인가? 또한 어떤 죽음이 어떻게 정치적인 의의를 부여받고 있었는가? 본장에서는 이러한 문제들을 생각해 보고자 한다.

그런데 여기서 죽음의 의미라고 할 때, 두 가지 측면을 상정할 수 있다. 첫째로 죽으려고 하는 사람이 자신의 죽음을 어떻게 생각하고 있었는가 라는 점이다. 둘째로 죽은 사람의 죽음을 다른 사람들이 어떻게 이해하였는가 라는 점이다. 현실적으로 전자에 대해서는 논의하기 어렵다. 죽으려고 하는 자가 자신의 죽음의 의미를 가장 잘 설명하는 사료는 유서이다. 그러나 사후 공표된 유서는 간행될 때 누군가 의도적으로 내용을 첨삭하였을 수도 있다는 사실을 고려해야한다. 일례로 유서가 위조된 사건도 있었다(土屋洋, 2000).

한편 후자의 관점에서 볼 때, 출간된 유서는 당시 사람들이 죽음에 어떠한 의미를 부여하였는가를 해석하는 중요한 단서가 된다. 또한 추도문은 지금까지 인물의 사적을 간단히 알 수 있는 소재로서 읽혀져 왔지만, 본장에서는 추도라는 언어 행위 그 자체에 관심을 기울이고자 한다. 이하에서는 가능한 한 상세하게 추도식의 모습을 소개하겠다. 일찍이 오노신지(小野信爾)가 "추도에 의탁해 혁명을 선전했다"고 하는 중요한 지적을 하고 있지만(小野信爾, 1978, p.88), 본장에서는 혁명 선전에 제한하지 않고 다양한 의도에서 추도가 이루어졌던 점에 착안해 추도 자체의 역사적 의의를 생각해 보고자 한다.

'정치운동 가운데 강렬한 의미를 부여받은 죽음'의 전형은 담사동(譚嗣同)의 죽음이다. 여기에서는 먼저 담사동의 죽음에 대해서 다소 상세하게 고찰하고, 20세기에 진행된 혁명운동과 애국운동에서 죽음의 사례를 분석하겠다. 마지막으로 '암살' 문제를 당시 정치운동에서 죽음을 받아들이는 방식의 하나라는 문맥에서 살펴보고자 한다.

담사동(譚嗣同)의 죽음 - 양계초의 '담사동전'

우선 살펴 볼 필요가 있는 것은 무술정변 후 담사동의 죽음이다. 1898년 9월 21일(광서24년 8월 6일), 광서제가 서태후에 의해 유폐되자 무술변법의 '백일유신'은 종결되었다. 이 후 변법운동에 깊게 관여하고 있던 담사동은 체포되어 처형되었다.

양계초가 저술한 담사동 전기에는 그의 최후를 감동적으로 묘사하고 있다. 다소 긴 문장이지만 그대로 인용하면 다음과 같다(인용문 중의 날짜는 음력이다).

〔8월〕6일 드디어 정변이 일어났다. 그 때 마침 나〔양계초〕는 담사동군의 집을 방문하여 침대에 걸터앉아서 계획을 세우고 있었다. 그런데 갑자기 〔강유위 선생의 거처가 있던〕 남해관에 관헌들이 들이닥쳤다는 소식이 전해졌다. 이어서 서태후의 명령을 들었다. 담군은 침착하게 나에게 말했다. "일찍이 황상〔광서제〕을 구하고자 했으나 구하지 못했다. 지금은 〔강유위〕 선생을 구하고자 해도 구할 수가 없다. 나에게는 할 수 있는 일이 더 이상 없다. 단지 죽음을 기다릴 뿐이다. 그래도 천하 일은 무리라는 것을 알면서도 행하는 법이다. 군〔양계초〕은 일단 일본공사관에 들어가 이토(伊藤)〔히로부미(博文)〕씨를 만나 상해 영사에 전보를 쳐서 선생을 구출해 달라고 부탁해 주시오". 나는 그 날 저녁 일본공사관에 머물렀다. 담군은 종일 자택에서 체포의 손길을 기다렸지만 오지 않았기 때문에 그 다음날 일본공사관으로 와서 나와 만났다. 담군은 나에게 일본망명을 권하고서 저서 및 시와 문사(文辭) 원고 몇권 및 책 한 상자를 들고 와서 나에게 부탁하며 "살아서 활동하는 자가 없으면 장래 계획을 도모할 수가 없다. 죽는 자가 없으면 성주(聖主;광서제)에게 면목이 없다. 지금 남해선생(강유위)의 생사에 대해서는 아무말도 할 수 없다. 〔춘추시대의〕 정영(程嬰)·공손저구(公孫杵臼), 〔일본의〕 겟쇼(月照)^{역1} · 사이고 다까모리(西鄕隆盛)처럼 나와 자네가 이를 분담하세"라고 말했다 (정영·공손저구는 『사기』 조세가(趙世家)에 나오는 고사이다. 조씨가 멸망 위기에 처했을 때 유일한 후사를 구하기 위해 두 사람이 도모하여 공손저구가 바꿔치기한 영아(嬰兒)와 함께 죽고 그 위장 하에 정영이 조씨의 후사를 보호할 수 있었다).

마침내 한차례 포옹하고 헤어졌다. 7일에서 9일에 걸쳐 3일간 담군은 한번

역1 승려. 에도(江戶)시대 말기 존왕양이(尊王攘夷)에 헌신한 유신파. 에도바쿠후(江戶幕府)의 추격을 피해 사츠마한(薩摩藩)으로 피신했으나 이곳에 난이 미칠 것을 염려해 사이고 다까모리와 상의한 후 투신자살하였다. 사이고는 그 때 겨우 목숨을 건질 수 있었다.

더 의협지사와 함께 황상을 구출하고자 했지만, 실패로 돌아갔다. 〔담사동은〕 드디어 8월 10일 체포되었다. 체포되기 전날 일본 지사(志士) 수 명이 담군에게 일본으로 망명할 것을 권했지만, 그는 받아들이지 않았다. 두 세번에 걸쳐 강하게 권하자 담군은 이렇게 말했다. "각 국의 변법은 모두 피를 흘려 이루어진 것입니다. 오늘 중국에서는 아직까지 변법을 위해 피를 흘린 사람이 없습니다. 그래서 이 나라가 부진한 것입니다. 내가 피를 흘리는 최초의 사람이 되겠습니다." 마침내 담사동은 망명하지 않고 체포되어 8월 13일 거리에서 참형에 처해졌다. 향년 33세. 의를 위해 죽던 날 지켜보던 사람은 1만 명이나 되었는데, 담사동은 담대하여 기백이 흔들리지 않았다. 이 때 군기대신 강이(剛毅)가 처형을 감독하고 있었는데, 담사동이 강이를 불러서 "하고 싶은 말이 한 가지 있다"고 하였으나 강이가 귀를 기울이지 않고 떠나자 이윽고 사형에 처해졌다. 아아! 장렬함이여(梁啓超, 「譚嗣同傳」, 『淸議報』 4冊, 1898).

이 문장에서 강조되고 있는 것은 담사동이 변법을 위해 피를 흘린 최초의 인물이 되고자 자각적으로 형장의 이슬로 사라졌다는 것이다. 망명한 양계초가 어떠한 경로를 통해 담사동의 최후 모습에 대한 정보를 얻었는가는 명확하지 않기 때문에 그 정보의 진위에 대해서는 의심의 여지가 있다. 이 묘사가 『국문보(國聞報)』의 보도에 따랐을 가능성이 있지만(李喜所, 1986, p.277), 그렇다고 해도 담사동 자신의 생각을 그대로 전한 자료라고 생각하기는 어렵다. 오히려 양계초가 동지 담사동의 생전의 언행에 비추어서 그의 죽음의 의미를 해석하였다고 보는 것이 타당할 것이다.[1]
　게다가 담사동의 대표 저서인 『인학(仁學)』을 『청의보』에 연재할 때 양

---

[1] 양계초가 담사동의 저작을 개변·날조하였다는 것은 이미 지적되어 있다(黃彰健, 1970, pp.531~538). 이 점에 유의해야 하나 다만 본서의 관심은 무술정변의 사실 그 자체가 아니라 담사동의 죽음이 어떻게 해석·현창되었는가라는 데 있기 때문에 양계초에 의한 추도 실천 그 자체를 주목하고자 한다. 또한 최근 담사동의 전기에는 양계초의 서술을 그대로 답습하는 것이 아니라, 담사동은 옥에 갇혔어도 사형을 예기하고 있지 않았을 가능성이 지적되고 있다(Kwong, 1996, pp.201~203).

계초는 "아아! 이것은 지나에서 나라를 위해 최초로 피를 흘린 열사이자 망우(亡友)인 〔호남성〕 유양(劉陽)의 담군이 남긴 저서이다. 열사의 장렬함에 대해서는 누구나 잘 알고 있지만, 열사의 학문에 대해서는 대부분 잘 모른다"고 소개하고 있다. 이어서 담사동과 자신이 강유위의 사상적 영향 하에 무엇이든 함께 이야기를 나누던 사이였음을 회고하면서 저서의 의의를 설명하고 있다.

『인학』은 무엇을 위해 쓰여진 것인가. 훌륭한 강남해(康南海:강유위)선생의 이념에 따라 세계의 성인과 철인의 사상을 고찰하고 전 세계 중생을 구하고자 한 것이다. 강남해선생의 가르침에는 "인을 구하는 것을 이념으로 하고 대동을 원리로 한다. 처음에 중국을 구하는 것을 지향하고 그 다음에는 자기희생에 이른다"고 한다. 『인학』이야말로 이 말을 자세히 논한 서적이며, 열사 담군이야말로 이 말을 실천한 인물이다(梁啓超,「校刻劉陽譚氏仁學序」,『淸議報』2册, 1898).

그리고 『인학』의 주된 주장을 자기 나름대로 요약한 후 다음과 같이 설명하고 있다.

열사 담군은 중생을 위해 피를 흘린다고 하는 큰 뜻을 오래 전부터 품고 있었다. 그러나 전 세계 사람들을 구하기 위해 피를 흘리는 것인가? 어떤 종의 사람을 구하기 위해 피를 흘리는 것인가? 한 나라의 사람을 구하기 위해 피를 흘리는 것인가? 또한 한 사람을 구하기 위해 피를 흘리는 것인가? 그 대소 범위가 서로 다르다. 그러나 인자의 입장에서 보면 모두 같은 것이다. 왜 그런가? 인자는 평등하며 대상에 차등을 두지 않고 방법에 구별을 두지 않기 때문이다. 그러므로 대소를 문제 삼지 않는 것이다. 그 때문에 열사 담군은 중생에 앞서 피를 흘린 것이다(상동).

이 『인학』 추천문에서 양계초는 담사동이 죽음을 선택한 것을 담사동

사상의 결과로 이해시키고자 하고 있다. 담사동이 담담하게 사형을 당한 것은 『인학』 등에 나타나는 담사동 사상의 자연스런 귀결이라는 것이다.

게다가 양계초는 '열사'라는 언어를 사용하여 그 죽음에서 거슬러 올라가 담사동 생애에 의미를 부여하고 있다. 망명자인 강유위와 양계초 등은 자신들의 정치적 정당성을 주장하는 가운데 담사동 등 무술정변후의 사형자를 현창(顯彰)하고자 한 것이다. 이러한 추도 과정에서 자신의 사상에 충실하게 변법을 위해 피를 흘린 '열사' 담사동이라는 형상을 만들어 냈던 것이라고 할 수 있다.

그리고 『인학』이 강유위의 강한 영향 하에 쓰여졌다는 양계초의 설명도 담사동을 자신들의 동지로 보려는 강한 의지와 정치적 의도의 표현으로 이해된다. 그러나 오늘날 알려진 담사동의 사상은 강유위·양계초와의 교류이전에 대체로 형성되어 있었다는 지적도 있어(張灝, 1988, p.5, 90), 양계초의 설명은 그다지 적절하지 않은 것 같다. 다만, 친구의 죽음에 대해 적극적으로 의미를 부여하고, 자신의 동지로서 칭찬하고자 한 양계초의 강한 의지마저 부정할 필요는 없을 것이다.

담사동의 전기를 저술한 이희소(李喜所)는 담사동이 도망하지 않고 스스로 죽음을 선택한 것의 의미를 분석하면서 "담사동이 죽음을 선택한 것은 그의 사상 발전에서 하나의 중요한 단계였다. 이것은 그가 『인학』을 저술한 후 정치 실천에 대한 집중적인 결론이다"(李喜所, 1986, p.277)라고 서술하고 있다. 이러한 평가는 본래 양계초에 의해서 만들어져 그 후에도 널리 지지되어갔던 것이다.

열사를 추도한다

이러한 '열사' 상은 추도 집회라는 의식에 의해서 더욱 강조되고 확산
되어갔다(다음 인용문 중의 날짜는 음력이다).

> 8월 13일은 순국 육열사인 양심수(楊深秀)군, 유광제(劉光第)군, 강광인(康廣
> 仁)군, 담사동(譚嗣同)군, 양예(楊銳)군, 임욱(林旭)군이 의를 위해 죽은 지 1주년
> 이 된다. 요코하마의 뜻있는 열렬한 인사는 기념제를 열어 죽은 자를 기리기로
> 하였다. 이를 통해서 열사가 피를 흘리고 사람을 구하고자 한 뜻을 기억에 새기
> 고 애국보종(愛國保種)의 마음을 발양하고자 한다. 그 뜻에 동참하고자 참가한
> 사람은 약 100여 명이다. 그 당시 요코하마 해안 산 위의 지장왕묘(地藏王廟)에
> 서 제사를 지냈다. ……생각컨대 일찍이 각 국의 개혁시대에 인인(仁人)·지사는
> 아낌없이 인을 위해 몸을 죽이고 의를 위해 생을 버려 국가를 위해 희생하였다.
> 그 뜻은 무엇보다도 고뇌에 가득 찬 것이었다. 그 후 전국이 개명의 성과를 입어
> 독립의 영광을 맞이하자 모두가 그들의 은덕이라고 해서 기뻐하였다. 그래서 비
> 석을 세우고 동상을 세워서 영원히 기리고자 하는 것이다. 본래 전 세계적으로
> 문명의 도입은 모두 피로써 이루어졌던 것이다. 육열사말로 4억 인에 앞서 피를
> 흘려 우리 중국을 위해 문명을 구했다. 그 때문에 애국에 뜻이 있어 생사를 돌보
> 지 않는 의사는 모두 비분강개하여 육열사를 기리는 것이다. 13일 오전 10시에
> 제사가 시작되었다. 일본 지사에서도 참가하는 자가 있었다. 모두 마주하자 슬픔
> 에 가득 차 아무도 소리를 내지 않았다. 예가 끝나자 제문을 읽었다. ……제문을
> 다 읽기도 전에 모두 소리를 내어 통곡하기 시작해 땅바닥에 엎드려 얼굴을 들지
> 못했다(「記殉難六烈士記念祭」, 『淸議報』 28冊, 1899).

이러한 행사를 통해서 열사가 중국을 위해 자기를 희생하였다는 의미
가 새롭게 강조되고 비장한 식전 분위기 속에서 심정적으로 열사의 죽음
이 갖는 의미를 납득시켰다고 할 수 있다.

한편, 열사는 더욱 늘어만 갔다. 1900년 의화단을 진압하고자 8개국

그림⑱ 현재의 지장왕묘. 요코하마시(橫濱市) 나카구(中區)의 완만한 언덕위에 중화의장(中華義莊)이 있다. 이곳은 화교들의 묘지이고, 일찍이 고향으로 시신을 보내기 전에 보관하였던 곳이라고 한다. 여기는 청말에 세워진 지장이 기려지고 있다. 필자 촬영.

연합군이 천진에서 북경으로 진군하자, 서태후(西太后)와 광서제(光緖帝)는 도피할 수밖에 없었는데, 이 상황 속에서 '자립군'을 조직한 당재상(唐才常)이 '근왕(勤王)'을 위해 봉기를 시도하였으나 실패해 사형을 당했다. 당재상의 정치적 의도에 대해서는 의견이 분분해 명확한 결론은 나와있지 않다(菊地貴晴, 1954; 永井算巳, 1983, pp.31~57; 小野川秀美, 1969, pp.231~240; 湯志鈞, 1984, pp.459~473; 中村哲夫, 1992, pp.15~52). 여기서 주목하고자 하는 것은 양계초가 『청의보』에서 당재상의 죽음을 현창해 가는 움직임이다. 주지하듯이 당재상은 담사동과 같은 호남성(湖南省) 유양현(劉陽縣) 출신으로 친구사이였다. 그 때문에 양계초는 용이하게 당재상이 담사동의 유지를 계승해 활동하다 죽었다고 선전할 수 있었다. 양계초는 담사동과 함께 당재상도 자신들과 같은 뜻을 가지고 있었다고 현창함으로써 정치활동을 추진하고자 했다고 이해할 수 있다. 당재상의 의도에 반하는지 아닌지는 사후에는 확인할 방도가 없다. 죽은 자를 추도하면서 그 죽음에 의미를 부여하는 행위는 필연적으로 창조적인 요소를 내포하고 있는 것이다.

자립군 봉기가 실패하고 당재상 등 주모자가 처형되자 즉시 요코하마(橫濱)에서 추도의 움직임이 일어났다. 담사동 등 '무술 육군자'의 2주년 기념제에서 "당〔재상〕공 등 28열사가 지난달 〔7월〕28일 무한(武漢)에서 의를 위해 죽었다. 동지는 삼가 위패를 만들어 제사를 올린다"(「橫濱祭六君子文」, 『淸議報』 57冊, 1900)라고 말하였다 . 여기서도 알 수 있듯이, 당재상은 '무술 육군자'와 함께 열사로 기려졌다. 이때의 제문에서도 당재상은 무술 열사를 계승한 것으로 설명되어 일체로서 추도 대상이 되었던 것이다(「祭唐烈士佛塵等及六君子文」, 『淸議報』 59冊, 1900).

이리하여 당재상의 죽음은 담사동의 죽음과 마찬가지로 추도표현도 정형화된다. 예를 들면, 당재상은 "자신을 버리고 목숨을 버렸다", "몸을 죽여서 인을 이루었다"(後死人, 「義士唐才常傳」, 『淸議報』 58冊, 1900年), "목숨을 바쳐 국민을 위해 희생하였다"(傷心人, 「劉陽二傑集序」, 『淸議報』 59冊, 1900)라고 하였다.

이상을 요약하면, 무술정변에서 죽은 담사동을 열사로써 기리는 일이 표현 면에서 그리고 제사의 실천면에서 양계초 등에 의해서 만들어졌으며, 당재상의 사형에 즈음해서도 용이하게 응용되었던 것이다. 게다가 "아아 세계 각국의 문명은 모두 의열지사가 피를 흘린 대가로 얻은 것이다"(상동)라고 하는 추도연설은 '의열지사'의 자기희생을 더욱 촉발하는 것이었다고 할 수 있다. 나카무라 데쯔오(中村哲夫)가 "담사동은 무술년에 도망하지 않고 형장으로 갔다. 당재상은 의화단 해에 자립군을 건설하고 뒤따르듯이 대의를 위해 순사하였다. 이 두 죽음의 참된 의의를 아는 자가 양계초를 사모하여 그의 망명처인 일본으로 계속 도항해 온다"(中村哲夫, 1999, pp.294~295)고 지적할 때의 '참된 의의' 란 바로 양계초에 의해 해석되고 선전된 것이었다고 할 수 있다.

죽음의 정치적 의미를 논한다

그런데, 지금까지 그다지 주목되지 않았지만, 실은 담사동과 당재상에 대한 위와 같은 이해를 비판하는 움직임도 있었다. 즉, 강유위파가 그들의 죽음을 이용하고 있다는 것이다.

『민보(民報)』에는 무술(戊戌)·경자(庚子)의 순국자를 기리는 모임에서 있었던 어느 광동인의 연설을 게재되어 있다. 무술(1898)·경자(1900)의 순국자란 담사동과 당재상 등임에 틀림없다. 이 제사는 도쿄에서 거행되었는데, 위에서 소개한 추도회의 흐름을 계승하는 것이라 생각한다. 이러한 연설이 실제로 이루어졌는가에 대한 여부는 제쳐두고라도 『민보』가 강유위와 양계초를 비판하는 의도에서 게재한 것임에 틀림없다. 연설문이 실제로 추도장에서 나왔다면 대단히 불손한 내용이라고 할 수 있다. 즉 담사동과 당재상은 강유위에 속아서 죽음에 이르렀고, 죽은 뒤에도 그들에게 이용당하고 있다는 것이다. 이 장문의 연설은 강유위가 얼마나 교활한 무리였는가를 집요하게 강조하고 있다. 양계초의 『무술정변기』도 자기의 입장을 정당화하기 위해 날조한 것으로서 전혀 사실과는 다르며, 무술 육군자를 마치 강유위의 문인으로 치부해버렸다고 한다. 담사동 등의 죽음은 사람들을 격분시키는 선전도구가 되었다. 당재상도 강유위와 양계초에 속고 있다고 한다.

> 나는 이 몇 명의 죽은 자는 추도할 만하고 기념할 만하다고 생각한다. 그러나 그것은 그들이 보황(保皇;광서제 하에서 정치개혁을 추진하고자 한 강유위 등의 주장)의 입장이나 혁명의 입장이어서가 아니라 단지 순수하게 추도하고자 하는 것뿐이다. 어떠한 사람일지라도 한 사람의 인간으로서 자신의 목적을 위해 자신 의 주의를 내걸고 자신의 목숨을 뜨거운 열정으로 받쳤다면 그것만으로 추도 받 을 만하다. 그러나 그들은 생전에는 남에게 우롱당하고 사후에는 남에게 이용당 하고 있다(「記戊戌庚子死事諸人紀念會中廣東某君之演說」, 『民報』 1號, 1905).

이에 의하면 앞에서 인용한 담사동의 최후에 대한 서술은 거의 날조된 것이 된다. 물론 「담사동전」을 포함한 『무술정변기』가 시간을 거쳐 판(版) 을 거듭하는 가운데 개조되었는데, 그것이 양계초의 사상적 변화에 상응 한다는 지적은 이미 나와 있지만(狹間直樹〔중문〕1997), 완전히 날조되었 다는 주장은 지극히 대담하다. 그러나 담사동과 당재상에 대한 추도연설 이 가지고 있는 자의성과 정치성을 날카롭게 지적한 것이라 할 수 있다.

그런데 장병린은 논문에서 당재상을 '보황'의 입장으로 보고, 나아가 그 성품과 행실을 비판하였는데(太炎, 「革命之道德」, 『民報』 8號, 1906), 이에 대해서 특히 (당재상과 동향의)호남인 혁명가는 납득하지 못하였던 것 같다. 민보 발간 1주년 기념대회에서 유규일(劉揆一)은 연설을 통해 장 병린의 견해에 정정을 요구하였다. "당재상은 보황당이 아닙니다. 당재상 은 이미 죽고 말았는데, 강유위와 양계초가 이용하고 있는 것입니다. 근왕 의 명목을 빌어 우롱하고 당파의 도구로 삼고 있는 것입니다"라는 것이다. 이에 사회를 보던 황흥(黃興)도 동의를 표하였다(「紀十二月二日本報紀元 節慶祝大會事及演說辭」, 『民報』 10號, 1906).

여기서도 추도라는 행위의 정치적 조작성을 명확히 지적하고 있다. 주의해야할 것은 그들이 자신들의 이념에 따라 순사했다는 것은 의심할 수 없는 전제가 되어 있다는 점이다. 즉 당시 담사동과 당재상은 정치적인 대의를 위해 죽었다는 인식이 널리 확산되었기 때문에 추앙을 받았다고 생각한다. 죽은 후에도 '보황당인가 아닌가' 하는 논쟁의 대상이 된 이유는 바로 그들의 죽음이 정치선전에 이용할만한 가치가 있었기 때문이라고 이해할 수 있다.

진천화(陳天華) 죽음의 재검토

1905년 일본 문부성(文部省)이 청조와의 회담을 통해 정한 '재일본 청국유학생 단속규칙(取締淸國留日學生規則)은 일본의 중국 유학생들을 동요·격분시켰다. 이것은 급증하는 유학생에 대한 관리·감독을 강화하고자 한 것이었다(さねとうけいしゅう, 1960, pp.461~494). 이에 반대하는 유학생 운동이 일어나는 가운데 오모리(大森)해안에서 진천화의 시체가 발견되었다. 진천화는 유학생으로 혁명운동에도 적극적으로 참가하고 있었다. 당초에는 운동 중 살해되었다는 소문도 있었지만, 그의 유서인 「절명서(絕命書)」가 『민보』 2호(1905)에 게재되면서 자살로 판명되었다.

그동안 진천화의 죽음의 의의에 대해서는 그의 사상과 결부시켜 해석하는 논의가 대부분을 차지하고 있었지만(永井算巳, 1983, p.173~213; 馮祖貽, 1986), 납득하기 어려운 점이 있다. 한편으로 만일 망연자실 상태에서 물에 빠졌다고 한다면 이번에는 「절명서」의 논리적인 문장 구성과 부합하지 않는다. 결국 그의 죽음의 이유는 알 수 없다는 것이 솔직한 느낌일 것이다(그의 죽음에서 교훈을 얻지 못한다는 것은 그에 대한 성실한 태도는 아닐지도 모르겠지만). 그렇다면 여기에서는 그의 죽음이 어떻게 해석되었는지에 대해 주목하고자 한다.

『민보』 2호는 진천화(자는 성태〔星台〕)의 사진을 표지사진으로 내걸고 그 사진의 다음 페이지에는 「열사진성태소전(烈士陳星台小傳)」을 게재하였다. 이 「소전」에는 "11월 일본 문부성이 유학생에 관한 규칙을 반포하자 열사(진천화)는 중국이 멸망의 위기에 처해 있다고 보고 혁명이 하루라도 빨리 일어나야 한다면서 「절명서」를 쓴 후, 마침내 일본의 오모리 해안에 자신의 몸을 던져 순사하였다"라고 서술하고 있다. 즉 '혁명'을 촉진하기 위해 죽었다는 것이다. 본래 '혁명'이란 단어는 다의적인 것으로 다양한 해석이 가능하지만(佐藤愼一, 1978; 川尻文彦, 2001), 『민보』는 청조 타도라는 정치적 입장을 공유하는 동지로서 진천화를 추도하고자 한 것이다.

그 「절명서」에는 『아사히(朝日)신문』이 유학생을 멸시했던 것을 망각하지 않기 위해 "몸을 동해에 던져 제군을 위한 기념으로 한다"고 하고

그림⑲ 잘 알려진 진천화의 초상. 실은 『민보』 지상에 추도를 위해 게재한 것이다.
출전: 『民報 2號』, 1905. 권두사진.

"10년 후에 죽는 것보다 오늘 죽어서 제군의 눈을 뜨게 하는 편이 좋다"고 서술하였다. 함께 게재되었던 송교인(宋敎仁)에 의한 「발문(跋文)」도 애절한 필치로 진천화를 추도하고 있다.

그런데 진천화 죽음의 배후로 그의 사상을 다른 각도에서 보고자 하는 논의도 있었다. 『신민총보(新民叢報)』에 게재된 문장은 진천화의 정치적 입장이 폭력혁명을 피하고자 했다는 점을 강조하고 있다. 즉 진천화를 열사로 추도하면서 그의 사상은 『신민총보』가 고취하는 것에 가깝다는 것이다. 그 예로 진천화의 문장이 많이 인용되고 있다(佛蘇, 「對于陳烈士蹈海之感歎」, 『新民叢報』 74號, 1906). 사실 진천화 생전의 주장을 보면 강렬한 '배만' 주의 뿐만 아니라 국민적 단결을 가능하게 하는 민주정체(民主政體)의 창출이라는 데도 중점을 두고 있었기 때문에(熊月之, 1986, pp.393~405; 中村哲夫, 1992, pp. 177~208), 『신민총보』와 같은 논의도 가능하다고 할 수 있다. 여하튼 죽은 자는 "그것은 자신의 본의가 아니다"라고 항변할 수는 없다. 열사가 자파(自派)의 입장에 가깝다는 해석을 통해 죽은 자를 자기편으로 끌어들이려고 한 것이다.

이 자살 소식은 일본 유학생계 만이 아니라 본국에도 전해졌다. 진천화를 '혁명파'로 규정하는 연구도 있지만, 당시 본국에서 '혁명파' 계통이 아닌 신문에서도 진천화의 죽음을 애도하고 있는 것에서 반드시 그를 혁명파로만 이해했다고는 할 수 없다. 예를 들면 『대공보』는 진천화가 "[유학생 단속]규칙의 가혹함에 통분하여", "동해에 뛰어들어 죽었다"는 등의 정보만이 전해졌다고 한다. 그러나 항의를 위해 수업 거부를 결정한 학생들이 이를 무시하고 수업에 들어간 학생을 바다에 집어 던졌다는 이야기도 함께 실려 있어 정보가 매우 혼란스러웠다. 이윽고 자세한 사정이 알려지자 진천화 추도문이 게재되었다. 또한 일본 유학생 사이에서는 단속 규칙에 대한 대책이 다른 당파가 대립하였는데, "감사당(敢死黨)이 가장 명성이 높았다. 예를 들면 진천화가 동해에서 죽자 모모 등이 문부성에 저항해 뒤를 이어 죽고자 했다"고 한다(『大公報』1905年12月28日「留學風潮紀聞」, 12月30日「日本留學生擊斃人命」, 1906年1月4日「弔湖南烈士陳天華」, 2月18日「日本學生分黨之確聞」).

『대공보』는 게다가 「절명서」를 인용하면서 위와 상당히 다른 논지로 진천화의 죽음에 대해서 논하고 있다. 그에 따르면 유학생의 귀국을 항의하는 일파는 진천화의 죽음을 선전에 이용하고 있는 것뿐으로 그의 죽음의 의미를 바르게 설명하고 있지 않으며, 오히려 일본에서 면학을 계속해 쓸모있는 인재가 되는 것이 진천화의 의도에 부합한다는 것이었다(『大公報』1906年2月8日, 「辨陳天華烈士死事之誣」). 이러한 온건 노선과 자살을 연결시키는 것은 그다지 설득력이 없는 것 같다. 여하튼 대공보는 민보와 신민총보에 비해 진천화 죽음의 의의에 대한 해석에 커다란 차이를 보이고 있음을 알 수 있다.

그러나 그러한 정치적 입장의 차이에서 오는 다양한 해석에도 불구하고 하나같이 진천화를 열사로 칭송하고 있는 것은 주목할 만하다. 양계초도 북경의 신문에 유학생문제에 대해 논하면서 진천화의 자살을 언급하고 만일 남겨진 학생이 항의하여 수업에 참가하지 않고 열광적으로 운동을 계속한다면 이는 진천화의 유지에 어긋난다는 논법을 취하고 있다(『順天時報』1906年1月11日, 飮氷室主人梁啓超寄, 「記東京學界公憤事並述余之意見(其三)」). 역시 진천화를 평가하면서 그의 의도를 자기 나름대로 해석하고자 한 것이다.

반자인(潘子寅)의 죽음과 추도

그런데 진천화와 마찬가지로 비분강개하여 자살한 사람이 또 있다. 보도에 의하면 직예학무처(直隸學務處) 회판(會辦)과 학동(學董; 본지의 학무를 담당하는 유력자)들이 일본을 시찰하고 나서 배를 타고 천진으로 돌아가는 도중에 통주(通州)학당의 반자인이라는 사람이 바다에 투신하여 자살했다는 것이다. 한국에서 순국한 신하[역1]의 유서를 읽고 비통한 나머지 투신자살했다고 한다. "예로부터 연(燕)과 조(趙)에는 강개한 인사가 많다고 하는데, 정말 그렇다는 것을 알았다. 호남(湖南)의 열사 진천화와 함께 20세기 역사의 열사가 되었다." 아무래도 북방인으로서 기릴 만한 대상이 생겨 기뻐하는 듯한 느낌의 기사라고 할 수 있다. 게다가 진천화와 반자인 두 '열사'의 죽음의 의의를 아울러 논하는 기사도 있다.(『大公報』 1906年1月10日 「陳天華以後復有烈士」, 1月16日 「論陳潘兩烈士之死節」).

보도에 의하면 반자인은 다음과 같은 인물이었다. 자인은 자(字)이고 이름은 종찰(宗札)이다. 일본 유학생 단속 규칙에 분개하여 일본에서 귀국하는 도중에 인천에서 한국 신하의 순국 유서를 읽고 몇 가지 제언을 모아서 학무처가 대표하도록 부탁하고 바다에 투신자살한 것이라고 한다. 향년 42세. 과거급제를 지향하지 않고 검을 배우기도 하였다. 또한 수학·영문 등 새로운 학문에도 관심을 보이고 있었으며, 통주(通州)의 기풍을 열기 위해 진력하였다. 경사대학당 교원인 강항호(江亢虎)를 강연에 초대하기도 했다.(『大公報』 1906年1月16日 「蹈海烈士潘明經之歷史」. 또한 熊達

역1 1905년 을사조약에 반대하여 조약에 찬성한 '을사오적'을 죽이고 조약을 취소하도록 요구하는 글을 고종에게 올렸으나 자신의 뜻을 이루지 못하자 자결한 민영환(閔泳煥)을 가리킨다.

雲, 1998, p.269에도 간단하게 언급되어 있다).

반자인에 대한 추도활동이 진행되어 우선 학무처 회판(會辦)인 노(盧)도대(道臺)[역2] 가 천진 성황묘 뒤편의 서마로(西馬路) 선강소(宣講所)에서 추도회를 열자 학생들이 모여들었다(『大公報』 1月11日 「擧行潘烈士追悼會」, 1月13日 「再紀追悼會」). 1월 12일에 열린 추도회 모습은 다음과 같다.

〔선강〕소 내에 반군의 작은 영정을 놓고 매화와 과일을 단상에 차렸다. 그의 아들인 반치원(潘治遠)이 단상 옆에 무릎을 꿇고 있다. 조문객들은 삼배의 예를 올렸다. 함께 〔일본에〕유학했던 제군은 각각 애도의 언사를 대구로 하여 종이에 적은 대련(對聯)을 증정하고 그것을 도처에 붙였다. 영정 맞은 편 멀리 연설대가 설치되어 임묵청(林墨靑:학무처 중의직에 있었다)·호옥손(胡玉孫)·이자학(李子鶴)·왕명원(王明遠) 등이 차례로 연설하였다. 그 대의는 "반군의 죽음은 한국 멸망의 참상을 의식해야할 선례가 되고 있다. 우리나라 4억 동포는 어떻게든 정신을 쇄신해서 한국처럼 되어서는 안 된다"는 것이었다. 한 때 듣는 자 모두가 눈물을 흘렸다. 순경·공업·공예·전보·군의·관립·민립의 중학당·소학당의 학생이 음악을 연주하였다. 조문객이 하루종일 끊이지 않았다. 학무처는 회판인 노목제(盧木齊) 도대(道臺)이하 교대로 조문을 하였다. 식이 끝나자 정중하게 서관(西關) 밖의 자혜사(慈惠寺) 소학당 앞으로 장소를 옮겨 학원(學員)·학생 등 수백 명이 모두 숙연하게 서 있었다. 위패를 불사르자 진서포(陳蔗圃;학무처 사무원)군이 단상에 올라가 추도의 의의를 연설하였다. 또한 "우리나라 사농공상은 각각 자립자강해야 하는데 한국의 선례를 교훈으로 삼아야만 한다. 각자가 반군의 애국심을 본받아 진실로 단결한다면 나약함을 강함으로 반전시키는 것도 어려운 일이 아니다"라고 하였다. 연설이 끝나자 노 도대는 반치원에게 위로의 말을 전하였다. 각 학당의 학생은 질서정연하게 대오를 지어서 음악 연주를 하고 각각 학당으로 돌아갔다(『大公報』 1906年1月17日 「紀追悼會」).

역2 도대는 청대의 지방장관으로서 각 부현의 정무를 관장하였다.

이 기술은 대단히 흥미롭다. 추도회의 형식은 일반 장례의 형식에 의거하는 부분도 많지만, 새롭게 추가된 요소도 있다. 장례와 유사한 점은 ①제물을 바치고 있고, ②(악기는 다를지 모르지만)음악을 연주하고 있으며, ③교외까지 장례행렬이 이어진다는 점 등을 들 수 있다. 물론 다른 점도 많아서 ①도사·승려 등이 관여하지 않으며, ②혈연자가 아들 밖에 참가하지 않으며, ③사자의 죽음의 의미를 설명하는 연설을 하고 있으며, ④(의미를 알 수 없지만)위패를 불사르는 등의 차이점이 있다. 이러한 추도회의 양식은 종전의 장례식 순서를 환골탈태해서 고안한 것이라고 생각한다(화북의 장례에 대해서는 Naquin, 1988; ナキャーン, 1994). 예를 들면 어느 정도 의식적인 답습인지 알 수 없지만 성황묘(성황신을 기리는 묘로서 명계[冥界]재판과 관련이 있다)에 죽음을 보고하고 행렬을 지어서 관을 성 바깥 서쪽으로 이동시키는 것도 종래 장례식에서 볼 수 있는 점이다(張燾, 『津門雜記』卷上, 「出大殯」에 인용된 매성동[梅成棟]의 시).

반자인열사 추도회의 특징은 관이 중심이 되어 개최했다는 점이다. 게다가 통주에서 반자인의 활동을 높이 평가하고 있던 관료인 모경번(毛慶番)도 추도시를 지어서 "한번의 죽음을 통해서 중국 22개 성을 분연히 일어서게 하였다"고 말했다(『大公報』1906年2月2日「直藩爲潘宗札請卹典之傳聞」). 게다가 직예총독인 원세개(袁世凱)도 반자인을 애도하여 추도의 시구를 지어 보냈다. "그는 가버리고 말았다. 동포여 어찌하리오. 애통하기 그지없다. 지사는 목숨을 아끼지 아니하고 결국 도도하게 일렁이는 대해로 몸을 던졌다. 제군이여 발분하라. 필부에게도 책임이 있다. 바라기는 국민의 단결을 강화해 함께 노력하여 난국을 헤쳐 나가야 할 것이다"(『大公報』1906年3月2日「直督旌表烈士」).

한편, 반자인이 죽기 전에 남긴 정책 제안은 원세개에 의해 대리 상주되었다. 원세개는 반자인의 약력을 돌아 본 후 일본에서 귀국할 때에 한국

대신인 민영환(閔泳煥)이 "한번의 죽음으로 국은에 보답하려는 우국충정에 몸을 던졌다"는 사실에 감격하여 갑판에 구두를 남겨놓은 채 바다로 몸을 던졌다고 서술했다. 그리고 "시국에 격분해 나라를 생각하여 몸을 던진" 반자인의 최후 제안을 소개한다고 하고 있다(『袁世凱奏議』pp.1257~1264). 다만 그 중에서 부적당하다고 여긴 "〔정장의〕 복장을 바꾼다"는 조항은 삭제되었다는 이야기도 있어(『大公報』1906年1月19日「潘烈士之條陳」), 원세개의 상주문은 의도적으로 선별을 거친 후에 반자인의 사정을 서술하고 칭송하고 있다는 사실을 알 수 있다. 게다가 많은 정보가 진천화의 죽음과 반자인의 죽음을 결부시켜 논의하고 있는 반면에 원세개가 진천화에 대해 전혀 언급하지 않는 것은 단순한 우연이나 실수에 의한 것이 아닐 것이다. 어디까지나 반자인은 "충의의 의기에 불타고" 있었다는 것이 원세개의 평가 조건이라고 생각한다. 죽은 자는 앞으로도 결코 혁명운동에 참가할 수 없기 때문에 충의지사로 받들어 놓아도 문제가 없는 것이다.

이상에서 우선 지적해야할 것은 우국지사를 추도한다는 것은 결코 혁명운동에 관여하는 집단에 한정된 것이 아니라 청조의 관헌조차 추도회를 조직하고 있었다는 것이다. 물론 원세개가 배만 사상을 긍정할 리 없다는 의미에서 정치적 입장의 차이는 있었다. 그러나 순국한 인사를 기린다는 발상 그 자체는 송교인 등 혁명운동가 뿐만 아니라 청조관헌도 가지고 있었다고 할 수 있다.

거듭되는 애국적 죽음

2장에서 논한 바 있듯이 1905년 미국에서의 이민 배척 움직임을 계기로 광동을 필두로 전국적인 대규모 반미운동이 발생하였다. 이 과정에서 풍하위(馮夏威) 자살사건이 발생했다. 풍하위는 광동성 남해(南海)현 출신의 멕시코 화교로 미국에 항의하여 상해미국영사관 앞에서 음독자살한 것이다. 미국제품 불매 등 반미운동을 추진하는 사람들은 관헌의 단속을 피

그림⑳ 풍하위의 추도식 모습. 영정의 주위에는 사자의 공적을 현창하는 문언을 적은 것이 붙여져 있다. 양복을 입은 취주악단(브라스밴드)이 연주하는 가운데, 애국 대의를 위해 죽은 사람을 추도한다. 중국어의 화보에서 영자 잡지가 인용하여 게재한 것이다.
출전:Arthur H. Smith, "A Fools' Paradise", The Outlook, March 24, 1906.

하기 위해 풍하위를 추도하는 형태로 운동을 추진하였다(黃賢强, 1995). 그러나 추도회 양식 그 자체는 그러한 정치적 의도에 의해 거의 좌우되지 않았다고 생각한다.

풍하위의 관을 매장하기 위해 광주에 도착하자 3일간에 걸쳐 거약회(拒約會;반미운동을 위한 단체)와 상인들이 추도회를 열었다. 화림사(華林寺) 내에 풍하위의 영정을 걸고 많은 사람을 모았다. 이 상황을 북경에 보고한 총독 잠춘훤(岑春煊)은 신문보도에 따라 다음과 같이 전하고 있다. 첫날은 1만 명, 둘째·세째날은 3만 명이 추도에 참여하였는데(상당히 과장되었을 것이다), 연설 내용은 미국에 대한 저항을 계속할 것을 주장하고 "풍하위가 절열(節烈)때문에 나라를 위해 목숨을 바쳤다는 것을 칭송하였다". 추도객의 대부분은 학생이었기 때문에 순경도 방해하지 않았다(『淸季華工出國史料』 p.215).

홍콩에서는 행화루(杏花樓)라는 곳에서 추도회가 열려 200여 명이 참가하였다. 방안에 열사의 영정을 걸고 꽃으로 둘레를 치장하였다. 우선 관계자가 참가자를 유도해 영정 앞에서 예를 올리게 한다. 그리고 다른 방으로 옮겨 주석(회의 대표)에게 (식전 진행의) 규칙을 듣고 몇사람인가 연설한 후에 착석한다. 참가자는 모두 풍하위 열사의 영정을 한 장씩 나눠받아 이후에도 추모할 수가 있었다(『華字日報』 1905年10月30日 「志追悼會」).

그림 20은 한문 화보에 그려진 풍하위 추도회(광주)의 모습이다. 문자 설명으로 추도회 양식을 확인할 수가 있다.

또 하나 커다란 관심을 모았던 자살사건과 그 추도회 광경을 살펴보고자 한다. 항주(杭州) 주방(駐防;각지에 주재하는 팔기)의 딸로 태어난 혜흥(惠興)은 여자 교육에 힘써 정문(貞文)여학교를 설립하였다. 그러나 경비 부족으로 벽에 부딪혀 여자 교육의 중요성을 논한 유서를 남긴 채 아편을 복용하고 자살하였다고 한다(『順天時報』 1906年2月8日 「補記杭州貞文女

學校校長惠興女傑歷史」).

북경 숙범(淑範)여학교에서는 교내에서 혜흥에 대한 추도회를 열었는데 보도에 의하면 400~500여 명이나 참여한 추도회의 모습과 식 진행은 다음과 같았다. 우선 대강당에 혜흥 여걸의 초상화를 걸고 사방을 꽃으로 장식하였다. 교문 밖에는 국기 2개를 교차시켜 놓았다. 또한 참가자에게 배포할 식전 주의서를 등사판으로 인쇄해 두었다. 참가자는 우선 명부에 서명을 한 후 회장의 안내를 받아 강당에 올라가 여걸의 영정 앞에서 세 번 절을 한 후 영정을 우러러본다. 그 후 접대소에서 휴식을 취한다. 이것은 남녀 별도로 진행되었다. 참가자는 옷깃 부근에 꽃을 달아 경의를 표하였다. 진화무비학교(振華武備學校) 학생은 체조복을 입고 참가해 용맹한 기풍을 드러냈다. 그 뒤에 다시 참가자는 회장의 안내를 받아 차례로 여걸 앞에서 정중하게 예를 올렸다. 그리고 회장 문석천(文石泉) 외에 수 명이 "이 죽음은 '국혼'을 환기시키는 것이다"라고 연설하였다. 마지막으로 회장이 사진기사를 불러 단체사진을 촬영했다(『順天時報』 1906年 2月 6日 「記北京淑範女學校爲惠興女傑擧行追悼會禮式」). 그 때 나온 추도회연설의 일절은 다음과 같다.

혜흥 여걸의 죽음은 자신을 사랑하지 않고 나라를 사랑한 것이다. 자신을 사랑하는 것은 개인적인 일이고 나라를 사랑하는 것은 공적인 일이다. 4억 중국인이 혜흥 여걸의 격렬한 죽음을 안다면 반드시 스스로를 부끄럽게 여길 것이다. 부끄러운 생각이 들면 분노가 일어나 반드시 자강을 위해 노력하게 된다. 혜흥 여걸이 영광스러운 죽음을 선택하였다는 것을 알면 반드시 부럽다고 느낄 것이다. 부러운 마음이 생기면 숭배하는 마음도 일어나 반드시 자강을 위해 노력하게 된다. 이리하여 누구나가 자강을 위한다면 나라는 반드시 부강해질 것이다(『順天時報』 1906年 2月 7日 「續記淑範女學校追悼會演說詞」).

이 보도에서 『순천시보』는 결코 청조와 다른 '나라'를 상정하고 있지 않다. 위에서 서술하였듯이 혜흥은 항주 주방 즉 팔기출신이며, 혜흥의 '애국사상'이 전국을 감동시켰다는 점에서 만·한의 조화를 촉진하는 것으로 논했던 것이다(『順天時報』 1906年 2月 9日 「申論學界報界開會追悼惠興女傑爲調和滿漢界限助動力」).

그런데 '애국' **만**이 아니라 '애종(愛種)의 혈성(血誠)' 때문에 분사(憤死)한다는 사례도 보도되고 있다. 여기에서 '애종'이란 '만족'의 장래를 걱정하는 것이라고 한다. 요양(遼陽)의 증(曾)아무개라는 18세 청년이 자살하였다. 그는 만주정백기인(滿洲正白旗人)이었지만, 어머니에게 '유언'을 남기고 자결하였다. '유언'의 요지는 우리 종족은 방탕하게 쾌락을 탐하고 있지만 그대로 가면 우승열패의 원리에 의해 패배해 멸망에 이를 것이라는 위기감의 표명이다. 그리고 우리 종족 · 우리 조국(대청)의 영광을 지키기 위해 무엇인가 하고 싶다. 특히 근년 강유위와 양계초의 일파가 해외에서 날뛰고 배만 혁명의 풍조도 고양되고 있기 때문이다.

> 우리는 우리 종족에 대해 어느 정도 책임을 지고 있는가? 나 자신은 비스마르크('俾士麥')도, 사이고 다까모리(西鄕隆盛)도 될 수 없다. 또한 솔론(梭倫)도 코슈트(噶蘇士)[역3]도 될 수 없다. 더구나 후쿠자와 유키치(福澤諭吉)·마치니(瑪志尼)·볼테르(福祿特耳)는 무리다. 아아! 생각할 수 없는 것뿐이다. 어찌하여 죽지 않을 수 있겠는가(『盛京時報』 1906年 12月 28日 「慷慨自盡」).

절박한 위기의식이 담겨있는 '유서'라고 느껴진다. 이와 같이 만주족도 비분강개하여 죽었다는 사례가 보인다. 이 보도는 너무 극적이기 때문

역3 헝가리 정치가. 오스트리아로부터의 조국해방과 사회개혁을 위해 일생을 헌신하였다.

에 그대로 받아들여야할 것인가의 문제는 있지만, 절박감에 쫓기듯 집단의 미래를 우려하여 자진하는 것이 어느 정도 유행하고 있으며 정형화되어 있었는가를 보여주는 좋은 예라고 할 수 있다.

국가에 충성을 바치다

호북(湖北)성 출신 일본 유학생들이 발간한 잡지 『한성(漢聲)』 6기(1903년)에 「천반충혼(天半忠魂)」이라는 소설이 실려 있다. 우선 간단히 이야기의 줄거리를 소개하면 다음과 같다.

1859년 프랑스·이탈리아 연합군이 '롬바르디아(龍伯德)'의 독립을 지원하는 전쟁을 수행하고 있을 때, 기병대가 적군인 오스트리아의 동향을 파악하기 위해 정찰을 나갔다. 주민이 도망간 촌락에 한 소년이 있고, 한 곳에서만 이탈리아의 삼색기가 나부끼고 있었다. 사관이 소년에게 묻자 소년은 천애고아의 몸으로 전쟁을 보기 위해 남았다고 한다. 그 모습에는 '애국정채(愛國精彩)'가 엿보였다. 사관이 소년을 향해 높은 나무에 올라가 적의 동정을 살펴줄 것을 부탁하자 소년은 갑자기 '애국열조(愛國熱潮)'를 표하였다. 오스트리아의 명령이라면 죽어도 받아들일 수 없지만, 나의 조국 내가 사랑하는 롬바르디아를 위해서라면 대가는 필요 없다는 것이다. 사관이 말하였다. "진정한 애국적 소영웅이다. 진실로 부끄럽지 않은가. 동방에서 기꺼이 외국인의 노예가 되어 타인을 선조로 섬기고 있는 것이. 롬바르디아 만세".

소년이 나무에 올라갔을 때 적탄이 날아왔다. 그러나 "나는 어리지만 군인에게 모범을 보이고 싶다. 운명은 하늘에 맡겼다"라고 하며 결국 총알에 맞았다. 어이없게도 '애국열혈'은 야만적인 총탄을 막아주지는 못했다. 소년은 "하늘나라에서 조상님에게 면목이 선다"며 죽었다. 사관들은 이를 애도하여 삼색국기로 시신을 덮어주었다.

이윽고 본대에 이야기가 전해지자 모두 소년의 '의혼(毅魂)', '충혼(忠魂)'을 허공에 기리며 경례를 하였다. 그리고 군대가 그 마을을 통과할 때 사관·병졸들은 그 삼색국기를 향해 꽃을 던졌다. 어느 사관은 제문을 지어 바쳤다. 그 문장에 의하면 동방에 진(秦, Chin)이라는 나라가 있지만 그들은 타인의 선조를 자신의 선조로 여기고 있으며, 짐승 꼬리와 같은 변발을 하고 있는 노예 종자라고 한다. 그래서 제문은 소년의 '충혼'이 교훈이 되기를 기도한 것이다.

이 이야기가 '배만'의 주장을 의도했다는 것은 명백하다. 그러나 원래의 이야기를 상당히 무리하게 가공한 것이라고 생각한다. 원래의 이야기는 아마 에드몬드 데 아미치스의 작품 『꾸오레』[역4]의 일화인 「롬바르디아 소년감시병」일 것이다. 『한성』에 앞서 쓰기타니 다이스이(杉谷代水)가 꾸오레를 『학동일지(學童日誌)』로 번역해서 출간했는데, 이 이야기는 「일본인」이라는 제목이 붙여졌으며 청일전쟁을 무대로 하고 있다. 물론 일본군에 협력하는 조선 소년의 이야기로 가공되어 있다(杉谷代水, 1902). 『한성』판 번역에 의거한 원본이 무엇이었는가는 좀더 고찰해야겠지만, 원전에 충실한 최근 일본어 번역과 비교한다면 상당히 세부까지 일치하는 점이 많다(デ. アミーチス, 1999, pp.83~90). 물론 배만 주장은 『한성』에 기

역4 1886년에 발표된 에드몬드 데 아미치스의 소설이다. 꾸오레는 사랑의 마음이라는 뜻으로 한국어로는 사랑의 학교로 번역 출간되었다.

고한 인물이 첨가한 것이기 때문에 상당히 부자연스럽다는 인상을 금할 수 없다.

주지하듯이 마치니Giuseppe Mazzini나 가리발디Giuseppe Garibaldi 등이 영웅으로 칭송이 되는 경우도 있었다(松尾洋二, 1999). 『꾸오레』도 본래 교묘하게 애국주의를 고취하고 있기 때문에 청말에 주목을 받은 것은 자연스런 일이다.[2]

한편, 밀라노를 중심으로 하는 롬바르디아는 빈체제 하에서 오스트리아의 지배를 받고 있었으며 외국인에 의한 통치에 불만을 품고 있었다. 그 때문에 만주인에 의한 지배를 부정하는 논의와 용이하게 연결할 수 있는 역사적 배경을 지니고 있었는데, 만약 한역자가 그 점까지 의식하고 있었다면 유럽사에 대해 상당히 깊은 지식을 갖고 있었다고 할 수 있다.

역으로 말하면 그러한 지식이 없는 한 독자들에게는 왜 소년의 행동이 배만론과 연계되는지를 이해하기 어려웠을 것이다. 감동을 주는 것은 오히려 소년의 용기와 '애국' 심이었을 것이다. 게다가 현대 일본어역에서는 (그리고 아마 원전에서도) '애국' 소년에 대한 묘사를 시사하는 데 그쳤음에 반해 한역은 되풀이해서 '애국'이라는 단어를 사용하여 설명하고 있다. 또한 원전에서 보이는 국기의 상징성에 대한 중시도 한역에 잘 반영되어 있다.

즉 이 한역은 배만을 선전하려는 의도였을 것이지만, 애국소년의 용감함과 덕성, 자기 희생 정신이 주제가 되고 있다고 보는 것도 자연스러울

---

2 후지사와 후사토시(藤澤房俊)의 지적에 의하면, 이 『롬바르디아의 소년 감시병』이야기가 "아이들의 애국심을 기르는 데 대단히 효과적이었고", 일본에서도 청일전쟁 당시에 죽으면서도 나팔을 입에서 떼지 않았던 기쿠치 쇼헤(木口小平)의 이야기가 교과서에 이용되었다는 것을 언급하고 있다(藤澤房俊, 1993, pp.237~238).

것이다. 물론 이것은 원전 꾸오레의 주제를 계승한 것이다.

『한성』판에서 열쇠가 되는 개념은 제목에서도 보이는 '충혼'이다. 이 시대에는 '국혼' 등 다양한 '혼'이 희구·고취되고 있었다. 장개원(章開沅)이 지적하고 있듯이 혁명파가 말하는 '국혼'과 양계초가 중시하는 '민덕'은 사상적으로 상통하고 있었다(章開沅, 1985. 또 狹間直樹[중문] 1998, 참조). 그 당시 중시되고 있던 국민도덕은 일본의 수신교육 등에서 함양된 것이라고 여겨졌다(陳弱水, 2000). 바로 『꾸오레(마음)』와 같은 과제가 문제시 되었던 것이다. 이탈리아와 일본에서는 정부가 적극적으로 그것을 만들어낼 수 있는 역량을 가지고 있었지만, 중국에서는 혁명파나 양계초 등이 운동을 통해서 새로운 국민정신을 형성하고자 진력하고 있었다. 물론 장지동이나 원세개도 유사한 성향을 지니고 있어 교육·군사·경찰 등의 시책을 통해서 충군애국에서 위생에 이르는 다양한 국민윤리를 확립하고자 하였다고 생각한다. 특히 당시의 교육은 그러한 방향성을 명확히 지니고 있었다(高田幸男, 2001. Judge[중문], 2001); 즉 '천반충혼(天半忠魂)' 이야기는 명백히 배만 의도가 담겨 있는 것이지만, 본래 주제인 '애국', '충혼' 이념은 혁명파만이 주창하고 있었던 것이 아니라 상당히 광범위한 정치개혁 지향에서 중요시되고 있었다고 할 수 있다.

그런데 『20세기의 지나(二十世紀之支那)』의 창간취지에 의하면 국가를 부모로 비유한 표현이 독일어로는 Vaterland, 영어로는 Motherland인데, 이는 서양인의 국가상을 반영한다고 한다. 그러므로 "일단 국가에 위기가 닥쳐왔을 때 생명을 바쳐 국가를 지키는 것은 부모의 위독함을 구하는 것과 같은 것이다. 가령 힘이 다해 패배가 분명할 지라도 목숨을 바쳐 순국하여 외적에 투항하지 않는다"(衛種, 「二十世紀之支那初言」, 『二十世紀之支那』 1期, 1905)고 한다. 여기서 말하는 국가란 개별 왕조가 아니라 황제(黃帝)이래 4603년의 역사를 지닌 '지나'인 것이다.

이와같이 '충혼'이라고 해도 본래 무엇에 대한 '충'인가는 논쟁의 여지가 있다. "예전의 부패한 유학자는 국가에 충성할 것을 말하지 않고 오직 군주에 충성할 것만을 말해왔다"(陳天華, 『警世鐘』)라는 비판이 그것이다.

'충혼'이라는 단어는 청조 관료도 사용하고 있었다. 그것은 군관 등이 적과 싸우다가 목숨을 잃었을 때 보상 조치를 취하기 위한 문서에 나온다. 광동성의 한 현을 다스리고 있던 관료가 가족과 함께 비적에 살해당하였을 때 '충혼'이라는 단어가 사용되었으며 사당도 세워졌다. 여기서 '충'이 무엇에 대한 충이었는가는 명시되어 있지 않지만, 적어도 앞서 논한 진천화의 말과 같은 명석한 변별에 근거한 것은 아닐 것이다.[3] 신해혁명 시기 무창(武昌)에서 봉기군과 싸우다 죽은 청조 측 군인의 '충혼'을 위로하기 위해 풍국장(馮國璋)에 그 실태를 보고하라고 명한 상유에서는 역시 청조를 위해 싸우는 것이 '충'이다[4](『宣統政紀』 卷65 宣統 3年 10月 壬寅諭 內閣. 같은 사례는 吳慶坻修·金梁增訂, 『辛亥殉難記』, 1923年 재인본 권두에 모아져 있다).

국가를 위해 죽는 것을 장려하는 것 자체는 같다고 할 수 있지만, '충'의 대상이 '대청'인지 아닌지는 정치적 입장에 따라 커다란 차이가 있다. 특히 주의해야 할 것은 군주가 아니라 '국가에 충성한다'는 것으로 충성 관념이 재편되었을 때 '충'의 질적 변화가 야기되어 개인의 강한 정념을 촉진하는 경우가 있다. 이러한 관념성이 강한 개인 윤리 감정의 생성이 위에서 보아 온 애국적 죽음의 배후에 있는 역사적 상황이라고 생각할 수 있다.

---

3 『光緒朝硃批奏摺』 118輯에서 예를 들었다. 光緒 30年 3月 12日 兩廣總督岑春煊奏(pp.178~179), 光緒 33年 4月 26日 兩廣總督周馥奏(pp.185~188).
4 『光緒朝硃批奏摺』 118輯, 光緒 34年 兩廣總督張人駿片(pp.204~205).

죽음을 재촉한 암살자 - 오월(吳樾)의 경우

1905년 9월 24일 입헌제도 등 해외 정치를 시찰하기 위해 파견된 5명의 대신이 철도로 북경을 출발하려고 하고 있었다. 학생·군인이 이들을 배웅하고 일반 인민도 둘러싸듯이 구경하고 있었다. 그런데 열차가 막 움직이려고 할 때 폭발이 일어나 대혼란에 빠졌다. 사망자 5명, 부상자가 20여 명이 나왔다. 5명의 대신 중 3명이 부상당했지만 경상에 그쳤다. 이 사건을 보도한 신문기사에서는 이미 폭발이 암살수단으로 사용되고 있다며 다음과 같이 말하였다. "이번 사건은 중국 수천 년 역사에 전례가 없는 일로 오늘 처음 목격하는 바이다. 문명의 이기를 손에 넣어 폭력적 수단을 휘두르는 것이다"(『順天時報』 9月26日「論北京汽車場奇變」).

같은 기사는 이 사건을 러시아 허무당(虛無黨)의 사례에 비추어 다음과 같이 논하고 있다. "어느 사람은 말할 지도 모르겠다. 그러한 일은 문명국에서는 종종 볼 수 있는 것으로 러시아에서 가장 두드러진다. 그러므로 그들의 소행은 러시아 허무당을 숭배해 모방한 것인지 모르겠다." 그리고 이어서 허무당이 러시아에서 황제·왕공 대신을 많이 살해하였지만 그래도 러시아 전제는 변함없고 암살자는 사형에 처해졌을 뿐 암살은 무의미한 활동이라고 논하고 있다(상동). 게다가 경찰제도를 정비해 위기상황에 대한 대처능력을 높일 것이 제창되었다(『順天時報』 9月29日「續論北京汽車場奇變」).

이것은 혁명당이 조직적으로 일으킨 것이 아닌가라는 추측도 나왔다(『大公報』 1905年9月26日「論出洋五大臣臨行遇險事」). 그러나 열차 내에서 폭사한 범인의 시체가 발견되어(『袁世凱奏議』 pp.1197~1198), 실행자는 한 명이라는 것이 밝혀졌다. 청말에 발생한 이 유명한 암살사건은 오월(吳樾)이 일으킨 것이었다(永井算巳, 1983, pp.230~234). 앞에서 인용한

『순천시보』가 "중국 수천 년 역사에 전례가 없는" 대사건이라고 보도하였으나 오늘날 보면 암살 그 자체는 청말 혁명운동 중에서 드문 일은 아니었다. 그러나 19세기와 비교해 보면 청말의 한 시기에 암살이 대단히 유행했다는 것을 알 수 있다(橫山宏章, 1986. pp.50~148).

그러면 암살이라는 정치적 수단은 왜 취해진 것일까. 암살이나 테러리즘이라는 언어의 일반적 정의는 간단하지 않으며 '자객'이라는 언어도 역시 애매함을 내포하고 있다(長尾龍一, 1989, pp.110~123, 134~156; 戈春源, 1999). 여기서는 청조를 타도하고자 하는 개인 또는 집단이 자신들의 정치적 의도를 실현하기 위해 청조측 인간을 살해하고자 한 사례에 관심을 기울이고자 한다.

우선 오월의 사례이다. 『민보』 3호(1906)는 '열사 오월'의 사진을 내걸고, 「열사오월군의견서(烈士吳樾君意見書)」라는 문장을 게재하고 있다. 이 「의견서」는 입헌을 추진하는 조정을 혹독하게 비판하고 보황파의 논리를 배척한 것이었지만, 왜 암살이라는 수단을 취해야만 했는가에 대해서는 아무런 설명을 하고 있지 않다. 『민보』가 선전하고자 한 것은 암살이라는 수단이 아니라 입헌이나 보황의 불가함이었기 때문에 이 「의견서」는 『민보』의 취지에 부합한다(혹은 부합하게 하고 있다)고 할 수 있다. 다만 『민보』 기자의 평론으로서 "진한(秦漢)이래 우리 종족은 무를 숭상하지 않아 〔춘추전국시대의〕 형가(荊軻)[역5]와 섭정(聶政)[역6] 같은 자객은 거의 볼 수 없었다. 그런데 오군은 혼자서 민족을 위해 피를 흘리며 죽었다. 아아, 그

역5 전국시대의 자객이다. 연(燕)나라 태자 단(丹)의 부탁으로 진시황제를 살해하러 갔다가 실패하고 오히려 죽음을 당했다.

역6 전국시대 한(韓)나라 사람이다. 한의 경(卿) 엄수(嚴遂)의 명으로 재상 한괴(韓傀)를 살해하고 자살했다.

장렬함은 이루다 말할 수 없다"고 서술하고 있다.

게다가 『민보』의 임시 증간호인 『천토(天討)』(1906)에서는 「오월유서(吳樾遺書)」라는 상당히 긴 문장을 게재하고 있다. 또한 도판으로 '열사오월', '열사 미혼(未婚)의 부인' 인물사진과 '열사유서의 발자취'라는 유서 원본의 사진 복제판이 실려있다.

여기에서는 강한 배만(排滿) 주장을 볼 수 있다. 「자서」에는 "본래 배만의 길에는 두 가지가 있다. 하나는 암살이고 또 하나는 혁명이다. 암살은 '인(因)'이고 혁명은 '과(果)'이다. 암살은 개인도 가능하지만 혁명은 집단이 아니고는 무리다. 오늘날 시대는 혁명의 시대가 아니라 실로 암살의 시대다"라고 한다. 여기서 주목할 것은 '암살'과 대조되는 '혁명'의 의미이다. 앞의 대구만을 읽는다면 '혁명'은 동맹회 등 결사에 의한 혁명운동을 가리키는 것으로 보이지만, 실제로 '혁명주의'라는 글에는 격렬한 배만의 언사를 늘어놓을 뿐이었다. 「유서」전체를 보아도 조직적 혁명운동이라는 발상은 거의 결여하고 있다. 즉 위의 대구에서 '암살'이란 개인적으로 만주인(또한 그 협력자)을 살해하는 것, '혁명'이란 청조 권력이 최종적으로 전복되는 것을 의미하는 것일지도 모르겠다. 즉, 혁명당의 조직적 활동을 통해 청조를 타도할 역량이 부족했기 때문에 강렬한 배만 의식을 전제로 한 암살이라는 수단에 중요한 의의를 부여하고 있는 것이다. 「유서」는 암살의 표적으로 고관인 철량(鐵良)을 들고 그 이유를 상세하게 설명하고 있다.

「자서」에 의하면 오월의 사상은 『혁명군(革命軍)』, 『청의보(淸議報)』, 『중국백화보(中國白話報)』, 『경종일보(警鐘日報)』, 『자유혈(自由血)』, 『손일선(孫逸仙)』, 『신광동(新廣東)』, 『신호남(新湖南)』, 『광장설(廣長舌)』, 『양서(攘書)』, 『경세종(警世鐘)』, 『근세중국비사(近世中國秘史)』, 『황제혼(黃帝魂)』 등 정치선전 간행물을 통해 형성되었다고 한다. 「암살주의」의 처음에는 담사동의 『인학(仁學)』에 있는 다음 문장이 인용되고 있다. "지사 인인은 스스로 〔진(秦)말에 반란을 일으킨〕 진섭(陳涉; 진승)·〔수(隨)말에 반란을 일으킨〕 양현감(楊玄感)이 되어 성인을 위해 선도한다면 죽어도 여한이 없다. 만일 그러한 기회를 얻지 못한다면 임협이 되는 편이 가장 좋다. 이것도 또한 민기(民氣)를 신장하여 용감한 기풍을 인도하는 것으로 세상을 바로 잡는 수단이 될 것이다". 또한 「암살시대」에는 "혁명은 암살에 의해 시작된다. 러시아의 허무당은 비근한 예이다. 오늘날 세계에서 그 격렬함으로 사람의 이목을 끄는 것 중에 허무당의 명성에 버금가는 것은 없다"는 것이다. 게다가 당시 빈발하고 있던 고관 암살로 만복화(萬福華)가 왕지춘(王之春)을 암살한 사건, 어느 사람이 철량(鐵良)을 암살하고자 하였으나 달성하지 못하고 도망한 사건, 왕한(王漢)이 철량의 암살을 시도하였지만 미수로 끝난 채 자결한 사건이 언급되어 있다(자서). 또한 오월이 장병린에 보낸 서간에는 『소보(蘇報)』의 필화사건으로 옥사(獄死)한 추용(鄒容)을 강하게 의식하고 있다. 이와 같이 정치운동에서 의미 부여된 죽음의 사례, 특히 암살의 선례를 들고 있어 그것을 발판으로 자신도 암살을 감행한다는 것이다.

만주족에 대한 매도나 암살 계획과 함께 주의를 끄는 것은 자기 희생의 의의를 소리 높여 호소하고 자신의 죽음을 갈망하는 담론이다. "오늘날 건설을 말하고 평화를 말하는 것은 죽음에 대한 두려움을 미화하는 것에 불과하다"(警告我同志). 죽을 장소를 선택하는 것이 중요하다.

사람의 생과 사는 작은 것은 아니다. 사는 것이 죽는 것보다 나을 때에 비로소 살 수가 있고 죽는 것이 사는 것보다 나을 때 비로소 죽을 수가 있다. 살아야 한다면 살고 죽어야 한다면 죽는다. 이것이 천명을 안다는 것으로 이것을 영웅이라고 한다. ……가령 천명을 아는 영웅이라고 자칭하면서 사람들에게 "자신이 피를 흘리지 않으면 누군가 피를 흘려야 한다"라고 하는 자가 있다고 하자. 즉 "자신이 죽지 않으면 누가 죽을 것인가?'라는 의미이다. 피를 흘려야 하는 경우에 "자신은 이 몸을 보전하여 장래의 기회를 기다린다"고 한다. 계속 그 기회라는 것을 기다리다가 병이나 기타 원인으로 죽고 만다. 죽음을 맞이할 때 의기소침하여 양심의 가책을 받고 처음 한 말을 실천하지 않았던 것을 후회한다. "지금 죽는 것보다 그 때 죽는 편이 좋았다"라고. 그러나 아무리 후회해도 소용없다. 다만 더욱더 비참해질 뿐이다. 나는 이를 교훈으로 삼아 가능한 빨리 자신의 계획을 세우려는 것이다(與妻書).

이와 같이 죽음을 서두른다고 밖에 볼 수 없는 발상은 기본적으로 앞에서 본 비분강개하여 죽는 것과 거의 마찬가지이다. 암살이 정치적 수단으로 선택되었다는 특징은 있지만, (양계초가 쓴) 담사동의 열사정신을 계승한다고 이해하는 관점도 그다지 무리는 아니다(라고 하기보다 「오월유서」는 『인학』을 인용하여 그 이해를 유도하고 있다). 이렇게 보면 '암살' 과 '무정부주의(아나키즘)' 를 사상적·이론적으로 연결시키는 기존의 연구는 어느 정도 적절할 것인가? 「오월유서」를 무정부주의 문헌이라고 할 수 있을 것인가?

암살을 둘러싼 정념과 사고

기존 연구에서는 러시아 허무당의 활동이 청말의 암살 실천에 커다란 영향을 미쳤다고 지적하고 있는데, 그 점은 수긍할 만하다. 앞에서 거론한 『순천시보』의 기사에서도 러시아 허무당을 거론하면서 논의를 전개하는 방식을 취하는 데서 당시 허무당의 활동이 상식이 되고 있었다는 것을 알수 있다. 이미 지적하고 있듯이 게무야마 센타로(煙山專太郎)의 『근세 무정부주의」[역7]가 번역되어 러시아 허무당의 사례가 소개되었으며(Price, 1974, pp.118~163; 狹間直樹, 1976, pp.94~119; Nakamura, 1984; 中村哲夫, 1992, pp.99~140), 게다가 러시아 정국에 관한 보도는 허무당의 움직임을 포함하고 있었을 것이다. 러시아 암살자의 사례는 청말 혁명가가 따라야할 선례를 제공하고 있었음에 틀림 없다.

그러나 청말의 암살이 러시아 허무당의 정치사상에 의거하고 있다는 것을 의미하는 것은 아니다. 본래 러시아 허무주의자의 암살활동에서도 충분한 사상적 뒷받침이나 이론적 정당화가 있다고는 생각하기 어렵기 때문이다(ビングリー, 1972).

물론 무정부주의 사상이 암살을 권장한 것은 충분히 이해할 수 있다. 무정부주의는 상당히 낙관적인 사회관·인간관에 기초하고 있다. 즉 강권(强權)이 인간 본래의 선한 품성을 왜곡시키고 있기 때문에 그와 같은 악의 근원을 말살하면 이상사회가 온다는 발상이다. 그러나 청말의 암살을 둘러싼 사고·정념은 그와 같이 낙관적인 것은 아니다. 「오월유서」에서도 철량을 암살한 후에도 여전히 관헌과의 피비린내 나는 항쟁이 계속될 것이라고 생각한 것으로 보아 암살의 결과 대체 무엇이 해결되는 것인지 알 수가 없다.

그 외에 서석린(徐錫麟)에 의한 은명(恩銘)암살사건 등 많은 암살이 계획되었지만(Rankin, 1971, pp.176~190; Krebs, 1981), 총체적으로 말하면 청말의 정치운동은 특정한 정치사상과 암살이 밀접한 관계를 맺고 있었다고 보기는 어렵다. 지금까지는 주로 무정부주의와 사회주의 사상이 도입된 역사의 일부로써 암살 문제가 다루어졌지만(Zarow, 1990,

역7 중국어 번역본 서명은 「自由血」이다.

pp.100~129; Krebs, 1998, pp.33~46), 본서의 시각에서 보면 암살에의 관심은 정치운동을 지향하는 사람들 사이에서 상당히 폭넓게 지지되었으며, 암살이라는 수단을 중시하는 혁명 방책은 죽음에 특별한 의의를 부여하는 정치운동과 불가분의 관계에 있었다고 생각할 수 있다.

적어도 「오월유서」를 보는 한 지금까지 보아왔던 애국적 죽음의 한 유형으로서 암살을 바라보아도 좋을 것이다. 또한 왕정위(王精衛)는 재풍(載灃)의 암살계획(永井算巳, 1983, pp.377~455)을 추진하기 전에 수약(守約), 「혁명의 결심(革命之決心)」(『民報』 26號, 1910)이라는 글을 썼다. 여기서도 '죽음을 두려워하지 말 것'을 강조하고 '동포'에 대한 사랑으로 목숨을 바쳐야 할 것을 말하고 있다. 혁명당원의 자기희생이라는 땔감에 의해 가마솥에 밥을 지어 4억 인민이 배불리 먹을 수 있다는 비유를 들고 있다(주지하듯이 왕정위는 죽지 않고 석방되어 살아났기 때문에 열사의 영예를 얻지 못했을 뿐만 아니라 만년에 일본의 중국침략에 가담하여 사후 '한간(漢奸)'이라고 지목된 것은 아이러니컬하다).

이들 암살에서는 몇가지 특유한 관념을 읽어낼 수 있다. 우선 개인이 역사에서 차지하는 의의를 강조하는 영웅주의적 발상을 들 수 있다. 본래 현창·추도라는 것은 이러한 영웅주의적 표현이다. 무명·익명의 열사가 아니라 특별히 지목된 '오월열사'이다.

이러한 요소에 착안하는 것은 정치운동과 객관적인 사회구조를 결부시켜 해석하는 입장으로부터 비판을 받을 지도 모르겠지만, 죽음의 의미 부여라는 점에서 보면 대단히 중요한 것임에 틀림없다. 무엇보다 영웅적 개인이야말로 역사를 움직인다는 주된 발상이 청말 암살에 대한 동기부여로서 중요하였을 것이다.[5]

또한 '협(俠)'이라는 가치의 재발견도 주목된다(小林武, 1985; 龔鵬程, 1991; 陳平原, 1998). 앞에서 서술하였듯이 「오월유서」는 담사동의 『인학』

을 인용하여 '임협'의 형상과 '암살주의'를 결부시켜 논의하고 있다. 또한 규정(揆鄭)의 「숭협편(崇俠篇)」, (『民報』 23號, 1908)이라는 논문은 오월이나 서석린의 암살사례를 '협'의 문맥에서 이해하고 있다. 그리고 '유(儒)'와 '협'을 대조시켜 전제(專制)를 지탱하는 '유'에 대해서 전제를 위협하는 것으로서 '협'을 윤리적으로 평가한다.

이러한 청말 논의의 특징은 민국시대에 접어들어 등장한 부정적인 암살론과 비교하면 그 차이가 명확하다. 언론활동을 개시하고 있던 이대조(李大釗)에 대해서 살펴보자(近藤邦康, 1981, pp.162~176). 이대조는 암살을 '군덕(君德)'의 변천과 결부시켜 논의하고 있다. "암살은 덕이 있는 사회에서 주창하는 것은 좋지만, 덕이 없는 사회에서 주창해서는 안된다". "암살은 영웅이 행한다면 악인을 쓰러뜨리고 의협의 기풍을 불러일으키지만", 그렇지 않으면 해악을 불러온다(李大釗, 「暗殺與群德」, 『言治』 2期, 1913). 이 논리는 직접적으로는 송교인이 (아마 대총통 원세개가 보낸 자객에 의해) 암살당한 사건을 바탕으로 한 것이기 때문에 암살에 부정적인 입장을 보이고 있지만, "본래 암살이란 어쩔 수 없는 거사다"라고 하여 혁명목적의 암살에 대해서도 상당히 유보 자세를 보이고 있다. 또한 다른 논문에서는 현재 중국은 '살기'가 가득차 있다고 하여 암살과 자살의 빈발을 개탄하고 있다. 물론 서석린이나 오월에 의한 암살, 진천화·반자인·양독생(楊篤生)의 자살은 상응하는 이유가 있었다고 하면서도 앞으로도 "폭력으로써 폭력을 갚는다"는 정치운동을 계속하는 것은 바람직하지 않다고 주장하는 것이다(李大釗, 「原殺−暗殺與群德」, 『言治』 4期, 1913).

5 자세히 논할 수는 없지만, 러시아에서도, 나로드니키(Narodniki)·허무당(虛無黨) 사람들은 역사에 있어 개인의 역할을 크게 중시하고 있어, 플레하노프(Georgii Valentinovich Plekhanov)가 마르크스주의의 입장에서 비판했다(プレハーノフ, 1958). 그러나 러시아 허무당의 활동이 청말 운동가에게 감명을 주었던 것은 정치사상만이 아니라 오히려 그 개인의 주체성의 감각이 아닐까 생각한다.

물론 이상과 같은 반폭력론은 어디까지나 이대조의 개성이 담겨있다고도 할 수 있지만, 한편으로는, 민국성립이후의 정세를 진지하게 파악한 현실적 논의였을지도 모르겠다. 나아가 유사복(劉師復)도 청조 멸망까지 다양한 요인암살 획책을 포기하고 "공동체 자체가 와해되고 상실되고 있다는 위기"(石川洋一, 1993, p.1472)를 극복하기 위해 무정부주의의 선전에 전력을 다하게 된다. 이대조가 느끼는 '살기'와 일맥상통하는 정세인식을 하고 있다고 볼 수 있다.

이러한 민국 초년의 상황에 비추어 보면 청말의 암살론은 청말 혁명운동에 관여한 사람들이 정치운동에서 죽음을 인식하는 감성의 하나였다고 보아 시대적인 특수성으로 해석하는 것이 적절하다고 생각한다. 그리고 유사배나 이대조는 그 다음 시대의 정치운동을 모색하고 있었다고 할 수 있다.

영웅으로서의 개인

그런데 이상과 같이 중국을 위해 죽는다는 논의는 확실히 전체를 위한 복무가 강조되고는 있지만, 거기에서 개인의 주체적인 선택이라는 능동적인 요소를 무시할 수는 없다. 개인의 헌신에 의한 정국 타개가 지향되고 있는 것은 영웅에 대한 동경이라는 동기와 관련지을 수 있다(沈松僑, 2000). 이 시대를 다룬 정치운동사는 정치적 노선을 정치사상에 입각해서 분석해 왔다. 그러나 그것만이 아니라 일신을 버리고, (개개의 군주가 아니라) 국가에 충성을 다한다는 이념이 강조되고 그러한 생각이 어느 정도는 공유되고 있을 때, 비로소 정치운동에 종사하는 사람이 나타나는 것이 아닐까?.

영웅은 우선 구미 근대사의 인물이었다. 예를 들면 추용(鄒容)은 다음과 같이 언급하고 있다.

〔만일 조국을 구하고자 한다면〕나는 루소 등 여러 대철학자의 보물 깃발을 손에 들고 우리 중국의 토지에 펄럭이게 하고 싶다. 그 뿐만 아니라 그 뒤를 잇는 큰형 워싱턴은 앞에, 막내동생 나폴레옹은 뒤에 서서 우리 동포 독립혁명의 모범이 되고 있다(鄒容, 『革命軍』 제1장).

「오월유서」의 자서는 양계초 등이 마치니나 카부르[역8]를 자처하는 것을 비난하고 있지만, 이탈리아 통일의 영웅도 자기동일화의 대상으로 자주 등장한다. 이러한 영웅적 개인을 강하게 의식한 것은 개인이 역사 속에서 담당하는 역할을 대단히 중시하기 때문이라고 생각한다. 거기에는 영웅에 대한 동경과 자신도 그를 모방하여 중국을 위해 전력을 다하고자 하는 개인의 심정이 표현되어 있다.

이점에서 흥미로운 것은 영웅적 인물의 형상에 대한 특별한 관심이다. 『신민총보』, 『민보』는 표지 그림으로서 종종 영웅적 인물의 초상을 게재하고 있다. 동서고금의 정치가·사상가만이 아니라 진천화·오월 등도 여기에 등장하고 있다(오늘 알 수 있는 그들의 사진은 이들 잡지에 게재된 것들이다). 송교인의 일기에도 잡지에 사용하기 위해 워싱턴의 초상을 구입한 것이라든가 사진 촬영을 위해 갔던 일이 기록되어 있다(『我之歷史』 開國紀元四千六百三年二月六日條. 同一月三十一日條). 워싱턴은 『이십세기

역8 19세기 사르데냐 왕국의 지도자로 프랑스와 연계하여 이탈리아 북부에서 오스트리아 세력을 물리쳐 이탈리아 통일에 기여하였다.

의 지나(二十世紀之支那)』의 표지그림으로 사용할 생각이었지만, 실재로 게재한 것은 황제(黃帝)의 초상(상상화)이었다.

물론 초상이라는 것은 중국 회화사에서 일정한 위치를 차지해 왔다. 초상화를 대강 분류해 보면, 문인의 이상적인 인격을 그린 초상화, 불화의 아류로서 고승의 초상화, 선조제사를 위한 선조(부부)의 초상화 등이 있다 (Stuart/Rawski, 2001). 이와 비교해서 『신민총보』나 『민보』 권두에 게재된 초상화는 고유한 역사적 성격을 지니고 있다. 우선 단적으로 종규(鍾道)^{역9}나 달마(達磨)가 아니라 당시 새롭게 등장한 인물을 묘사하고 있다. 즉 특별한 의미를 지닌 워싱턴이나 루소 등 외국 역사에 등장하는 저명인이나 진천화나 오월과 같은 동시대의 영웅, 또는 황제와 같이 특별한 의미를 부여받은 고대의 인물이 부각되었다. 둘째로 잡지의 일부로 인쇄된 동일한 그림을 광범위하게 유포한 점도 주목할 만하다. 즉 동일한 이미지를 널리 공유하게 된 것이다. 셋째로 그림이 '실제의 인물상' 이라고 하여 신빙성이 높아져가고 있었다. 가령 달마를 그린 수묵화라면 어디까지나 신의 정신성을 표상한 것이지 달마의 모습을 사실적으로 재현한 것은 아니다(당시의 사람들도 그렇게 여겼을 것이다). 그러나 사진을 그대로 인쇄했다고 한다면 그 인물의 모습을 그대로 옮겨놓았다고 믿게 된다. 사진이란 그러한 사실성을 핵심으로 하는 매체인 것이다. 이상 두 번째와 세 번째의 특징은 사진 기술과 인쇄 기술이 맞물려서 인물초상, 그리고 개인의 사고를 바꾸어 갔다는 역사적 의미를 내포하고 있다고 생각한다.

이에 따라 영웅적 개인의 역사적 역할을 존중하는 발상과 함께 추도식에는 반드시 영정사진이 필요하다는 인식을 만들어 갔다. 진천화나 오월

역9 중국에서 액운을 몰아내는 신으로, 단오절에 종규의 초상을 걸어 놓았다.

과 같이 운동을 위해 희생하면 나폴레옹이나 워싱턴처럼 잡지의 표지에
초상화가 실리게 되는 것이었다.

중국을 위해 죽는다는 것

여기에서는 스스로 피를 흘리며 중국의 장래를 갈망하는 것이 어떻게
강조되었는가를 논해 보고자 한다.

그것의 기원은 양계초의 담사동 추도사에 있다. 이 사례와 러시아 허무
당의 선례는 많은 뜻있는 인물이 정치적 변혁을 위해 헌신할 것을 고무하
기 위해 참조되었다.

종래의 연구는 정치적 당파에 착안하여 정치사상에 많은 관심을 기울
였다. 그러나 본서에서 주목하고자 하는 것은 당시 입장의 차이를 뛰어넘
어 정치적인 대의를 위해 죽음을 기리는 언어와 의식이 정비되고 그것을
통해서 계속되는 정치적인 죽음을 계속적으로 유발시키고자 하였다는 점
이다.

그렇다면, 여기서 그와 같이 죽음을 재촉하는 듯한 관념이 어느 정도
보편적인 것이었는가라는 문제에 대해서 생각해 볼 필요가 있다. 정치적
대의를 위한 죽음을 찬양하는 문장에는 죽음을 두려워하여 결국은 현상유
지를 지지하는 자에 대한 비판이 담겨 있다. 대의를 위해 헌신하는 사람이
많지 않기 때문에 화려한 칭송이 요구되는 측면도 있었을 것이다.

장병린은 「혁명의 도덕(革命之道德)」, (『民報』 8號, 1906)에서 과거 및
최근의 정치운동이 실패한 이유로 운동가의 부도덕성을 들어 강하게 비판
하였다. 그리고 "선배가 중국을 위해 순국하면 후배는 그 모범을 사모하여

따르는 것이다"라고 자기 희생을 마다하지 않는 도덕성을 요구하고 있다. "지금의 혁명은 나 한 사람을 위해서가 아니라 중국을 위한 것이다. 중국은 만인이 공유하는 것이기 때문에 싸우다 죽는 것도 만인이 당연히 해야 할 것이다"라고 하였다(近藤邦康, 1981, pp.77~80).

장병린으로부터 비판을 받고 있던 양계초도 죽음에 대해 분석하는 논문에서 '정신'이 개인의 죽음을 초월해 이어 내려가는 데 주목하고 있다. "우리들은 누구나 죽지만, 누구도 죽지 않는다. 죽는 것은 우리들 개체이지만, 죽지 않는 것은 우리들의 군체(사회집단)이다"(中國之新民, 「余之死生觀」, 『新民叢報』 59號, 1904). 모리 노리코(森紀子)는 양계초의 「나의 사생관(余之死生觀)」의 핵심적 주장에 대해서 다음과 같이 지적하고 있다. "윤회설, 유전설을 채용하여 죽지 않는다는 것과, 정신의 불멸이 확신될 때 미래를 위해 희생하는 정신의 불멸을 확신할 수 있다. 이는 바로 담사동 등 정변 희생자의 정신을 불사의 것으로 확신하는 것이다"(森紀子, 1999, p.213).

이러한 양계초의 사생관은 그의 '종교'관과 어우러져 있어 대단히 흥미롭다(巴斯蒂, 1998). 그것은 정치 활동에서의 죽음의 의미와도 결부되어 있었다. 동일한 논문에서 양계초는 망우(亡友)인 강유부(康有溥)의 말을 인용하고 있다. 강유부의 자는 광인(廣仁)이고 강유위의 동생으로 무술육군자(戊戌六君子) 중 한 사람이다. 다음 발언은 해학적이지만 진리를 내포하고 있다고 양계초는 지적하고 있다(물론 여기에 양계초의 창작이 내포되어 있을 가능성이 있다).

우리들은 반드시 한번은 죽을 운명이지만, 두번은 죽을 수 없다. 죽는 방법은 여러 가지 있지만, 만일 조물주가 우리에게 스스로 선택하게 해 준다면 어떻게 할까? 우선 공익은 제쳐두고 사리사욕을 꾀한다면 국민을 위해 창이나 총탄을 맞고 전사하는 것이 제1의 희망이다. 왜냐하면 갑자기 죽기 때문에 조금도 고통을 느끼지 못하기 때문이다. 국사를 위해 사형 당하는 것이 제2의 희망이다. 왜냐하면 형리의 칼날이 내리치는 일순간만의 고통으로 끝나기 때문이다. 침대 위에서 고통을 받으며 병사하는 것은 좋지않다. 만일 폐병에 걸려서 앞으로 몇 년 안에 죽는다고 의사의 선고를 받고 잠시 살면서 가족에게 이것저것 주문하는 것은 가장 나쁘다. 왜냐하면 반드시 죽는 것을 알면서도 피하지 못하고 빨리 죽고 싶어도 불가능하기 때문에 고통이 끝없다.

양계초에게 생사문제와 무술정변 희생자의 회상이 밀접한 관계를 맺고 있었던 것을 시사하는 점에서도 주목되지만, 강유부의 역설적인 표현도 인상적이다. 즉, 공익을 도외시한 경우에도 국민을 위해 전사하거나 국사를 위해 사형을 당하는 것이 바람직한 죽는 법이라는 것이다. 여기에 이상적인 죽음을 강하게 권장하고 있다.

이리하여 변법과 혁명운동 가운데 형성된 '정치적으로 의미 부여된 죽음'을 둘러싼 실천 양식은 중화민국의 건국과 함께 체제화하는 길을 걸어가게 된다. 혁명을 위해 죽은 자, 국가를 위해 외적과 싸운 자는 열사로서 기려지고, 또한 국가 의례로서 열사를 추도하는 의식이 중시되었다(Harrison, 1998, 2000, pp.106~107). 열사 추도가 청조 국가 의례의 중심부분은 아니었던 데서도(Bastid-Bruguière, 1997), 중화민국의 정치체제와 밀접하게 결부되어 있음을 알 수 있다. 그 잔재는 지금도 대만의 '충열사(忠烈祠)'에서 볼 수 있다. 그곳에는 추용(鄒容) 등 청말 인물의 위패에서 중화인민공화국 군대로부터 대만을 방어하던 중에 사망한 일개 병사의 위패까지 안치되어 있는데, 모두 '국민혁명'을 위해 죽었다고 설명하고 있다.

조국을 위해 죽는 것은 고대 그리스·로마에서는 숭배 대상이 되었으며, 그 관념이 중세 후기에 부활하여 프랑스 등에 퍼져 갔다(중세 시대에

는 "주군을 위해 죽는다"는 것이 일반적이었다)(カントロヴィッチ, 1993).
일본에서 무사는 주군을 위해 죽어야 한다는 윤리가 형성되어 있었지만,
순국의 배후에는 강렬한 자기 주장을 볼 수가 있다(山本博文, 1994). 그러
한 주체성을 전제로 하여 군주 개인이 아니라 마에다(前田)나 우에쓰기(上
杉) 등의 다이묘가(大名家)라는 '어가(御家)'에 대한 충의로부터 오히려 주
군의 폐위까지 중신이 행한 사례를 볼 수 있다(笠谷和比古, 1988). 메이지
국가는 그러한 긴장을 내포한 상황을 정리하여 '충군애국'이라는 이념을
표방하고 있었다. 즉 충성의 대상을 천황으로 일원화한데다 국가를 위해
국민을 동원하고자 하였지만, 그 제도적 표현은 남성 전체에 대한 징병제
였다. 청말 사람들에게 조국을 위해 죽는다는 관념은 놀랄만한 것이었을
지도 모르겠다(土屋洋一, 2001이 언급하고 있다). 일본에서 입대하는 병사
가 '기전사(祈戰死)라고 쓴 깃발을 높이 내걸고 있는 것을 본 양계초가 전
사를 영예로 여기는 '상무' 정신에 감동받은 것이나(任公, 「飮氷室自由
書」, 『淸議報』 33冊, 1899), 러일전쟁의 전사자를 기리는 야스쿠니신사(靖
國神社) 의례의 성대함에 감명을 받은 송교인이 "목숨을 바쳐 나라를 지킨
자에게는 당연히 보답해야 할 것이다"(『我之歷史』 開國紀元四千六百三年
五月三日條)라고 일기에 기록한 것을 떠올릴 수 있다.

　본장에서 관심의 대상으로 삼은 국가를 위해 생명을 바치라는 유혹의
담론과 의례는 오늘날 관점에서는 당혹스럽게 비추어질지도 모르겠다. 특
히 양심적 병역 거부 사상이나 애국주의를 비판하는 관점에서 더욱 그러
하다. 그러나 당시 그러한 회의는 별로 없었다고 생각한다.

　청말 혁명운동의 역사적 의의를 생각할 경우 하나의 측면으로서는 계
속해서 희생자를 배출하고 그의 추도를 거행하여 "중국을 위해 죽는다"는
담론과 실천 양식을 만들어 나갔다는 것을 들 수 있다. 지금까지 예를 들
면 명청 교체기 정치적 충성을 위해 죽은 사람은 많았지만, 군주를 위해

죽는다거나 왕조를 위해 죽는다는 것은 있어도 조국을 위해 죽는다는 관념은 없었다. 양계초가 정감을 담아 묘사한 담사동의 죽음은 아직 광서제(光緒帝)를 위해 희생하였다는 의미가 절반을 차지하고 있다. 그 후의 혁명운동이야말로 청조에 대한 반역을 권하고 중국을 위해 목숨을 바친다는 의식을 낳던 것이다. 혁명운동이 군주정을 폐지하고자 한 것에 대한 역사적 의의를 여기서 구할 수도 있다. 다만 청조의 관헌조차 추도의식을 거행하고 있기 때문에 이것이 혁명파만의 돌출적인 행위라고는 볼 수 없는 것이다.

추도를 통해서 죽음에 정치적 의미를 부여한다. 죽음의 의미는 살아남은 타자가 창출하는 것이다. 그 창출이 자의적이며 때로는 정치적으로 이용된다는 것은 불가피할 것이다. "그 해석은 죽은 자의 본의가 아니다"라고 단정할 수는 없다. 양계초가 남긴 담사동의 유언은 양계초의 창작일지도 모르지만, 아무도 그것이 담사동의 유지가 아니라고 말할 근거는 없는 것이다.

「오월유서」의 「아내에게 바치는 글」에는 고인의 말로서 "사람에게는 본래 한 번의 죽음이 있다. 죽음은 태산보다도 무거울 때도 있지만, 깃털보다 가벼울 때도 있다"고 지적하고 있다[6](전거는 司馬遷, 「報任少卿書」). 이것은 바로 '유익한' 죽음을 추구해야 한다는 지적이다. 청말의 '열사' 추도문은 정치 목적에 동원하는 위험한 유혹을 내포하고 있었을지도 모르

---

6 『한서(漢書)』 「사마천전(司馬遷傳)」이나 『문선(文選)』에 수록되어 있다. "사람은 본래 한번의 죽음이 있는데 혹은 태산(太山)보다 무겁고, 혹은 기러기털(鴻毛)보다 가볍다. 씀씀이(用)에 따라 다르다". 이 문장에 대한 『문선』의 이선(李善)의 주석에 '열사'라는 표현이 이미 보이는 점은 흥미롭다. 덧붙여 말하면, 장병린(章炳麟)도 그 대구를 근거로 혁명에 있어서 자기희생의 의의를 설명하고 있다. 太炎, 「革命之道德」, (『民報』 8號, 1906).

그림㉑ 중화민국 충렬사. 대북시내의 북쪽에 세워진 궁전 양식의 건축물. 1시간마다 위병 교대가 이
루어진다. 안에는 '국민혁명'을 위해 죽었다는 사람들의 위패가 나란히 배열되어 있다(오른
쪽). 필자 촬영.

지만, 죽음에 '유익함'이라는 의의를 부여하는 문화 장치를 형성하였다고도 할 수 있다. "인민의 이익을 위해 죽는 것은 태산보다도 무겁다. 파시스트를 위해 힘을 다하고 인민을 착취하고 인민을 억압하는 것을 위해 죽는 것은 깃털보다도 가볍다"(毛澤東, 「爲人民服務」)[7]라는 언사의 배후에 있는 죽음이 지니는 의의의 차등이라는 발상은 담사동 이래 많은 '열사'를 만들어 냈던 것이다.

필자는 죽은 자를 기리는 행위를 정치적으로 이용하는 것은 유쾌하지는 않다고 생각한다. 한사람의 죽음을 객관적으로 의미 부여할 수는 없다. 그러나 죽음에 의미 부여를 하지않게 되면 충분한 존경을 담아 사람의 죽음(그리고 생)을 마주할 수 없게 되는 것도 분명하다.

국가를 위해 죽는다는 행동양식은 국가에 대한 충성이 극도에 달한 결과이다. 그것은 애국심이 사람들에게 사는 보람(또는 죽는 보람)을 제공했다는 것만이 아니라 이 생사를 건 주체성의 발단에 의해서 개인으로서의 의식도 대단히 강해졌다는 것을 의미하고 있다.

---

7 毛澤東(日文), 1969, p.253. 사고로 목숨을 잃은 공산당원 장사덕(張思德) 동지를 위한 추도집회에서의 강연. "이제부터 우리 부대에는 누가 죽어도 그가 취사원이 되었던, 병사가 되었던, 조금이라도 유익한 일을 한 것이라면 반드시 그것을 애도하여 추도회를 열어야만 한다. 이것은 하나의 제도로 삼지 않으면 안 된다. 이 방법은 일반 사람들에게도 보급해야 한다. 마을 사람이 죽으면 추도회를 연다. 이러한 방법으로 우리들의 애도의 심정을 드러내어 전인민을 단결시키는 것이다."(앞의 책 p.255).

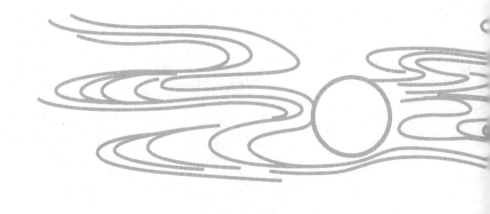

종장

애국주의를 논하는 방식

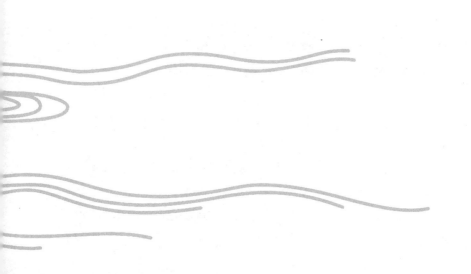

오스만제국의 꿈의 저편

　　이스탄불의 토프카피궁전Topkapi Sarayi을 방문한 사람은 그 섬세하고 장려한 장식에 경탄을 금할 수 없을 것이다. 이곳은 세 대륙을 지배했던 오스만제국의 고궁이다. 일찍이 필자는 이 곳에 서서 자신도 모르게 현재 북경 시가지 중심부에 넓게 자리하고 있는 거대한 규모의 자금성(紫禁城)을 떠올렸다. 토프카피궁전이 대단히 세련된 건물이라는 탄복과 더불어 대단히 작다는 인상을 받았던 것이다. 한편 구시가에서 멀리 떨어져 있는 19세기 중엽 술탄이 집무했던 돌마바체궁전Dolmabahce Sarayi은 서양풍으로 터키공화국의 국부인 케말 아타뒤르쿠Mustafa Kemal Araturk가 서거했던 침실도 있다. 자금성과 같은 거대한 모습과 달리 유럽에서 볼 수 있는 보편적 궁전이라는 느낌이 들었다. 이 상이함은 무엇에서 유래하는 것일까? 청조가 그렇게 거대한 자금성을 필요로 한 이유는 과연 무엇인가?

　　그에 대한 해답은 아직도 구하지 못했지만, 청조와 오스만제국을 대비해 보면 대단히 흥미로운 점을 발견할 수 있다.

　　오스만제국은 원래 아나토리아 반도(소아시아)의 작은 군주국이 어느 정도의 우연을 거치면서 급속히 세력을 확대한 것이다. 한때 티무르의 침공을 받아 괴멸 위기에 처하기도 했지만, 1453년에는 비잔틴제국의 수도를 함락시켜 이곳을 수도(지금의 이스탄불)로 삼아 발전하였다. 지배 영역은 아나토리아와 발칸반도를 중심으로 시리아, 성지 메카를 포함하는 아리비아 반도, 그리고 이집트에 이른다.

　　한편, 청조는 본래 동북 방면 여진족 중심의 일개 집단이 기세를 타고 홀연히 정권을 수립한 후 명조가 농민반란으로 멸망하자 산해관(山海關)을 넘어 북경에 들어가 광대한 판도를 구축하였다. 그 후 내륙에서 일대 세력을 자랑하고 있던 몽골계 준갈과도 싸워 승리했다. 이들 일련의 정복

과정을 통해 몽골 왕족과 티베트계의 여러 세력도 복속시켰다.

청과 오스만은 모두 원래 변경의 소규모 집단으로 출발했는데, 그 단계에서는 거대세력이 될 수 있는 필연적인 요인이 있었다고 생각할 수 없지만, 일단 탄력이 붙자 파죽지세로 대정복활동을 전개하여 거대한 영역을 지배하기에 이르렀다. 이러한 정복사업은 거창한 장기적 계획에 의거한 것이 아니라 일단 눈앞의 적과 전투를 치루는 가운데 점차적으로 확대 가능성이 열리게 되었다고 이해할 수 있다.

그러므로, 복종했던 사람들이 반드시 한결같지 않은 것은 당연하다. 청조에 따르던 몽골인이나 티베트인은 티베트 불교를 신봉하고 있었지만, 신강(新疆)의 오아시스 주민은 터키계의 언어를 사용하는 무슬림이었다. 현재 북경에서 광동에 이르는 원래 명이 지배했던 지역에는 유학의 문화전통에 기초하여 청조를 이적으로 여기는 사람들이 있었으며, 서남(西南)의 귀주성(貴州省) 등에는 묘족(苗族) 등이 살고 있었다. 명의 부활을 표방하는 숙적 정씨(鄭氏)를 토벌하여 청조는 대만을 손에 넣었지만, 여기에는 오스트로네시아계의 사람들이 오래 전부터 살고 있었기 때문에 녹피(鹿皮) 등을 바치게 했다. 광대한 영역도, 다양한 사람들도 제각기 개별적인 경위를 통해 청조에 복속하게 되었으며, 19세기 전반까지 청조는 개별적인 사정을 근거로 지배 방식을 설정하고 있었다. 반드시 명확한 국경이라고는 할 수 없어도 일반적인 지배 영역이라고 할 수 있는 것은 존재하였다고 말할 수 있다. 그러나 그것은 한 가지 색으로 칠할 수 있는 등질의 통합체는 아니었다.

청조 통치의 특징으로 군사조직인 팔기(八旗)를 들 수 있다. 팔기는 만주인에 한정되었던 것은 아니며, 청조의 중추에 있으면서 청조를 지탱하는 세습적 신분이었다. 관료제도에는 팔기에 속하는 기인(旗人)만 취임할 수 있는 직책(缺)도 있었다. 또한 각지의 기존 제도나 문화에 적합한 인재를 등용하였다. 우선 과거제도는 명의 제도를 계승하여 명의 옛 영토를 통치하는 관료와 중앙관료 일부의 공급원이 되었다. 몽골 왕족은 청조에 의해 재편·통제를 받으면서도 지배권을 유지하고 있었으며, 티베트불교사원 영지도 문제가 없는 한 보호되었다. 신강의 무슬림, 묘족, 대만의 오스트로네시아계열 사람도 기본적으로는 자신들의 수장을 받드는 것이 허가되었다(濱田正美, 1993; 新免康, 1994; 武內房司, 2000).

이와 같이 정복에 의한 국가 통합이라는 사정에 유래하는 복합적인 성격은 오스만제국도 거의 동일하다. 군주는 무슬림이며, 이슬람법을 통치 근간으로 삼았다. 그러나 통치영역 내에는 방대하고 다양한 비무슬림들이 있었다. 그리스도교도만 해도 그리스정교도·아르메니아정교도나 시리아의 마론파, 이집트의 곱트 등이 있으며, 유대교도가 이슬람에서 금지하고 있던 금융업을 담당하고 있었다. 언어도 터키계뿐만 아니라 아라비아어, 그리스어, 불가리아어, 세르비아어 등이 각지에서 다양하게 사용되고 있었다. 그리고 통치 구조도 직할령 외에 이집트 등 간접지배체제가 취해져 상당부분 종래의 통치 방식이 유지된 지역이 있는가 하면, 종래 군주권이 계속 남아 있는 크림한국이나 자치지배가 인정된 쿠르드도 있었다.

청조도 오스만제국도 발달된 관료 제도를 가지고 있었다(鈴木董, 1993). 그러나 중앙관료가 전체 판도를 구석구석까지 빈틈없이 다스리고 있는 상태를 뇌리에 떠올린다면 그것은 잘못된 것이다. 청조의 경우 중앙에서 각 현에 파견된 관리는 보통 몇 명, 경우에 따라서는 한 명뿐으로, 그들 관료는 서리 등 하급관리가 자기 고장의 권익 안에서 활동하는 것을 어떻게든 이용하면서 그 지역 유력자의 협력을 받아 겨우 행정업무를 처리할 수 있었다(山本英史, 1999). 오스만제국에서는 중앙에서 파견된 총독이 토착 세력과 항쟁하다가 추방되는 일조차 있었다(黑木英充, 2000). 물론 중앙정권에 대해 반란을 일으킨 자를 진압할 힘은 가지고 있었기 때문에,

일정한 영역을 지킬 수 있었지만, 그 영역 내의 통치실태는 대단히 느슨하였다고 할 수 있다. 청조도 오스만제국도, '전제' 국가라고 하지만, 결코 사람들의 활동을 압박하여 숨막히는 듯한 정치체제를 의미하는 것은 아니었다(鈴木董, 1992). 사회계층 구석구석까지 잘 통제되었는가 아닌가를 문제삼는다면 '봉건' 제로 설명되고 있는 도쿠카와(德川)시대의 일본이 훨씬 더 엄격하게 통치·관리되고 있었다고 할 수 있다.

관료의 배치도 전국에 무작위로 배치되어 움직였던 것이 아니라, 개개 관료의 출신에 따라 임지 및 직무가 사실상 제약되어 있었다. 청조의 경우 과거 관료는 예컨대 사천성(四川省)·복건성(福建省) 등 성으로 구분된 지역 중 출신지를 제외한 지역에 파견되었던 것이다. 물론 팔기 출신자가 각 성의 총독 등으로 임명되는 일도 있었지만, 성경(盛京〔奉天〕)·신강·티베트 등에 파견된 고관은 과거 관료가 아닌 팔기 출신자로 충당하였다(古市大輔, 1996; 王柯, 1998). 오스만제국의 경우도 예컨대 속국인 와라키아와 몰다비아 두 공국(公國)의 총독은 거의 그리스정교도가 독점하였다(黑木英充, 1995. p.342). 지방 관료가 전국을 이동하여 그 판도를 일체로 인식하는 발상을 가졌을 가능성은 거의 없었다고 할 수 있다.

그런데 청조와 오스만제국은 모두 멸망해가는 과정에도 자강을 위한 서구화 속에서 새롭게 편성된 군대의 동향이 중요한 역할을 담당하고 있다. 압둘하미드 2세가 미트하트헌법^{역1}을 정지시킨 것에 대해서 청년 장교를 중심으로 한 세력이 이것을 부활시키고자 1908년에 봉기하였다. 그 후에도 대립과 혼란이 계속되다가 마침내 다음 해인 1909년 재차 군대의 봉

역1 오스만투르크제국에서 제정된 최초의 자유적이고 근대적인 헌법이다. 당시 재상인 미트하트 파샤는 오스만제국의 정치적·경제적 위기를 극복하기 위해 술탄에 의한 전제정치를 폐지하고 입헌체제를 수립할 것을 주장하였다.

기에 의해 압둘하미드 2세는 폐위되었다.

　이 정치 과정에서 교훈을 얻고자 한 것이 청조 타도를 목표로 했던 혁명파이다. 군사 쿠데타는 입헌제의 확보에 그치는 것이 아니라, 황제의 폐위 나아가서는 황제 제도의 폐지에 이르지 않으면 반드시 반동이 일어난다는 것이다(民意, 「土耳其革命」, 『民報』 26號, 1910).

　손문에 가까운 입장의 혁명가인 호한민(胡漢民)도 청년 터키인의 혁명은 참고할 만한 점이 있다고 했다. 이는 군인의 봉기에 의한 혁명을 구상하기 때문으로 청조 신식군대의 구성원에 호소하는 의미를 지니고 있다. 군인이 견지하는 목표는 "나라를 보호하고 백성을 지키는" 것이기 때문에 결코 청조의 명령에 따라 한족을 탄압해서는 안 된다는 것이다(漢民, 「就土耳其革命告我國軍人」, 『民報』 25號, 1910).

　실제로 1911년 무창(武昌)에서 신식 군대의 봉기가 일어나 그것이 결국 청조의 멸망을 초래하게 되었다. 그러한 의미에서 청조와 오스만왕조는 모두 스스로 군제 개혁을 시행한 결과 나라를 걱정하는 정신에서 궐기하게 된 군인을 만들어냈다고 할 수 있다. 신해혁명을 이 터키의 움직임과 유사한 것으로 지적하기도 하는 근거도 바로 여기에 있다(湯本國穗, 1980). 더욱이 그 후, 터키공화국과 중화민국 남경정부가 군인 출신의 독재적 정치가를 중심으로 국가 주도적 발전을 지향한 것도 유사하다고 할 수 있을 것이다(古廄忠夫, 1995; 久保亨, 1995).

　그러나 이상과 같은 공통점에도 불구하고 본서의 관심에서 보면, 청조와 오스만제국의 운명적 귀결에는 중대한 차이가 있다. 그것은 청조의 판도가 상당 정도 지금의 중화인민공화국의 영역과 중첩되어 있는 데 비해, 터키공화국은 오스만제국의 통치범위에서 보면 훨씬 협소한 지역을 다스리고 있다는 것이다. 도대체 왜 이러한 일이 일어난 것일까? 이것은 토프카피궁전에서 보스포러스해협을 바라보면서 필자의 뇌리를 스친 의문으로 상당히 어려운 문제이기도 하다.

오스만제국은 이슬람국가의 입장에서 비무슬림을 법적으로 또한 세제 면에서 차별을 두고 있었다. 이것은 1839년 귈하네칙령으로 개정되어 종교나 인종에 관계없이 모든 신민의 평등이 원칙화되었지만, 기존의 정치적·문화적 통합의 구조를 불균형에 빠뜨려 결국에는 제국을 일환으로 한 집단과는 반대의 결과를 초래하고 말았다.

제국의 분해는 이보다 먼저 이미 아라비아반도에서 이슬람의 본래적 성격을 회복하고자 하는 와하브Wahhab운동이 일어나고, 또한 이집트의 자립화가 추진됨에 따라 진행되고 있었다(黑木英充, 1995; 加藤博, 1995; 小松久男, 1998). 게다가 유럽 열강의 후원으로 그리스가 독립하면서 민족을 국가의 기초로 하는 원리를 철저하게 주장하는 존재가 제국의 한 축인 발칸에서 잇달아 출현하게 되었다.

이상과 같이 청조와 비교해 보면 오스만제국은 19세기 단계에서부터 하나의 국가 형태를 유지하는 데 훨씬 더 고난을 겪고 있었다는 사실을 알 수 있다. 그것은 종교와 언어의 다양성 정도가 오스만제국이 더 심했다는 것만이 아니라, 오스만제국은 그러한 다양성의 존재를 정치사회를 운영하는 데에 필수불가결한 전제로 삼고 있었다는 점에 유래한다고 생각한다. 대등한 국민을 형성하고자 한 것이 결과적으로 기존의 형평성을 깨뜨리고 마는 결과를 초래한 것이다.

물론 오스만제국이 유럽열강의 간섭을 누차 받을 수밖에 없었던 점도 무시할 수는 없다. 특히, 제 1차 세계대전 패전의 충격은 매우 컸다.

유럽에서 볼 때 극동에 있는 청조도 확실히 아편전쟁 이래 다양한 국면에서 영토할양을 강요당했지만, 그러나 태평천국의 전란 등으로 청조가 가장 고통스러웠던 19세기 중엽에 구미 세력이 일시적으로 후퇴했던 것이 주목된다. 그 원인으로는 마침 동시기에 오스만제국의 영토를 둘러싼 크리미아 전쟁의 발발을 들 수 있다. 서구열강이나 러시아는 극동보다 중동 정세를 우선시 했다고 생각한다. 청일전쟁의 패배로 청조가 대만을 할양하고 그 외 열강의 영토적 야심이 격렬해졌을 때는 미국을 포함해서 이미 열강 상호간의 견제가 강하게 작용하는 국제환경이 형성되었다. 이는 열강이 공동으로 침략할 가능성이 있었기 때문에 위기적 상황으로 볼 수 있지만, 이를 극복하기 위한 국민적 단결과 국방의식을 드높이려는 움직임도 일어나게 되었던 것이다. 보이콧을 통한 동포의 단결이나 과분(瓜分)에 대한 공포를 선동함으로써 국토의 일체성을 강조하고, 상무정신을 강조하는 전변론의 등장 등이 바로 그것이다.

그런데 외국에 빼앗긴 영토를 제외하면, 청말부터 민국초년까지 분리된 것은 현재의 몽골 영역 뿐이다(엄밀히 말하면, 몽골과 이웃하는 당노오량해(唐奴烏梁海)지구, 즉 토바는 일시적으로 자립한 후, 소련령이 되었다). 신해혁명 당시 각 성은 청조로부터 독립하였지만, 그 후 중화민국이 건국되면서 각 성의 정권 스스로가 중화민국의 일부라는 것을 인정했다. 이에 대해서는 국제관계 속에서 서구 열강이 중화민국이라는 범주를 필요했다는 요인을 우선 생각해야 한다. 예를 들어, 차관을 주어도 명확히 그것을 부담해 줄 정권이 필요했던 것이다(岡本隆司, 1999).

그러나 중국은 역사적, 지리적, 구성원 측면에서도 불가분의 일체라는 발상이 청말 단계에 이미 형성되어 있었기 때문에 그것을 전제로 한 논의가 당연시되었다는 것도 생각할 수 있다. 물론 논의를 구성하는 소재와 범주가 이미 존재하고 있었다는 것은 확실하며, 새롭게 형성된 애국주의는 그 시점의 조건에 규정되었다고 볼 수도 있을 것이다. 예컨대, 청조에 의한 일정한 정치적 통합의 실태나, 열강이 대치하는 세기 전환기적 국제관계의 실정은 본서에서 논한 애국주의 형성의 전제가 되는 요인을 제공하고 있다. 이를 이어받아 20세기 초 10년간 중국 통일과 발전을 열렬히 염원하는 발상이 정형화되어 갔던 것은 간과할 수 없다.

국가나 민족의 경계는 결코 그 경계 내부의 균질성에 의해 고찰하는 것은 옳지 않으며, 어느 시점에서 우연적인 경계가 그 때 마침 발생한 사건에 의해 명확해지고 그것이 또한 새로운 움직임을 낳아 점차로 고정화되는 성격을 가진 것이다(福島眞人, 1994). 청조의 판도가 사분오열되지 않고, 거의 오늘날의 중국으로 계승될 수 있었던 배경에는 신해혁명 당시 각 성마다 독립이라는 정치 과정에도 불구하고, 사천이나 호남이라는 단위로 완결된 정치체제를 구축하려는 지향 그 자체가 미약했다는 점을 들 수 있다. 청조가 정복하여 일단 정치통합을 완수하고 있었다는 것, 그리고 19세기에 외번(外藩)지배의 재편이 진행되고 있었다는 것(片岡一忠, 1998)을 전제로 하여, 20세기 초두의 한 시점에서 중국을 불가분의 일체로 보는 논의가 주창되고 그 때 우연히 설정된 영역이 그 후 여러 사건을 거치면서 고착화되어 갔다고 볼 수 있다. 역사를 통해서 본래 필연적인 판도라는 것은 있을 수 없으며, 어느 단계에서 우연적으로 설정된 것이 본래의 운명공동체인 것처럼 생각되어, 시간의 흐름과 더불어 실체화되었던 것이다.

오스만제국은 그러한 커다란 범위의 운명공동체를 형성하는 데는 실패했다. 탄지마트개혁은 종교적 차이에 관계없이 모든 오스만 신민의 평등을 추구하였으나, 오히려 지역적인 종교공동체가 민중과 행정을 중개하는 기능을 강화시켜 종교귀속에 의한 사회 분단화를 유발했다(佐原徹哉, 1995). 오스만주의 이념은 광범위한 애국심을 환기시켜 체제를 방위하지는 못했다(Arai, 1992; kayali, 1997). 이에 대신하여 출현한 터키주의는 확실히 오늘날 터키공화국의 정통성 원리로 계승되었다고는 하나, 오히려 아랍 등의 이탈을 촉진하였다. 아랍의 경우도 몇몇 국가를 형성하여 지금에 이르고 있다.

왜 중국의 애국주의는 성공할 수 있었는가? 정말로 그것은 성공한 것

인가? 성공한 것이라면 누구의 입장에서 성공한 것인가? 이에 대한 탐구
는 시작에 불과하며 본서는 이제 한 발자국을 내딛었다는 것에 만족할 수
밖에 없다.

예를 들면, 국가형성에서 국적 등 법체제 정비의 시도나, 국민경제의
확립을 추구하는 움직임도 앞으로 논의가 심화되어야 할 과제이다. 문자·
언어의 통일과 보급 문제도 중요하다(村田雄二郎, 1995; 唐澤靖彦, 1996).
또한 본서에서 논한 대상의 범위는 주로 도시에 거주하는 유식자들이 애
국주의에 열중하는 모습에 불과하며, 인구의 대다수를 차지하는 농민 등
에 대해서 어떻게 논의할 것인가라는 중요한 문제도 남아있다.

일본 역사학의 문제와 그 극복

본서의 자리매김을 위해서는 또 하나 생각해 두어야 할 것이 있다. 이
것은 근대 일본사학의 자리매김과 관계되는 문제이다.

전후[역2] 일본의 중국사 연구에는 다양한 흐름이 있었지만, 정체론을 극
복하여 중국의 내재적인 발전을 탐구하고자 하는 발전 단계론이 가장 유
력하였다. 또한 외국의 침략을 물리치고 중국혁명을 추진한 운동에 대해
강한 공감을 가지고 있었다. 그러한 연구는 말할 필요도 없이 일본의 중국
침략에 대한 반성의 의미가 담겨 있었으며, 전전의 중국사 연구에 대한 엄
밀한 비판을 동반하였다. 최근 일본에서 전전 일본의 아시아 연구에 잠재

역2 여기에서 전쟁은 제2차세계대전을 가리킨다. 이하 전쟁 이전은 전전, 전쟁 이후는 전후로 표시한다.

되어 있는 문제점을 지적하는 논의 방식이 더욱더 유행할 조짐이 보이지만, 그것만으로는 무언가 부족한 느낌을 떨쳐버릴 수가 없다. 전전의 연구 자세에 대한 비판은 전후 곧바로 엄격히 진행되었기 때문에 전후적인 극복 방식도 포함해서 논의를 진행해 갈 필요가 있을 것이다.

잘 알려진 바와 같이, 1880년대에 도쿄제국대학에 초빙되어 유럽 역사학의 연구법과 이념을 전한 사람은 리스Ludwig Riess 였다. 리스는 독일 역사학파 랑케Leopold von Ranke의 흐름을 이어받은 인물이다. 그 후 메이지 (明治) 말년에는 국사·서양사와 아울러 동양사라는 학문분야가 대학에 성립하게 되었다. 그 배후에 있었던 사정에 대해서 가이즈카 시게키(貝塚茂樹)는 하시모토 마스요시(橋本增吉, 전전의 역사학자)의 증언을 인용하면서 다음과 같이 말하고 있다.

> 당시 청일전쟁이라는 사태를 맞이하여 적국인 청국 즉 지나의 역사만을 서술하지 않고, 이것을 더욱더 광대한 아시아의 일국으로서 묘사하고자 하는 취지에서 동양사가 태어났다. 그것은 종래 중국의 중화적 세계관 하에서 서술되었던 여러 중국 사서, 유교주의 사서와는 명확히 대치적인 입장에 선 것이었다. …… 쿠와바라(桑原)박사가 『중등동양사(中等東洋史)』라는 역작을 저술했던 것은 단순히 청일전쟁 당시의 시대정신을 대표한 것만은 아니었다. 중앙아시아를 매개로 하는 동서 문화의 교섭에 관한 서구 동양학자의 오랜 연구의 정수(精髓)를 비판적으로 섭취하여 세계문화사 속에서 중국역사를 설명하였다는 점에 의의가 있는 것이다. 그렇다고 해서 중국문화를 적대시하거나, 유교사상이나 불교사상을 비롯한 종래의 문화유산을 공격하고 파괴하는 것이 아니라 매우 객관적으로 취급하였다(貝塚茂樹, 1957, pp.755~756).

여기서 유의해야 할 점은 메이지 동양사학의 중요한 연구 동기는 유교를 받드는 한학자와 대결하면서 중국을 중심으로 하는 역사관을 타파하고 '객관적'으로 중국을 객체화하려고 했다는 것이다. 도쿄제국대학에서 동양사학을 주도한 시라토리 쿠라키치(白鳥庫吉)가 유학에서 고대 성왕으로 숭배되어왔던 인물의 허구성을 고증하거나 내륙 유라시아 제 세력의 역사 연구를 진행했던 것은 바로 중국을 중심으로 하는 역사관·문명관을 상대화하는 것이었다고 할 수 있다. 물론 이것은 메이지시대 국민적 자기 의식의 정립과 밀접한 관계를 가지고 있다(五井直弘, 1976, pp.11~160; Tanaka, 1993).

실제로 동시대의 청조학자도 유사한 연구를 진행하고 있었다. 내륙 변경의 역사지리 연구성과는 19세기를 통해 축적되어 왔으며, 강유위의 '공자개제(孔子改制)' 주장(공자는 과거의 성인에 가탁하여 자신의 정치제도를 창출했다는 논의)은 공자 이전 성인의 권위를 부정하는 것이었다. 그러나 청조학자가 변경의 역사지리를 연구한 것은 러시아 등의 위협에서 영토를 지키고자 하는 목적과 불가분의 관계에 있으며(郭雙林, 2000; 鄒振環, 2000), 또 강유위는 공자의 가르침을 중국의 정신적 지주로 삼고자 했다. 이러한 실천지향적 자세로 본다면 시라토리 등 일본학자와는 전혀 다른 문제의식에 입각하고 있었다고 보아야 할 것이다.

가이쯔카 시게키는 "메이지의 동양사학은 여러 가지 복잡한 요소를 띠고 있지만, 역시 본질적으로는 계몽주의적 합리주의 역사관 위에 서서 중국의 역사, 문화, 특히 유교사상과 대결하여 비판하고 있었다"라고 서술하면서, 실은 '대결'이라기보다 현재 시점에서 과거를 내려다보는 것으로 평가하는 것이었다고 지적하고 있다. 이와 같은 전전 연구자의 자세를 비판적으로 총괄한 가이쯔카에 의해 금후의 연구과제는 종래의 경향을 극복하고, 과거시대로 직접 들어가는 것이 요구되었다(貝塚茂樹, 1957, pp.758~759).

가이쯔카의 전망과 거의 같은 방향에서 전전 중국사학을 극복하기 위해 역사의 '내면적 이해'의 필요성을 역설했던 사람이 마스부치 다쯔오(增

淵龍夫)이다. 마스부치의 입장에서 본다면, 발전 단계론에 의한 전후의 연구도 역시 그 과제를 달성하지 못한 것이 된다. 마스부치는 1971년 학술대회에서 진원(陳垣)이라는 학자가 저술한 『통감호주표미(通鑑胡注表微)』를 예로 들어 '내면적 이해' 란 무엇인가에 대해 발표했다. 북송시대 이전의 역사를 편년체로 정리한 사마광(司馬光)의 『자치통감(資治通鑑)』은 지금도 여전히 원대 호삼성(胡三省)이라는 학자가 단 주석과 함께 읽는 것이 보통이다. 진원은 1940년대 일본 점령 하의 북경에서 『자치통감』을 읽으면서 호삼성의 주는 단순한 사실의 고증에 머무르지 않고, 당시의 통치와 세상에 대한 엄밀한 논평을 암묵적으로 담고 있다는 것을 깨달았다고 한다. 이점을 고증한 성과가 『통감호주표미』 이다.

> 진원은 일본군 점령 하의 어두운 현실 속에서 홀로 문을 잠그고 『자치통감』과 호삼성의 주석을 읽어가는 가운데, 호삼성의 주석은 단순한 사실(史實)의 고증이 아님을 깨달았다. 호삼성은 남송 말 혼란스러운 시기에 태어나 송조의 멸망과 몽골의 침입, 점령지배 하에서 생애를 보냈다. 그는 몽고 치하에서 산중에 숨어살면서 모든 관직을 사절하고, 망국의 암담한 정세와 원조의 혹독한 통치, 그리고 원조에 아부하거나 혹은 저항하는 여러 인간군상을 지켜보면서, 냉정한 현실비판 정신을 가슴에 품은 채 『자치통감』을 읽고 온 심혈을 기울여 주석을 달았다. 따라서 『통감』에 기술되어 있는 과거의 다양한 역사적 사건이나 사람들의 행동에 대해서 예리하게 비판하거나 혹은 진심에서 우러나오는 공감은 호삼성 자신의 혹독한 현실체험에 의거하고 있다. 주석은 깊은 통찰에 뒷받침되어 간결하여 언뜻 보아서는 논평이라고 판명할 수 없는 형태로 서술되어 있다는 것을 진원은 비로소 깨달았던 것이다(增淵龍夫, 1983, pp.90~91).

이러한 '내면적 이해' 가 가능했던 것은 중국의 역사의식 본연의 자세와 진원 자신이 일본 침략에 대해 품고 있던 비판과 저항의식 때문이라고 해석된다.

마스부치가 이 예를 소개하고 있는 것은 실은 전전의 역사학을 비판적으로 논의하려는 의도에서 일 것이다. 특히 나이또 코난(內藤湖南)과 즈타 사우키치(津田左右吉)를 거론하면서 그들이 "근대중국의 동향을 이해하는 데 빼놓을 수 없는 근원적인 지주라고도 할 만한 중국인들의 주체적인 민족의식"(앞의 책, pp.83~84)을 이해하지 못했던 것은 왜인가라는 문제를 거론하고 있다.

실로, 전후 일본의 역사 연구자가 전전의 역사학을 비판할 때 가장 주목했던 것은 근대중국의 '민족의식'이나 혁명운동에서의 주체 형성을 정면에서 인식하려고 하지 않았다는 것이다(旗田巍, 1962; 小倉芳彦, 1971). 전후에는 중국 내셔널리즘의 전개에 대한 공감이 중국 근대사 연구의 주된 흐름을 형성했다고 할 수 있다.

그렇다면 전후 학술계에서는 내륙 유라시아 역사의 관점에서 중국사를 상대화시키고자 하는 연구를 경계했다고 할 수도 있을 것이다. 본래 전전의 내륙 유라시아사 연구는 일본의 대륙침략 상황과 일정하게 결부되어 있었다고 규탄받을 여지가 있었으며, 학자 자신의 관심에 비추어 보아도 중국사를 반드시 중심에 두지 않은 역사상을 구상하게 되었다고 생각한다. 그러한 문맥에서 보면 중국사의 '내면적 이해'를 추구했던 마스부치가 몽골 시대에 대해서 '망국의 암울한 정세', '원조의 잔혹한 통치'라고 서술한 것도 반드시 경솔한 것만은 아니다. 그러나 지금의 몽골제국사 연구 입장에서 본다면 납득하기 어려운 독단일 것이다. 도대체 남송인의 화이관과 1940년대의 항일의식을 중첩시키는 정당성은 어디에서 찾을 수 있는 것일까? 스기야마 마사아키(杉山正明)는 다음과 같이 시사적인 지적을 하고 있다.

공교롭게도 근현대 서구형 문명관은 의외로 화이사상에 가까운 부분이 있다.

일종의 '민족 내셔널리즘'과 '문명 내셔널리즘'이라고 해도 좋을 것이다. 양쪽 모두 역사 연구자들 사이에서 공감을 얻어 뒤섞인 결과 현실 역사를 떠난 불가사의한 차별감으로 포장된 허상이 담론화되어 왔다고 한다면 그것도 일종의 문화 현상이라고 할 수 있을 것이다(杉山正明, 1997, pp.179~180).

마스부치가 공감하여 거론한 진원의 호삼성에 대한 '내면적 이해'는 그 인용문에서 언급한 바와 같이 서구형 문명관과 전통적 화이사상이 '역사 연구자 사이에서 공감을 얻고 뒤 섞인 결과'에 지나지 않는다고 생각한다. 스기야마의 논의는 근대중국에서 역사상 형성의 전제를 치밀하게 문제 삼았다는 점에서 시사하는 바가 크다고 할 수 있다(또한 岸本美緒, 1998을 참고).

한편 중국만이 아니라 아시아 민족해방투쟁에 대한 공감은 전후 역사학의 기저에 깔려 있던 것이다. 그러나 근년에는 "아시아 내셔널리즘을 단순한 성공 스토리로 묘사하기는 어렵다"(古田元夫, 1996, p.4). 왜냐하면, 혁명과 독립의 결과로서 탄생한 국가는 모두 민족·국가를 주체로 한 국가건설을 지향하였지만, 그 자체가 일정한 모순을 내포하고 있기 때문이다. 후루타 모또오(古田元夫)의 말을 정리하면 "자결주체가 된 국민이라는 집단성이 갖는 애매함" 때문에 국민통합 과정에는 "다수파의 자기중심주의라는 경향이 혼입되기 쉬운 약점을 가지고 있다." 또한 "국민의 자결이라는 원리에는 국민의 이름에 의한 전제에 제어장치가 없다"는 것이며, "당초부터 혁명과정에서 얻은 기득권을 보호하고, 전제적인 지배를 합리화하는 논리로 전화할 위험성을 내포하고 있었다"는 것이다(앞의 책, pp.83~84).

예를 들어 고타니 오유키(小谷汪之)의 연구에 의하면, 인도의 독립운동 과정은 서양 근대를 극복한다는 요소를 포함하고 있어 경우에 따라서 '전통' 이라는 미명 아래 차별·억압을 강요하는 경향을 보이고 있었다. 동시에 사람들의 귀속의식을 정치적으로 동원하여 힌두교도와 무슬림의 대립을 격화시켜 갔다는 것이다(小谷汪之, 1986).

지극히 혼란스러운 오늘날의 실정이야말로 일찍이 찬란했던 아시아 민족운동사를 재인식하게 하는 요인이다. 그러한 의미에서 고타니와 후루타가 재인식하는 역할을 담당한 데에는 상당한 긴장감과 고통을 필요로 한 것으로 생각한다. 분명히 내셔널리즘의 규제와 지배에서 역사를 구출하고자 하는 시도는 필요한 일이다(Duara, 1995). 그러나 가볍게 아시아의 내셔널리즘을 비판하고 자신의 지적 우위성에 만족하는 경향은 경계되어야 할 것이다(吉澤誠一郎, 1997).

더욱이 이케바타 유키우라(池端雪浦)가 지적하듯이 내셔널리즘 사상의 형성과 운동의 전개가 나타난 초기에는 다양한 구상이 경합하고 있었으며, 현실화되지 못한 다양한 가능성이 존재했다는 것에 주목하는 것도 의미가 있다. 방향성이 부재한 시대에는 각종의 다양한 시도가 이루어진다. 그러한 풍부함에 관심을 가지는 것도 필요할 것이다(池端雪浦, 1994, 1999). 현재에 이르는 결과만 가지고 평가하는 것을 지양해야만 비로소 과거 사람들의 시행착오를 역사적으로 인식할 수 있는 것이다.

이와 같이 생각한다면 중국 내셔널리즘의 형성을 논해온 본서의 입장은 단호하고 명쾌한 것은 아니다. 중국의 애국주의 형성을 일방적으로 비판하는 방식으로는 당시의 역사를 진정으로 이해할 수 없게 된다. 그 뿐만 아니라 중국 내셔널리즘의 성립을 포스트모던 등 최신 이론으로 분석하면서 냉철하고 객관적으로 논의하는 것은 메이지 역사가와 동일한 과오를 범하게 될지도 모른다. 본서에서는 과거 일본 역사학의 시행착오를 특별하게 의식하였다.

그러나 다른 한편으로, 중국 애국주의에 대한 자기동일화는 거기에 내재하는 권위성을 그대로 수용하는 결과를 낳는다. 그러한 비판적 이성의 결여는 전후 일본의 중국사 연구에서 배워야 할 교훈이 아닐까? 타자에 의한 '내면적 이해'가 과연 가능한가라는 질문이 아니라, 외부로부터의 냉정한 시점이 소중한 것이라고 적극적으로 말할 필요가 있을 것이다.

이러한 '내면적 이해'를 둘러싼 논의의 진전 없는 공전을 넘어서기 위해서는 한 가지 염두에 두어야 할 것이 있다. 본서에서 취급했던 사상(事象)의 대부분은 결코 중국적 특수성의 문맥에서만 고찰되어서는 안 된다는 점이다. 국민의 단결, 국토의 방위, 남성 신체성의 재구축, 목숨을 걸고 나라에 보답하는 이념은 메이지 일본에서도 공통적으로 강하게 나타났다. 미국의 건국신화나 인종 차별은 양계초에게 깊은 감명과 초조함을 동시에 안겨주었다. 애국적인 사자(死者)추도의 의례, 대외적인 운동을 통한 국민과 민족의 재구축은 현재 세계 어디서나 볼 수 있는 바이다. 본서에서 서술했던 논의는 타자상(他者像)이나 이문화(異文化)로 구성하는 재료로 삼아서는 안 된다. 그것은 우리들을 반영하는 거울이기 때문에 공감적 이해를 가지고 접근해갈 때 엄밀한 자성을 촉진하는 존재가 된다.

양계초의 통한

양계초는 스승인 강유위를 다음과 같이 평가하고 있다.

선생의 가르침은 대체적으로 중국에 적용할 수 있는 것이다. 그러나 결여된 점이 한가지 있다면 그것은 국가주의이다. 선생의 가르침이 중시하는 바는 개인의 정신과 세계의 이상이다. 이것들이 불필요한 것은 아니지만, 오늘날 중국에 적용하려고 해도 국민을 훈련시켜 경쟁세계에서 승리하는 데에는 도움이 되지 않는다(任公, 「南海康先生傳」, 『淸議報』 100冊, 1901).

물론 강유위의 정치적 입장의 복잡함에 대해 양계초는 "선생의 경세의 뜻은 대동(大同)에 있지만, 현상에서 출발하여 방도를 모색할 때는 애국을 출발점으로 삼았다. 선생의 정치활동 목표는 민권에 있었지만, 시세를 가늠하여 진보를 추구하기 위해서는 조정의 정치를 바르게 하는 데 마음을 썼다"(앞의 글)라고 지적하고 있다. 양계초는 강유위의 '대동'의 이상을 높게 평가하면서도 스스로는 '애국주의' 고취를 우선시했던 것이다.

여기에서 말하는 강유위의 '대동'은 지극히 특징적 이상사회상을 나타내는 말이다. 비교적 일찍부터 강유위가 품고 있었던 이상으로 무술정변으로 망명하여 인도에 체류하던 중에 오늘날 볼 수 있는 『대동서(大同書)』로 정리되었다. 거기에는 "국계(國界)를 제거한다", 즉 나라와 나라가 병립·경합하여 서로 경쟁하는 것을 뛰어넘어 전 세계가 하나가 되는 것을 강하게 바라고 있다

'대동' 사상에는 인종·국경을 나누어 생각하지 않아 일종의 보편주의적 사상을 볼 수 있지만, 그것은 만주배척에 반대하는 정치적 입장이나 문화적 동화주의로도 귀결한다.

무릇 태평의 이(理), 대동의 도(道)에서 말하자면 황·백·갈색·흑인종은 모두 하늘이 낳은 것으로 형제이기 때문에 사이좋게 지내는 것은 당연하다. 당장 그것이 불가능하다고 해도 교통이 발달하고 세계는 일체화 되어 가고 있다. 몽골·위그르·티베트인들은 말도 통하지 않고 서로 다른 종교를 신봉하지만, 한 나라 안에 있는 자들로서 다정하게 대해야만 한다. 인도의 북방을 여행할 당시 구르가·티베트·싯킴인을 만났는데, 나에게 친절했으며 방문을 열고 머물게 해주었고 보리를 삶아서 먹게 해 주었다. 대개 중국인을 만나면 웃어른으로 여겨 정중히 예우한다. 〔위에서 서술한 몽골 등〕 언어가 통하지 않은 종교가 다른 사람이라도 같

은 나라(同國) · 번속(藩屬)이라는 연대감이 있다. 〔더욱이 이들 인도 북방 사람들
도〕 이처럼 정중하고 애정있는 모습에서 같은 나라 사람으로서 느끼는 친밀한 감
정이 용솟음쳤다. 더구나 만주인과는 하나의 왕조를 형성하고 만주인의 중국으
로의 동화도 진행되어 교화 · 예악 · 언어 · 복장 · 식사 등 모두 공통으로 하고 있지
않은가?(「南海先生辨革命書」, 『新民叢報』16號, 1902).

이에 앞서 강유위와도 교류하면서 담사동(譚嗣同)이 저술했다고 전해
지는 『인학(仁學)』에도 나라의 국경을 초월한 보편지향이 엿보인다.

  마음으로 위기를 만회하고자 하는 자는 그저 자국을 구하는 것을 원하는 것
  만이 아니라, 저 강성한 서양 제국 그리고 살아있는 모든 것들을 구제해야 할 것
  이다. 마음이 공(公)하지 않으면 도(道)의 힘도 앞으로 나아갈 수 없다. 그러므로
  〔어느 가르침에 종사하는〕교주 · 교도는 모두 스스로 모국인(某國人)이라고 칭해
  서는 안 된다. 예수가 천국을 세우는데 만국을 하나로 보고 모두 자신의 나라, 자
  신의 백성으로서 이것을 바로잡으니 "나라 등은 없어도 관계없다"고 말했다고 한
  다. 그것을 본받아야만 한다(「瀏陽譚氏仁學」, 『淸議報』100冊, 1901).

이것은 『청의보』 잡지에 실려 있는 것으로 저자가 사형된 후 양계초가
소개한 것이다. 그러나 청말 양계초는 무엇보다도 중국의 단결을 증진하
여 강국으로 만드는 것이 제 1차 목표였기 때문에 이러한 발상에 공감하기
어려웠을 것이다.

그러나 양계초는 1920년에 저술한 『청대학술개론(淸代學術槪論)』에서
담사동의 말을 인용하여 '세계주의'로 소개하면서 자신을 비판하였다.
"나〔양계초〕는 일본에 가서 점차로 유럽 · 일본의 속론에 젖어 편협한 국
가주의를 줄기차게 주창하고 말았다. 죽은 친구〔담사동〕에게 부끄럽기 짝
이 없다".

양계초는 제 1차 세계대전 이후 유럽을 여행하면서 전쟁의 참화와 새

로운 국제질서 체제에 관한 사색을 하였는데, 그 결과로 애국사상의 문제점을 강하게 의식하고 다음과 같은 의견을 도출하기에 이르렀다.

> 국가는 사랑해야 할 대상이라는 완고하고 편협한 구사상을 가져서는 안 된다. ……우리들의 애국은 한편으로 국가가 개인을 소홀히 하는 것을 인식하지 않고, 다른 한편으로는 국가가 세계를 소홀히 하는 것을 인식하지 않는다(「歐遊心影錄節錄」, 『飮氷室專集』 23).

이러한 입장에서 담사동의 한 측면을 '세계주의'로서 현창하고자 했던 것이다. 양계초는 예전의 애국적 입장을 바꾸었던 것일까? 제1차세계대전 이후 양계초 사상의 변화를 그다지 결정적인 것이라고 생각하지 않는 견해도 있다(村田雄二郎, 2000 b). 본래 청말의 애국관념도 전세계의 진보 조류에 따르는 형태로 구상되었기 때문에 양계초가 말하는 정도로 '편협한 국가주의'였다고는 단정할 수 없다. 양계초는 청말 활동기부터 개인의 자유도 강조했다는 견해도 있다(黃克武, 1994). 그 의미에서 커다란 입장의 변화라기보다는 시류에 따른 궤도수정에 불과할지도 모르겠다.

제1차세계대전 이후 보다 적극적으로 '세계주의'를 표방하는 동향이 사조 전반에 보인다. 미국 대통령 윌슨Thomas Woodrow Wilson의 세계질서 구상, 그리고 윌슨에 대항적 입장을 가진 볼세비키 혁명이념이 새로운 동향을 구축했다고 할 수 있다. 이러한 문맥에서 진지하게 사색을 전개하는 가운데, 양계초는 망우(亡友) 담사동 사상의 의미를 재발견했다고 생각한다. 담사동이 그 정도로 깊은 사상적 달성을 이루었다고도 할 수 있지만, 양계초는 여전히 담사동을 재해석하는 것에서 자기 입장을 구축하려고 했다고도 볼 수 있다. 무엇을 하더라도 망우는 항의하지 않기 때문에 항상 친구이다. 결국 죽은 친구를 생각하는 것이 양계초로 하여금 새로운 이상을 펼치게 하는 기점이 된 것이다.

위에서 인용했던 것처럼 양계초는 1901년에는 강유위 가르침의 한계로 '국가주의' 가 아닌 '개인의 정신' 과 '세계의 이상' 을 중요시하는 것을 들고 있다. 제1차세계대전 이후의 양계초는 그것을 반전시켜 '애국' 을 구사상으로 하고 '개인' 과 '세계' 가 소중하다고 말하기에 이르렀다. 양계초 자신에게 이 변화는 결국 중대한 의미를 가졌다고 생각한다.

이 후 역사를 보면 일본 침략의 전개와 함께 중국 여론은 항일애국을 강하게 주장하기에 이르지만, 양계초는 그것을 보지 못하고 세상을 뜨고 말았다(1929년). 만약 새로운 국난을 목격하였다면 양계초는 뭐라고 말했을 것인가?

국민을 전제로 한 국가통합의 방식이나 민족의식은, 특히 아시아에서는 겨우 100여년의 역사에 지나지 않는다는 것을 강조하는 논의도 있다. 근대국가나 내셔널리즘은 근대에 이르러 비로소 구축된 것에 불과하며, 장기적인 역사 속에서 상대화시켜야 한다는 것이다. 역사의식으로서는 정당하다고 할 수 있다.

다만 본서의 입장은 상대화를 출발점으로 하면서도 100년이 넘는 시간 동안 왜 그것이 강하게 인간의 마음을 사로잡아왔던 것인가를 정면에서 생각해 봐야 한다는 것이다. 그것은 날조된 전통, 환상의 공동체일지도 모르지만, 그러한 새로운 '모조품' 이 열렬히 희구된 사태에 관심을 기울이는 것도 지금 새삼스럽게 필요한 것이 아닐까 생각하기 때문이다.

저자후기

　본서에서 다룬 문제에 대한 관심은 필자가 도쿄대학 대학원생이었던 때로 거슬러 올라간다. 당시 '다분야 교류(多分野交流)'라는, 몇몇 교수가 공동으로 진행하는 세미나 형식의 수업이 있었다(현재에도 과목명은 다르지만, 여전히 존속하고 있다). 어느 해 하마시타 다께시(濱下武志) 교수가 수업을 주재하였는데, 정확한 테마는 기억나지 않지만, 근대 동아시아 및 동남아시아 형성 과정에서 국제적 계기의 의미가 논의되고 있었다. 그 수업에서 하마시타교수 그리고 사토 신이치(佐藤愼一)교수, 사쿠라이 유키오(櫻井由躬)교수, 나미끼 요리히사(並木賴壽)교수와 담화를 나누는 가운데 19세기에는 '조주인(潮州人)', '민남인(閩南人)' 등의 집단이 형성되어 있었다고는 할 수 있지만, 과연 '중국인'이란 어떠한 형태였다고 할 수 있는가라는 문제가 제기되었다. 그래서 이 문제에 대해 조금이나마 해결책을 찾기 위해 당시 필자가 연구하고 있던 천진(天津) 근대사에 입각해서

논문을 썼다(「天津における 抵制美約 運動と 中國 の表象」, 『中國-社會と文化』 9號, 1994. 뒤에 가필·수정해 졸저, 『天津の近代-淸末都市における政治文化と社會結合』, 名古屋大學出版會, 2002, 에 수록). 이 논문은 필자가 '애국주의'를 연구하는 출발점이 되었다.

위의 문제를 생각하기 시작하면서 근대중국 역사 서술의 배후에는 중국의 실체성을 전제로 하고 있다는 것을 명료하게 의식할 수 있게 되었다. 말할 것도 없이 그 발상은 지금까지의 역사 과정 속에서 성립해 지금도 여전히 정치적 정통성에서 중요한 의미를 지니고 있기 때문에 단순히 허구라고 간주해 버릴 수는 없다. 어쩌면 사회적 현실이란 모두 허구의 별칭일지도 모른다. 그런 의미에서 왜 허구가 필요한가라는 문제를 정면에서 파헤치는 것이야말로 인간사회에 대한 통찰을 심화하는 첩경이 아닐까?

그 후에도 여러 기회를 통해 이상과 같은 관심을 심화해 나가면서 글을 쓸 수 있는 행운을 얻었다. 본서의 몇몇 부분은 이미 발표했던 논문을 수정한 것이다. 그 경위에 감사하는 의미에서 유래를 기록해 두고자 한다.

2장은 원래 濱下武志·川北稔編, 『地域の世界史11 支配の世界史』(山川出版社, 2000)를 위해 집필한 것이다. 원래 원고는 당시 근무하고 있던 도쿄외국어대학 아시아·아프리카 언어문화연구소의 '장기연구자 파견' 제도에 의해 영국 옥스퍼드에 체재하고 있을 때에 완성해서 도쿄 출판사에 우송했다.

4장은 교토대학의 동양사연구회로부터 집필의뢰를 받아 편집위원의 의견을 참조하여 『동양사연구(東洋史硏究)』 56권 2호(1997)에 게재한 것이다. 여기에서 주제로 다룬 변발 문제에 관심을 가지게 된 동기는 1994년 천진 남개(南開)대학에서 유학할 때 『동방잡지(東方雜誌)』를 우연히 읽던 중에 변발을 논하는 오정방(伍廷芳)의 글이 눈에 들어왔다. 그 후 일본학술진흥회(日本學術振興會) 해외COE 파견 연구자로서 대북(臺北) 중앙연구원 근대사연구소에서 연구를 하면서 초고를 완성하였다.

5장은 신해혁명 90주년 특집호로 편찬된 『近きに在りて』 39호 (2001)에 게재한 논문을 증보한 것이다. 이 기획을 추진한 노자와 유타카(野澤豊)교수 그리고 관계자 여러분의 덕택으로 그때까지 미처 생각하지 못한 혁명운동에 대해서 필자 나름대로 몰두할 수 있는 기회를 얻었다. 일찍이 대단히 활발했던 혁명운동사는 지금은 거의 연구되지 않고 있다. 그러나 비교적 소수의 사람들이 신념을 가지고 '상식 밖'의 주장과 행동을 하는 것을 통해 역사의 거대한 국면이 움직이는 측면에도 충분히 주목할 필요가 있을 것이다. 신해혁명 특집호 가운데서 졸고는 소수 혁명운동사 논문이 되었지만, 이 방면의 새로운 전개를 기대해 마지않는다. 또한 '암살' 문제를 포함한 졸고가 간행된 2001년 8월 얼마 후 바로 세계의 이목을 집중시켰던 '테러' 사건이 발생했다. 그 기회를 포착하여 방대한 논설이 세상에 쏟아졌지만 그 글들을 읽으면서도 졸고의 취지를 고칠 필요는 느끼지 못했다.

더욱이 코오베(神戸)에서 열린 신해혁명 90주년 국제학술토론회에 초대되어 쿠보타 후미쯔기(久保田文次)교수가 조직한 섹션에서 발표할 기회를 얻어(2001년 12월 16일) 많은 귀중한 가르침을 받았다. 또한 기도 요시유키(貴堂嘉之)교수와 함께 미국사연구회 제200회 발표회 '국경을 초월한 내셔널리즘(越境のなかのナショナリズム)'의 테마에서 발표할 기회를 얻게 되었다(2002년 7월). 그 경험은 특히 본서 「머리말」 부분에 살려두었다.

필자가 이전에 근무하였던 도쿄외국어대학 아시아·아프리카 언어문화연구소는 다양한 '공동연구 프로젝트'를 진행하고 있다. 크리스챤·다니엘교수의 「서남 중국 비한족의 역사에 관한 종합적 연구(西南中國非漢族の歷史に關する總合的研究)」, 나카미 다쯔오(中見立夫)교수의 「동아시아의 사회변용과 국제환경(東アジアの社會變容と國際環境)」에서 대단히 많은 지식을 습득할 수 있었다. '아프리카·아시아의 정치문화 동태'라는 프로젝트에 참가해서 나가하라 요꼬(永原陽子)교수가 주재한 「근대 국가 기구의 형성」 그룹을 비롯한 학술회의에서 다양한 발표를 들을 수가 있었는데, 이는 본 연구에 매우 큰 자극이 되었다.

조사를 위한 출장으로 1999~2001년도 과학연구비 보조금을 받아 '아시아의 문자와 출판·인쇄문화 및 그 역사에 관한 조사·연구'(대표 도쿄 외국어대학 아시아·아프리카 언어문화연구소 마찌다 카즈히코[町田和彦]교수)에 참여하였다. 그 뿐만 아니라 앞에서 서술했듯이 20대 후반에 수차례 장기 비자를 받아 중국·대만·영국에 체류할 수 있었던 것은 진실로 행운이 아닐 수 없으며, 이를 위해 배려 해주신 모든 분들께 다시 한번 감사를 전하고 싶다.

본서를 집필하는 데 많은 선학에 의한 연구 축적, 특히 역주·색인을 참조했다는 것을 명확히 밝혀둔다(참고문헌에 열거했다). 역문에 대해서는 선행 연구를 그대로 답습한 부분은 그리 많지 않지만, 출전에 대한 조사 및 단어 해석에 대단히 많은 참고가 되었다. 특히 청말 문헌의 서양어 한자표기를 이해하는데 어려운 점이 많았지만, 이러한 문제들은 선학의 해석과 『민보색인(民報索引)』 등에 많은 도움을 받았다. 견실한 독해의 축적이야말로 학문의 진정한 기초가 된다고 확신한다. 그래서 선학이 판독하지 못했던 것을 필자가 판독한 것은 자그마한 공헌으로서 기쁘게 생각하는 바이다. 본문 중에 제시하지 않았지만 선학이 불명확하다고 한 부분을 밝힌 예를 들면 다음과 같다. 西順藏·島田虔次編, 『淸末民國初政治評論集』(平凡社, 1971) p.252 (원문은 梁啓超, 「開明專制論」, 『新民叢報』 75號, 1906)에 보이는 '奇亞尼'는 캘리포니아 근로자당의 데니스·케니Dennis Kearney일 것이다. 다만 케니의 이름은 민주정에 대한 선동 문제를 지적하는 문맥에서 프랑스혁명 시기의 로베스피에르(羅拔士比) 및 마라(馬拉)와 대구(對句)되어 표현하고 있기 때문에 조금 어색한 것처럼 보인다. 그 정도로(케니가 선도에 선) 미국의 배화운동(排華運動)이 양계초의 정치관 형성에 미친 영향이 컸다고 할 수 있다.

이와나미서점(岩波書店)에서 본서의 편집을 담당해주신 분은 스기타 모리야스(杉田守康)씨이다. 그의 정확한 지적에 큰 도움을 받았다. 여러 가지 공무에 쫓겨 원고 제출이 늦어진 것에 대해 진심으로 사과의 말씀을 올린다. 그 공무는 주로 대학원생·대학생들로 인한 것으로 모든 학생들의 질문에 어떻게든 답변을 찾아내고자 한 일상의 성과가 본서에 살아 있음을 여기에 명시하는 것이 공평할 것이다.

본서에서는 양계초가 주인공 역할을 맡고 있다. 그 이유는 양계초가 청말에 활약한 연령과 필자가 이 연구를 진행한 연령이 거의 일치한다는 것도 무의식적이나마 관계하고 있을지도 모르겠다. 또한 필자가 동세대의 망우들을 상기하고자 한 것이 본서의 서술에 영향을 주었다는 것은 확실하다.

2002년 12월
요시자와 세이치로(吉澤成一郎)

연표

1644 청조, 이자성(李自成)의 군을 격파하고 북경에 입성하다.

1683 대만의 정씨(鄭氏), 청조에 항복하다.

1729 옹정제(雍正帝), 『대의각미록(大義覺迷錄)』의 간행을 명하다(증정〔曾靜〕 사건의 해결).

1774 산동(山東)에서 왕륜(王倫) 등의 청수교도(淸水敎徒)가 반란을 일으키다.

1786 임상문(林爽文)이 반란을 일으키다.

1793 영국에서 매카트니(G. Macartney) 사절단이 열하(熱河)에 이르러 건륭제(乾隆帝)를 알현하다.

1796 호북(湖北)·사천(四川)에서 백련교도(白蓮敎徒)들이 반란을 일으키다.

1813 천리교(天理敎)를 받드는 임청(林淸) 무리들이 자금성에 돌입하다.

1839 임칙서(林則徐), 광동(廣東)에서 아편을 소각하다.

1842 청조는 영국과 남경조약(南京條約)을 체결하고, 홍콩을 영국에 할양하다. 또한 상해 등 5개 항의 개항을 약속하다.

1853 태평천국(太平天國), 남경을 점령하고, 천경(天京)으로 개칭하여 수도로 삼다.

1856 광주(廣州)에서 애로우호사건이 일어나다(제 2차 아편전쟁의 계기).

1858 청조, 영국·프랑스·러시아·미국 각 국과 조약을 체결하고, 11개 항의 개항과 외국사절의 북경주재를 승인하다(天津條約).

1860 청조, 영국·프랑스·러시아 각 국과 조약을 체결하고, 천진개항과 영토 할양을 인정하다(北京條約).

1864 태평천국의 지도자 이수성(李秀成), 청조에 체포되어 처형되다.

1868 청조와 미국, 천진조약 추가조항(벌링엄조약)을 체결하다.

1871 천진에서 청일수호조규가 체결되다.

1872 상해에서 『신보(申報)』가 창간되다.

1882 미국 연방의회, 중국인 이민을 제약하는 법안을 통과시키다.

1885 청조, 프랑스와 천진조약을 체결하고, 월남에 대해 종주권을 포기하다.

1889 광서제가 친정을 시작하다.

1894 청일전쟁 발발하다. 손문 하와이에서 흥중회(興中會)를 창립하다.

1895 청조, 일본과 강화조약을 체결하다(下關條約). 강유위(康有爲) 등이 대일강경책·변법을 청원하게 되다(公車上書). 강유위 등이 『강학보(强學報)』를 간행하고, 공자기년을 채용하다.

1897 조선, 국호를 대한제국으로 고치다. 엄복(嚴復) 등이 국문보(國聞報)를 발간하다.

1898 독일은 교주만(膠州灣)을, 러시아는 여순(旅順)·대련(大連)을, 영국은 구룡반도(九龍半島)와 위해위(威海衛)를, 프랑스는 광주만(廣州灣)을 조차하다. 광서제, 변법유신을 선포하다. 변법은, 서태후 집단에 의해 탄압되어 강유위·양계초가 망명하다. 담사동 등은 사형되다. 양계초, 요코하마에서 『청의보(淸議報)』를 간행하다.

1899 강유위 캐나다에서 보황회(保皇會)를 결성하다. 미국 국무장관 헤이(John Milton Hay)가 청조에 문호개방·기회균등을 요구하다.

1900 의화단, 북경의 각국 공사관을 포위하다. 당재상(唐才常), 거병했으나 패해 사형되다.

1901 청조, 변법 조서를 제출하다. 신축조약(辛丑條約, 北京議定書)이 체결되다.

1902 천진에서 『대공보(大公報)』가 발간되다. 양계초, 요코하마에서 『신민총보(新民叢報)』를 발간하다.

1903 양계초 미국대륙을 여행하다. 재도쿄 유학생, 거아의용대(拒俄義勇隊)의 결성을 결의하다 『소보(蘇報)』에 발표되었던 문장으로 인해, 장병린(章炳麟)·추용(鄒容)이 체포되다.

1904 러일전쟁 일어나다. 상해의 상무인서관, 『동방잡지(東方雜誌)』를 발간하다.

1905 청조 치하 각지에서 반미운동이 일어나다. 오월(吳樾), 정치시찰 5대신의 암살을 시도하여 폭사하다. 송교인(宋敎仁) 등이 『이십세기의 지나(二十世紀之支那)』를 간행하고, 개국기원(황제 기년)을 채용하다. 도쿄에서 중국동맹회가 성립하고, 『민보』가 발간되다. 진천화(陳天華), 바다에 몸을 던져 자살하다.

1906 예비입헌의 상유(上諭)가 내려지다.

1908 광서제와 서태후가 연이어 사망하고 선통제가 즉위하다.

1909 각 성에서 자의국(諮議局)이 개회하다.

1910 북경에서 자정원(資政院)이 개설되다.

1911 무창(武昌)에서 신군(新軍)이 혁명을 위해 봉기하다.

1912 손문(孫文), 임시대총통에 취임하다(중화민국의 성립). 양력을 채용하고, 중화민국이라는 연호를 사용하다. 원세개(袁世凱) 임시대총통에 취임하다.

1913 송교인, 암살되다. 제1회 국회가 열리다.

1914 손문 중화민국당을 결성하다. 일본군, 청도(青島)를 점령하다.

1916 원세개 사망하다.

1919 중국대표, 파리강화회의에 참가하다. 5·4운동이 일어나다.

1920 양계초, 『청대학술개론(清代學術槪論)』을 저술하다.

1924 중국국민당 일전대회(一全大會)를 열다(국공합작이 성사되다).

1928 장개석(蔣介石) 등의 국민혁명군, 북벌을 완료하다.

1929 양계초, 사망하다.

1930 장개석, 염석산(閻錫山) 등의 반대세력에 군사적으로 승리하다(中原大戰). 모택동(毛澤東), 강서성(江西省) 심오현(尋鄔縣)의 조사를 수행하다.

1931 일본군, 만철선 폭파사건을 구실로 군사행동을 일으키다. 중화소비에트공화국 임시정부가 강서성 서금(瑞金)에 수립되다.

참고문헌

역주 · 해제 · 색인

島田虔次, 1965. 『中國革命の先驅者たち』, 筑摩書房.

島田虔次 · 小野信爾編, 1968. 『辛亥革命の思想』, 筑摩書房.

小野川秀美編, 1970. 『民報索引』, 京都大學人文科學研究所.

山田慶兒編, 1970. 『中國革命』, 筑摩書房.

西順藏 · 島田虔次編, 1971. 『清末民國初政治評論集』, 平凡社.

梁啓超, 1974. 小野和子譯注, 『清代學術槪論 - 中國のルネッサンス』, 平凡社.

康有爲, 1976. 坂出祥伸譯注, 『大同書』, 明德出版社.

西順藏編, 1977. 『原典中國近代思想史』, 岩波書店.

相浦杲他編, 1984~1986. 『魯迅全集』, 學習研究社.

松本英紀譯注, 1989. 『宋敎仁の日記』, 同朋舍出版.

譚嗣同, 1989. 西順藏 · 坂元ひろ子譯注, 『仁學 - 清末の社會變革論』, 岩波書店.

西順藏 · 近藤邦康編譯, 1990. 『章炳麟集 - 清末の民族革命思想』, 岩波書店.

사료집

劉晴波·彭國興編校, 1958.『陳天華集』, 湖南人民出版社.

張柟·王忍之編, 1960.『辛亥革命十年間時論選集』, 三聯書店.

阿英編, 1960.『反美華工禁約文學集』, 中華書局.

中川忠英, 1966. 孫伯醇·村松一彌編,『淸俗紀聞』, 平凡社.

沼田次郎·松澤弘陽校注, 1974, 西洋見聞集, 岩波書店.

太平天國歷史博物館, 1979.『太平天國印書』, 江蘇人民出版社.

上海社會科學院歷史硏究所編, 1980.『辛亥革命在上海史料選集』, 上海人民出版社.

蔡尙思·方行編, 1981.『譚嗣同全集(增訂本)』, 中和書局.

夏東元編, 1982~1988.『鄭觀應集』, 上海人民出版社.

章炳麟, 1984.『章太炎全集』3卷, 上海人民出版社.

王栻主編, 1986.『嚴復集』, 中華書局.

天津圖書館·天津社會科學院歷史硏究所編, 1987.『遠世凱奏議』, 天津古籍出版社.

天津檔案館·天津社會科學院歷史硏究所·天津市工商業聯合會, 1989.『天津商會檔案彙編(1903~1911)』, 天津人民出版社.

施蟄存主編, 1990.『中國近代文學大系 26 翻譯文學集 1』, 上海書店.

丁賢俊·喻作鳳編, 1993.『伍廷芳集』, 中華書店.

呂芳上主編, 1995.『淸季華工出國史料』, 中央硏究院近代史硏究所.

中國第一歷史檔案館編, 1996.『光緖朝硃批奏摺』, 中華書店.

劉師培, 1998.『劉師培辛亥前文選』, 三聯書店.

饒懷民編, 2001.『楊毓麟集』, 岳麓書社.

일문자료

安部健夫, 1971.「淸朝と中華思想」, 同『淸代史の硏究』, 創文社, pp.33~57.

安部健夫, 1972.「中國人の天下觀念 ― 政治思想史的試論」, 同『元代史の硏究』, 創文社, pp.425~526.

安藤潤一郎, 1996.「回族 のアイデンティティと中國國家 ― 1932年における 敎案の事例から」,『史學雜誌』105編 12号, pp.2045~2074.

池端雪浦, 1994.「フィリピン國民國家の原風景 ― ホセ·リサールの祖國觀と國民觀」,『アジア・アフリカ言語文化研究所』46〜47合併号, pp.43〜78.

池端雪浦, 1999. 「フィリピン革命 − 單一國家と聯邦制のせめぎ合い」,『岩波講座 世界歴史 20 アジアの〈近代〉』岩波書店. pp.245〜268.

石川洋, 1993. 「師復と無政府主義 − その論理と價値觀を中心に」,『史學雜誌』 102編 8号, pp.1441〜1476.

石川禎浩, 2001. 「近代東アジア文明圏 の成立とその共通言語 − 梁啓超における 人權を中心に」(狭間直樹編, 2001年), pp.25?40.

石川禎浩, 2002. 「20世紀初頭の中國における"皇帝"熱 − 排滿・肖像・西方起源 說」,『二十世紀研究』3号, pp.1〜22.

石橋崇雄, 1998. 「清朝國家論」,『岩波講座世界歴史13 東アジア・東南アジア傳統 社會の形成』, 岩波書店, pp.173〜192.

石濱裕美子, 2001. 『チベット佛教世界の歴史的研究』, 東方書店.

伊藤秀一, 1960a. 「清末における進化論受容の諸前提 − 中國近代思想史における 進化論の意味 その一」, 神戸大學文學會『研究』22号, pp.62〜89.

伊藤秀一, 1960b. 「進化論と中國の近代思想」,『歴史評論』123号, pp.33〜45 ; 124号, pp.44〜50.

岩井茂樹, 1991. 「乾隆期の大蒙古包宴 − アジア政治文化の一こま」, 河内良弘編, 『清朝治下の民族問題と國際關係』, 平成2年度科學研究費補助金成果報告書(京都大 學), pp.22〜29.

内井惣七, 1996. 『進化論と倫理』, 世界思想史.

遠藤泰生, 1995. 「アメリカ合衆國の國家形成 − 理念の共和國の誕生」, 歴史學研 究會編, 『講座世界史2近代世界への道 − 變容と摩擦』, 東京大學出版會, pp.273〜198.

王柯, 1998. 「ウンマと中華の間 − 清朝治下の新疆ウィグル社會」,『岩波講座世界 歴史21 イスラーム世界とアフリカ』, 岩波書店, pp.97〜118.

岡本隆司, 1999. 『近代中國と海關』, 名古屋大學出版會.

小倉芳彦, 1971. 「日本における東洋史學の發達」,『岩波講座世界歴史30 別卷』, 岩 波書店, pp.478〜495.

小野信爾, 1978. 「辛亥革命と革命宣傳」(小野川秀美・島田虔次編, 1978), pp.37〜88.

小野信爾, 1993. 「ある謠言 − 辛亥革命前夜の民族的危機感」,『花園大學研究紀 要』25号, pp.1〜36.

小野川秀美, 1958. 「雍正帝と大義覺迷錄」, 『東洋史研究』16卷4号, pp.441〜458. 후에 東洋史研究會編, 『雍正時代の研究』, 同朋舍出版, 1986년, pp.309〜321에 재수록.

小野川秀美, 1969. 『清末政治思想研究』, みすず書房.

小野川秀美・島田虔次編, 1978. 『辛亥革命の研究』, 筑摩書房.

貝塚茂樹, 1957. 「實證主義史學の克復」, 『思想』 395号, pp.753〜759.

笠谷和比古, 1988. 『主君「押込」の構造』, 平凡社.

片岡一忠, 1984. 「辛亥革命時期の五族共和論をめぐって」, 田中正美先生退官記念論集刊行會編, 『中國近現代史の諸問題』, 國書刊行會, pp.279〜306.

片岡一忠, 1991. 『清朝新疆統治研究』, 雄山閣出版.

片岡一忠, 1998. 「朝賀規定からみた清朝と外藩・租貢國の關係」, 『駒澤史學』 52号, pp.240〜263.

片倉芳和, 1978. 「日本滯在中の宋敎仁」, 福地重孝先生還曆記念論文集刊行委員會編, 『近代日本形成過程の研究』, 雄山閣出版, pp.403〜428.

加藤博, 1995. 「オスマン帝國の「近代化」 ― アラブ世界を中心に」, 歷史學研究會編, 『講座世界史3 民族と國家 ― 自覺と抵抗』, 東京大學出版會, pp.201〜231.

可兒弘明, 1979. 『近代中國における苦力と豬花』, 岩波書店.

唐澤靖彥, 1996. 「帝國後期中國における話しことばの效用(1) ― 官話の社會的役割」, 『中國哲學研究』 10号, pp.105〜147.

川上哲正, 2001. 「辛亥革命期における國粹主義と近代史學 ― 日本近代との交錯の視點から」, 學習院大學『東洋文化研究』3号, pp.105〜147.

川島眞, 1995. 「'支那' '支那國' '支那共和國' ― 日本外務省の對中國呼稱政策」, 『中國研究月報』 571号, pp.1〜15.

川島眞, 1997. 「天朝から中國へ ― 清末外交文書における「天朝」「中國」の使用例」, 『中國 ― 社會と文化』 12号, pp.1〜15.

川尻文彥, 2001. 「清末'革命'考 ― 1900年代初頭の'革命'論を中心に」, 『現代中國研究』 8, pp.1〜18.

カントロヴィッケ, E. H. (Ernst Hartwig Kantrowicz), 1993. 甚野尙志譯, 『祖國のために死ぬこと』, みすず書房.

菊池貴晴, 1954. 「唐才常の自立軍起義 ― 變法, 革命兩派の交流を中心として」, 『歷史學研究』 170, pp.13〜23.

菊池貴晴, 1966. 『中國人民運動の基本構造 ― 對外ボイコットの研究』, 大安.

菊池秀明, 1987.「反亂と色 – 太平軍の旗幟と衣装」,『老百姓の世界』5号, pp.11~46.

岸本美緒, 1996.「風俗と時代觀」,『古代文化』48巻 2号, pp.123~131.

岸本美緒, 1998.「China-centered approach?」,『本鄕』14号, pp.26~28.

貴堂嘉之, 1992.「19世紀後半期の米國における排華運動 – 廣東とサンフランシスコの地方世界」, 東京大學『地域文化研究』4号, pp.1~29.

貴堂嘉之, 1995.「'歸化不能外人'の創造 – 1882年排華移民法制定過程」,『アメリカ研究』29, pp.177~196.

貴堂嘉之, 2002.「アメリカ移民史研究の射程」,『歷史評論』625号, pp.17~30.

キューン, フィリップ・A. (Philip A. Kuhn), 1996. 谷井俊仁・谷井陽子譯,『中國近世の靈魂泥棒』, 平凡社. → Kuhn, 1990.

楠瀬正明, 1976.「梁啓超の國家論の特質 – 群概念の分析を通して」,『史學研究』132号, pp.23~36.

久保亨, 1995.「ヴェルサイユ體制とワシントン體制」, 歷史學研究會編,『講座世界史6 必死の代案 – 期待と危機の20年』, 東京大學出版會, pp.75~106.

黒木英充, 1995.「オスマン帝國諸地域の反亂とユーロッパ列強」, 歷史學研究會編,『講座世界史2 近代世界への道 – 變容の摩擦』, 東京大學出版會, pp.329~360.

黒木英充, 2000.「前近代イスラム帝國における壓政の實態と反抗の論理 – 1784年アレッポの事例から」,『岩波講座世界歷史14 イスラム・環インド洋世界』, 岩波書店, pp.215~234.

桑原隲藏, 1968.「支那人辮髮の歷史」『桑原隲藏全集』1巻, 岩波書店, pp.441~453.

嚴安生, 1991.『日本留學精神史 – 近代中國知識人の軌跡』, 岩波書店.

胡垣坤他編, 1997. 村田雄二郎・貴堂嘉之譯『カミング・マン – 19世紀アメリカの政治諷刺漫畫のなかの中國人』, 平凡社.

五井直弘, 1976.『近代日本と東洋史學』, 靑木書店.

小谷汪之, 1986.『大地の子(ブーミ・プトラ) – インドの近代における抵抗と背理』, 東京大學出版會.

小林武, 1985.「淸末の任俠(Ⅰ) – 主體, あるいは意識の問題」,『京都産業大學論集』14巻 4号, pp.131~153.

小松久男, 1998.「危機と應戰のイスラーム世界」,『岩波講座世界歷史21 イスラーム世界とアフリカ』, 岩波書店, pp.3~78.

近藤邦康, 1981.『中國近代思想史研究』, 勁草書房.

坂元ひろ子, 1995.「中國民族主義の神話 − 進化論・人種觀・博覽會事件」, 『思想』849号, pp.61〜84.

坂元ひろ子, 2000.「足のディスコース − 纏足・天足・國恥」, 『思想』907号, pp.145〜161.

坂元ひろ子, 2001.「章炳麟における傳統の創造」(狹間直樹編, 2001年), pp.275〜292.

佐々木揚, 2000.『清末中國における日本觀と西洋觀』, 東京大學出版會.

佐々波智子, 1991.「19世紀末中國に於ける開港場・內地市場間關係 − 漢口を事例として」, 『社會經濟史學』57巻 5号, pp.663〜690.

佐藤公彦, 1999.『義和團の起源とその運動 − 中國民衆ナショナリズムの誕生』, 研文出版.

佐藤愼一, 1978.「二つの 革命史 をめぐって(一)」, 東北大學 『法學』42巻2号, pp.129〜158.

佐藤愼一, 1979.「二つの 革命史 をめぐって(二)」, 東北大學 『法學』43巻1号, pp.1〜34.

佐藤愼一, 1990.「天演論 以前の進化論 − 清末知識人の歷史認識をめぐって」, 『思想』792号, pp.241〜254.

佐藤愼一, 1996a.「梁啓超と社會進化論」, 東北大學 『法學』59巻6号, pp.1067〜1113.

佐藤愼一, 1996b.『近代中國の知識人と文明』, 東京大學出版會.

佐藤仁史, 1999.「清末・民國初期上海縣農村部における在地有力者と鄕土敎育 − 『陳行鄕土志』とその背景」, 『史學雜誌』108編 12号, pp.2065〜2100.

さねとう・けいしゅう. 1960.『中國人 日本留學史』, くろしお出版.

佐原徹哉, 1995.「タンズィマート期の地方行政制度の變化と都市自治體の形成 − ブルガリアのルセ市の事例を中心に」, 『東歐史硏究』18号, pp.5〜24.

清木幾太郎, 1970.「コントとスペンセー」, 清木幾太郎編 『コント・スペンセー』, 中央公論社. pp.7〜46.

シュウォルツ, ベンジャミン(Benjamin I. Schwartz), 1978. 平野健一郎譯 『中國の近代化と知識人 − 嚴復と西洋』, 東京大學出版會. → Schwartz, 1964.

清國駐屯軍司令部編, 1909.『天津誌』, 博文館.

新免康, 1994.「'辺境'の民と中國 − 東トルキスタンから考える」, 『アジアから考える3 周綠からの歷史』, 東京大學出版會, pp.107~139.

杉谷代水, 1902.『敎育小說 學童日誌』, 春陽堂.

杉山淸彦, 2001.「大淸帝國史のための覺書 － セミナ一 淸朝社會と八旗制 をめ
ぐって」,『滿洲史硏究通信』10号, pp.110~126.

杉山正明, 1997.『遊牧民から見た世界史 － 民族も國境もこえて』, 日本經濟新聞社.

鈴木董, 1999.『オスマン帝國 － イスラム世界の'柔かい專制'』, 講談社.

鈴木董, 1993.『オスマン帝國の權力とエリート』, 東京大學出版會.

曾田三郎, 1991.「淸末における「商戰」論の展開と商務局の設置」,『アジア硏究』
38 巻 1号. pp.48~78.

孫安石, 1994.「淸末の政治考察五大臣の派遣と立憲運動」,『中國 － 社會と文化』
9号. pp.187~211.

高田淳. 1974.『章炳麟·章士釗·魯迅 － 辛亥の死と生と』, 龍溪書舍.

高田幸男, 2001.「辛亥革命期における「國民」の創造 － その初步的考察」,『近き
に在りて』39号. pp.62~78.

高柳信夫, 1991.「天演論 再考」,『中國哲學硏究』3号, pp.89~110.

竹内弘行, 1994.「淸末の私記年について」,『名古屋學院大學論集』, 人文·自然科學
編31巻 1号, pp.77~96.

竹内弘行, 1995.『中國の儒敎的近代化論』, 硏文出版.

武内房司, 2000.「中華文明と'少數民族'」,『岩波講座世界歷史 28 普遍と多元 －
現代文化へ向けて』, 岩波書店, pp.107~127.

竹澤泰子, 1999.「アメリカ合衆國におけるアジアとヨーロッパ － アジア移民と
ヨーロッパ系アメリカ人の遭遇と葛藤」,『岩波講座世界歷史 23 アジアとヨ一ロッ
パ』, 岩波書店, pp.111~134.

田中比呂志, 1999.「宋敎仁の'革命'論」,『歷史學硏究』609号, 1-16, p.32.

谷井俊仁, 1987.「乾隆時代の一廣域犯罪事件と國家の對応－割辮案の社會史的素
描」,『史林』70巻 6号, pp.877~916.

谷川稔, 1999.『國民國家とナショナリズム』, 山川出版社.

田原天南編, 1918.『淸末民初中國官紳人名錄』, 中國硏究會.

陳來幸, 2001.「長江デルタにおける商會と地域社會」, 森時彦編,『近代中國の都市
と農村』, 京都大學人文科學硏究所, pp.223~252.

月脚達彦, 1999.「大韓帝國成立前後の對外的態度」學習院大學,『東洋文化硏究』1
号, pp.235~264.

辻內鏡人, 1997. 『アメリカの奴隷制と自由主義』, 東京大學出版會.

土屋洋, 2000. 「清末山西における山利權回改運動と青年知識層」, 名古屋大學東洋史研究報告 24号, pp.121～150.

土屋洋, 2001. 「創設期の山西大西堂と山西留日學生 – 清末山西鉱山利權回改運動の前史として」, 『名古屋大學東洋史研究報告』25号, pp.328～343.

デーアミ・テス. E. (Edmond de Amicis), 1999. 和田忠彦澤, 『クオーレ』, 新潮社.

寺廣映雄, 1978. 「革命瓜分論の形成をめぐって – 保皇・革命兩派の對立」(小野川秀美・島田虔次編, 1978年), pp.89～106.

東亞同文會編, 1907. 『支那經濟全書』2輯, 丸善.

島井裕美子, 1993. 「近世日本のアジア認識」, 『アジアから考える 1 交錯するアジア』, 東京大學出版會, pp.219～252.

永井算巳, 1983. 『中國近代政治史論叢』, 汲古書院.

長尾龍一, 1989. 『政治的殺人 – テロリズムの周辺』, 弘文堂.

中村哲夫, 1992. 『同盟の時代―中國同盟會の成立過程の研究』, 人文書院.

中村哲夫, 1999. 「日本における中國人亡命政客と留學生」, 『岩波講座世界歷史19 移動と移民―地域を結ぶダイナミズム』, 岩坡書店, pp.277～297

ナキャーン スーザソ(Susan Naquin), 1994. 「華北の葬礼 – 劃一性と多様性」, ジェイムズ・L. ワトソン(James L. Watson)/エヴリン・S・ロウスキ(Evelyn S. Rawski)編, 『中國の死の儀礼』, 西脇常記・神田一世・長尾佳代子譯, 平凡社, pp.51～85. → Naquin, 1988.

並木賴壽, 1999. 「近代の日本と'アジア主義'」, 『岩波講座世界歷史20 アジアの〈近代〉』, 岩波書店, pp.269～290.

西村成雄, 1991. 『中國ナショナリズムと民主主義 – 20世紀中國政治史の新たな視界』, 研文出版.

野村浩一, 1964. 『近代中國の政治と思想』, 筑摩書房.

狭間直樹, 1976. 『中國社會主義の黎明』, 岩波書店.

狭間直樹, 1989. 「宋教仁にみる傳統と近代 – 《日記》を中心に」, 『東方學報』東京 61册, pp.483～508.

狭間直樹, 1999. 「'新民說'略論」(狭間直樹編, 1999年). pp.79～105.

狭間直樹編, 1999. 『共同研究 梁啓超 – 西洋近代思想受容と明治日本』, みすず書房.

狭間直樹編, 2001. 『西洋近代文明と中華世界』, 東京大學學術出版會.

旗田巍, 1962.「日本における東洋史學の傳統」,『歷史學研究』270号, pp.28〜35.

波多野善大, 1954.「辛亥革命直前における農民一揆」,『東洋史研究』13 巻1·2号, pp.77〜106.

濱下武志, 1997.『朝貢システムと近代アジア』, 岩波書店.

濱田正美, 1993.「塩の義務と聖戰との間で」,『東洋史研究』52巻2号, pp.274〜300.

パラデイス·ジェームズ(James Paradis)/ジョージ·C. ウィリアムズ(George C. Williams). 1995, 小林傳司·吉岡英二譯,『進化と倫理 − トマスーハクスリの進化思想』, 産業圖書.

平野健一朗, 1988.「中國における統一國家の形成と少數民族 − 滿洲族を例として」, 平野健一朗ほか,『アジアにおける國民統合 − 歷史·文化·國際關係』, 東京大學出版會, pp.35〜105.

平野聰, 1997.「チベット佛敎共同體と『中華』− 清朝期多民族統合の一側面」,『國家學會雜誌』, 110巻 3号 4号, pp.260〜322.

ヒングリー ロナルド(Ronald Hingley), 1972. 向田博譯,『ニヒリスト − ロシア虛無靑年の顚末』, みすず書房.

ファルジュネル(Fernand Ferjenel), 1970. 石川湧·石川布美譯,『辛亥革命見聞記』, 平凡社. → Farjenel, 1914.

福島眞人, 1998.「差異の工學 − 民族の構築學への素描」,『東南アジア研究』35巻 4号, pp.898〜913.

藤川隆男, 1991.「オーストラリアとアメリカにおける中國人移民制限」,『シリーズ世界史への問い 9 世界の構造化』, 岩波書店, pp.295〜317.

藤澤房俊, 1993.『'クオーレ'の時代 − 近代イタリアの子供と國家』, 筑摩書房.

古市大輔, 1996.「清代後期の盛京行政とその變容 − 高官人事における異動傾向からみた分析」,『史學雜誌』105編 11号, pp.1853〜1878.

古田元夫, 1996.『アジアのナショナリズム』, 由用出版社.

古廏忠夫, 1995.「從俗地域における國民國家の形成 − 中國とトルコの國民革命」, 歷史學研究會編,『講座世界史6 必死の代案 − 期待と危機の20年』, 東京大學出版會, pp.333〜365.

プレハーノフ(Georgii Valentinovich Plekhanov), 1958. 本原正雄譯,『歷史における個人の役割』, 岩波書店.

ボウラー, ピーターJ. (Peter J. Bowler), 1995. 岡崎修譯,『進步の發明 − ヴィクトリア時代の歴史意識』, 平凡社.

増田えりか, 1995.「ラーマ1世の對淸外交」,『東南アジア − 歴史と文化』24号, pp.25〜48.

増淵龍夫, 1983,『歴史家の同時代史的考察について』, 岩波書店.

松尾洋二, 1999,「梁啓超と史傳 − 東アジアにおける近代精神史の奔流」, (狹間直樹, 1999年), pp.257〜295.

松本英紀, 2001,『宋教仁の研究』, 晃洋書房.

松本ますみ, 1999.『中國民族政策の研究 − 淸末から1945年までの'民族論'を中心に』, 多賀出版.

三谷博, 1997.『明治維新とナショナリズム − 幕末の外交と政治變動』, 山川出版社.

宮崎市定, 1950.『雍正帝 − 中國の獨裁君主』, 岩波書店.

村上衛, 2000.「五港開港期厦門における歸國華僑」,『東アジア近代史』3号, pp.112〜130.

村田雄二郎, 1992.「康有爲と孔子記年」,『學人』2輯, pp.513〜546.

村田雄二郎, 1995.「文白の彼方に − 近代中國における國語問題」,『思想』853号, pp.4〜34.

村田雄二郎, 2000a.「20世紀システムとしての中國ナショナリズム」西村成雄編『現代中國の構造變動3 ナショナリズム − 歴史からの接近』, 東京大學出版會, pp.35〜68.

村田雄二郎, 2000b.「近代中國における「國民」の誕生」, 國分良成・藤原歸一・林振江編,『グローバル化した中國はどうなるか』, 新書館, pp.172〜198.

村田雄二郎, 2001.「辛亥革命期の國家思想 − 五族共和をめぐって」,『現代中國研究』9号, pp.20〜26.

毛澤東, 1968.『毛澤東選集』1巻, 外文出版社(北京).

茂木敏夫, 1992.「中華帝國の「近代」的再編と日本」,『岩波講座近代日本と植民地1 植民地帝國日本』, 岩波書店, pp.59〜84.

茂木敏夫, 1995.「淸末における「中國」の創出と日本」,『中國 − 社會と文化』10号, pp.251〜265.

本野英一, 2000.「訴訟問題からみた淸末民初の中英經濟關係」,『歴史評論』604号, pp.42〜57.

森時彦, 1978.「民族主義と無政府主義 − 國學の徒, 劉師培の革命論」, (小野川秀美・島田虔次編. 1978). pp.135〜184.

森紀子, 1999. 「梁啓超の佛教と日本」(狹間直樹編. 1999), pp.194〜228.

森正夫, 1995. 「明末における秩序變動再考」, 『中國 − 社會と文化』 10号, pp.3〜27.

矢原徹一, 1999. 「性淘汰と種の利益 − 本書におけるダーウインの淘汰概念を理解するために」, チャールズ・R. ダーウイン(Charles Robert Darwin), 長谷川眞理子譯, 『人間の進化と性淘汰Ⅰ』, 文一總合出版, pp.245〜258.

山內昌之, 1993. 『民族と國家 − イスラム史の視角から』, 岩波書店.

山田賢, 2001. 「'官逼民變' 考 − 嘉慶白蓮教反亂の '叙法' をめぐる試論」, 『名古屋大學東洋史研究報告』 25号, pp.265〜280.

山室信一, 2001. 『思想課題としてのアジア − 基軸・連鎖・投企』, 岩波書店.

山本英史, 1999. 「明末淸初における地方官の赴任環境」, 『史潮』新45号. pp.91〜114.

山本博文, 1994. 『殉死の構造』, 弘文堂.

山脇直司, 1991. 「進化論と社會哲學 − その歷史・體系・課題」, 柴谷篤弘・長野敬・養老孟司編, 『講座進化2 進化思想と社會』, 東京大學出版會, pp.199〜236.

油井大三郎, 1989. 「19世紀後半のサンフランシスコ社會と中國人排斥運動」, 油井大三郎ほか, 『世紀轉換期の世界 − 帝國主義支配の重層構造』, 未來社, pp.19〜80.

熊達雲, 1998. 『近代中國官民の日本視察』, 成文堂.

湯本國穗, 1980. 「辛亥革命の構造的檢討 − 1911年の中國西南地方における政治變動の社會史的意味・昆明の事例」, 『東洋文化研究所紀要』 81冊, pp.259〜347.

橫山英, 1986. 「淸末ナショナリズムと國家有機體說」, 『廣島大學文學部紀要』 45卷, pp.157〜171.

橫山宏章, 1986. 『淸末中國の靑年群像』, 三省堂.

吉澤誠一郎, 1997. 「國民國家史としての臺灣史の誕生」, 東京外國語大學アジア・アフリカ言語文化研究所, 『通信』 89号, pp.24〜30, p.60.

吉澤誠一郎, 2002. 『天津の近代 − 淸末都市における政治文化と社會統合』, 名古屋大學出版會.

吉澤耕作, 1997. 『文化ナショナリズムの社會學 − 現代日本のアイデンティティの行方』, 名古屋大學出版會.

李若文, 1994. 「淸末中國, 歐米宣教師による"干預訴訟"問題の一側面 − プロテスタントの對應策を中心に」, 『東洋學報』 76卷 1・2号, pp.37〜68.

劉香織, 1990. 『斷髮 － 近代東アジアの文化衝突』, 朝日新聞社.

和田光弘, 1997. 「アメリカにおけるナショナル・アイデンティティの形成 － 植民地時代から1830年代まで」, 『岩波講座世界歴史17 環大西洋革命』, 岩波書店, pp.259~281.

渡邊浩, 1997. 『東アジアの王權と思想』, 東京大學出版會.

渡邊佳成, 1987. 「ボードーパヤー王の對外政策について － ビルマ・コンバウン朝の王權をめぐる一考察」, 『東洋史研究』 46卷 3号, pp.129~163.

중문자료

巴斯蒂(Marianne Bastid-Bruguiere), 1998. 張廣達譯 「梁啓超與宗教問題」, 『東方學報』京都 70冊, pp.329~373.

陳平原, 1998. 「晚淸志士的遊俠心態」, 同 『中國現代學術之建立-以章太炎, 胡適之爲中心』, 北京大學出版社, pp.275~319.

陳弱水, 2000. 「日本近代思潮與敎育中的社會倫理問題 － 一個初步的觀察」, 『新史學』 11卷 4期, pp.65~103.

陳振江, 1991. 「通商口岸與近代文明的傳播」, 『近代史研究』 1991年 1期, pp.62~79.

村田雄二郎, 2000. 「康有爲與孔子紀年」, 王曉秋主編, 『戊戌維新與近代中國的改革-戊戌維新一百周年國際學術討論會論文集』, 社會科學文獻出版社, pp.509~522.

大漢熱心人輯, 1961. 「廣東獨立記」, 『近代史資料』 1961年 1号, pp.435~471.

丁又, 1958. 「1905年廣東反美運動」, 『近代史資料』 1958年 5期, pp.8~52.

馮爾康·常建華, 1990. 『淸人社會生活』, 天津人民出版社.

馮自由, 1939. 『革命逸史』 初集, 商務印書館.

馮祖貽, 1986. 『鄒容陳天華評傳』, 河南敎育出版社.

傅維寧, 1972. 「早期留美史話(二)」, 『中外雜誌』 12卷 3期, pp.86~91.

戈春源, 1999. 『刺客史』, 上海文藝出版社.

龔鵬程, 1991. 「俠骨與柔情 － 論近代知識分子的生命形態」(胡偉希編 1991), pp.253~273.

郭雙林, 1998. 「論20世紀初年的鄕土地理敎育思潮」, 『學人』 14輯, pp.41~56.

郭雙林, 2000. 『西朝激蕩下的晚淸地理學』, 北京大學出版社.

何炳然, 1987. 「『大公報』的創辦人英斂之」, 『新聞研究資料』 37輯, pp.31~49; 38輯, pp.76~94.

和作輯, 1956. 「1905年反美愛國運動」, 『近代史資料』 1956年 1期, pp.1~90.

侯宜杰, 1993. 『二十世紀初中國政治改革風潮 － 清末立憲運動史』, 人民出版社.

胡繩武·程爲坤, 1986. 「民初社會風尚的演變」, 『近代史研究』 1986年 4期, pp.136~162.

胡偉希編, 1991. 『辛亥革命與中國近代思想文化』, 中國人民大學出版社.

黃福慶, 1975. 『清末留日學生』, 中央研究院近代史研究所.

黃克武, 1994. 『一個被放棄的選擇 － 梁啓超胡適思想之研究』, 中央研究院近代史研究所.

黃金麟, 2001. 『歷史, 身體, 國家 － 近代中國的身體形成』, 聯經出版社業公司.

黃賢强(Wong Sin Kiong), 1995. 「華僑馮夏威與1905年抵制美貨運動」, 『海外華人研究』 3期, pp.195~210.

黃彰健, 1970. 『戊戌變法史研究』, 中央研究院歷史語言研究所.

金希教, 1997. 「抵制美貨運動時期中國民衆的"近代性"」, 『歷史研究』 1997年 4期, pp.92~107.

孔祥吉, 1988. 『康有爲變法主義研究』, 遼寧教育出版社.

孔祥吉編著, 1998. 『救亡圖存的藍圖 － 康有爲變法奏議輯證』, 聯合報系文化基金會.

李喜所, 1982. 「武昌起義後的農村變動」, 『歷史研究』 1982年 2期, pp.59~78.

李喜所, 1986. 『譚嗣同評傳』, 河南教育出版社.

李喜所, 1992. 『近代留學生與中外文化』, 天津人民出版社.

李孝悌, 1992. 『清末的下層社會啓蒙運動』, 中央研究院近代史研究所.

黎志剛(Chi-Kong Lai), 1998. 「想像與營造國族 － 近代中國的髮型問題」, 『思與言』 36卷 1期, pp.99~118.

林滿紅, 1991. 「中國的白銀外流與世界金銀減産(1814~1850)」, 吳劍雄主編, 『中國海洋發展史論文集』 4輯, 中央研究院中山人文社會科學研究所, pp.1~44.

羅志田, 1998. 『民族主義與近代中國思想』, 東大圖書公司.

羅志田, 2001. 「從無用的"中學"到開放的"國學" － 清季國粹學派關於學術與國家關係的思考」, 『中華文史論叢』 2001年 1輯, pp.173~241.

羅志田, 2002. 「送進博物院 － 清季民初趨新士人從 『現代』 裏驅除 『古代』 的傾向」, 『新史學』 13卷 2期, pp.115~155.

馬敏, 1995. 『官商之間 － 社會劇變中的近代紳商』, 天津人民出版社.

麥禮謙, 1992. 『從華僑到華人 – 20世紀美國華人社會發展史』, 三聯書店(香港).

毛澤東, 1982. 「尋鄔調查」, 中共中央文獻研究室編, 『毛澤東農村調查文集』, 人民出版社, pp.41～181.

元冰峯, 1966. 『清末革命與君憲的論爭』, 中央研究院近代史研究所.

桑兵, 1991a. 「論清末民初傳播業的民間化」(胡偉希編, 1991), pp.236～252.

桑兵, 1991b. 『晚清學堂學生與社會變遷』, 稻禾出版社.

桑兵, 1995. 『清末新知識界的社團與活動』, 三聯書店.

桑兵, 2001. 『晚清民國的國學研究』, 上海古籍出版社.

沈松僑, 2000. 「振大漢之天聲 – 民族英雄系譜與晚清的民族思想」, 『中央研究院近代史研究所集刊』 33期, pp.81～158.

孫隆基, 2000. 「清季民族主義與皇帝崇拜之發明」, 『歷史研究』 2000年 3期, pp.68～79.

湯志鈞, 1984. 『戊戌變法史』, 人民出版社.

湯志鈞編, 1979. 『章太炎年譜長編』, 中華書局.

王爾敏, 1982. 「斷髮易服改正朔 – 變法論之象徵旨趣」, 中央研究院近代史研究所, 『中國近代的維新運動 – 變法與立憲研討會』, 中央研究院近代史研究所, pp.59～73.

王爾敏, 1995. 『晚清政治思想史論』, 臺灣商務印書館.

王汎森, 1985. 『章太炎的思想 – 兼論其對儒學傳統的衝擊』, 時報文化出版企業有限公司.

王汎森, 1996. 「清末的歷史記憶與國家建構 – 以章太炎爲例」, 『思與言』 34卷 3期, pp.1～18 (王汎森, 2001. pp.71～87에 再錄).

王汎森, 2001. 『中國近代思想與學術的系譜』, 河北教育出版社.

王冠華, 1999. 「愛國運動中的"合理"私利 – 1905年抵貨運動夭折的原因」, 『歷史研究』 1999年 1期, pp.5～21.

王曉秋, 1997. 『近代中國關係史研究』, 中國社會科學出版社.

韋慶遠·高放·劉文源, 1993. 『清末憲政史』, 中國人民大學出版社.

吳劍雄, 1992. 『海外移民與華人社會』, 允晨文化出版.

吳文星, 1992. 『日據時期臺灣社會領導階層之研究』, 正中書局.

狹間直樹, 1997. 「梁啓超 『戊戌政變記』 成書考」, 『近代史研究』 1997年 4期, pp.233～242.

狹間直樹, 1998. 「關於梁啓超稱頌"王學"問題」, 『歷史研究』 1998年 5期, pp.40～46.

熊月之, 1986. 『中國近代民主思想史』, 上海人文出版社.

徐鼎新·錢小明, 1991. 『上海總商會史(1902~1929)』, 上海社會科學院出版社.

嚴昌洪, 1992. 『中國近代民主思想史』, 浙江人民出版社.

楊吉蘭·劉炳乾, 1985. 「回憶冶峪區農協活動」, 『大革命時期的陝西地區農民運動』 中共陝西省委黨史資料徵集研究委員會, pp.563~565.

虞和平, 1993. 『商會與中國早期現代化』, 上海人民出版社.

俞旦初, 1996. 『愛國主義與中國近代史學』, 中國社會科學出版社.

張存武, 1966. 『光緒卅一年中美工約風潮』, 中央研究院近代史研究所.

張瀕, 1988. 『烈士精神與批判意識 − 譚嗣同思想的分析』, 聯經出版社業公司.

張明園, 1969. 『立憲派與辛亥革命』, 中央研究院近代史研究所.

張汝倫, 2000. 「康有爲與進化論」, 『學人』 15輯, pp.258~284.

章開沅, 1985. 「論辛亥國魂之陶鑄 − 辛亥革命時期社會思潮試析之二」, 同 『辛亥』 革命與近代社會』, 天津人民出版社, pp.24~42.

鄭師渠, 1993. 『晚淸國粹派 − 文化思想研究』, 北京師範大學出版社.

朱浤源, 1992. 「從族國到國族 − 淸末民初革命派的民族主義」, 『思與言』 30卷 2 期, pp.7~38.

朱英, 1991. 『辛亥革命時期新式商人社團研究』, 中國人民大學出版社.

朱英, 1993. 「晚淸商人尚武思想的萌芽及其影響」, 『史學月刊』 1993年 3期, pp.54~58.

鄒振環, 2000. 『晚淸西方地理學在中國 − 以1815至1911年西方地理學譯著的傳播 與影響爲中心』, 上海古籍出版社.

Judge, Joan, 2001. 孫慧敏譯 「改造國家 − 晚淸的教科書與國民讀本」, 『新史 學』 12卷 2期, pp.1~40.

영문자료

Arai, Masami. 1992. *Turkish Nationalism in the Young Turk Era*, E. J. Brill.

Bastid-Bruguère, Marianne. 1997. "Sacrifices d'État et légitimité à la fin des Qing," *T'oung Pao*, Vol.83, Fasc.1~3, pp.162~173.

Crossley, Pamela Kyle.1999. *A Translucent Mirror: History and*

Identity in Qing Imperial Ideology, University of California press.

Dikötter, Frank. 1992. *The Discourse of Race in Modern China, Hurst.*

Duara, Prasenjit. 1995. *Rescuing History from the Nation: Questioning Narratives of Modern China*, University of Chicago Press.

Elliott, Mark C. 2001. *The Manchu Way: The Eight Banners and Ethnic Identity in Late Imperial China,* Stanford U. P.

Farquhar, David M. 1978. "Emperor as Bodhisattva in the Governance of the Ch'ing Empire, *Harvard Journal of Asiatic Studies,* Vol.38, No.1, pp.5~34.

Farjenel, Fernand. 1914. *A travers la révolution chinoise,* deuxième èdition, Libraire Plon.

Field, Margaret. 1957. "The Chinese Boycott of 1905," *Papers on China,* Vol. 11. pp.63~98.

Fung, Edmund S. K. 1908. *The Military Dimension of the Chinese Revolution: The New Army and Its Role in the Revolution of 1911,* Australian National U. P.

Gladney, Dru G. 1994. "Representing Nationality in China: Refiguring Majority/Minority Identities, "*The Journal of Asian Studies,* Vol.53, No.1, pp.92~123.

Goodman, Bryna. 1995. *Native Place, City and Nation: Regional Networks and Identities in Shanghai, 1855~1937,* University of California Press.

Harrison, Henrietta. 1998. "Martyrs and Militarism in Early Republican China," *Twentieth Century China,* Vol.23, No.2, pp.41~70.

Harrison , Henrietta. 2000. *The Making of the Republican Citizen: Political Ceremonies and Symbols in China, 1911~1929,* Oxford U. P.

Harrison, Henrietta. 2001. *Inventing the Nation: China,* Arnold.

Hsu, Madeline Y. 2000. *Dreaming of Gold, Dreaming of Home: Transnationalism and Migration between the United States and South China, 1882~1943,* Stanford U. P.

Jansen, Marius B. 1992. *China in the Tokugawa World,* Harvard U. P.

Judge, Joan. 1996. *Print and Politics: 'Shibao' and the Culture of*

Reform in Late Imperial China, Stanford U. P.

Kayah, Hasan. 1997. *Arabs and Young Turks: Ottomanism, Arabism, and Islamism in the Otteman Empire, 1908~1918*, University of California Press.

Krebs, Edward S. 1981, "Assassination in the Republican Revolutionary Movement," *Ch'ing-shih Wen-t'i*, Vol.4, No.6, pp.45~80.

krebs, Edward S. 1998. *Shifu, Soul of Chinese Anarchism*, Rowman & Littlefield.

Kwong, Luke S. K. 1996. *T'an Ssu-t'ung, 1865~1898: Life and Thought of a Reformer*, E. J. Brill.

Kuhn, philip A. 1990. *Soulstealers: The Chinese Sorcery Scare of 1768*, Harvard U. P.

Kuhn, Philip A. 2002. *Origins of the Modern Chinese State*, Stanford U. P.

Leung Yuen Sang. 1982. "Regional Rivalry in Mid-Ninteenth Century Shanghai: Cantonese VS. Ninpo Men," *Ch'ing-shih Wen-t'i*, Vol.4, No.8, pp.29~50.

Liu, Lydia H. 1995. *Translingual Practice: Literature, National Culture, and Translated Modernity : China 1900~1937*, Stanford U. P.

McClain, Charles J. 1994. *In Search of Equality: The Chinese Struggle against Discrimination in Nineteenth-Century America*, University of California Press.

McKee, Dclber L. 1977. *Chinese Exclusion Versus the Open Door Policy, 1900~1906*, Wayne State U. P.

Morris, Andrew D. 1997. "Mastery without Enmity: Athletics. Modernity, and the Naiton in Early Republican China," *Republican China*, Vol.22, No.2, pp. 3~39.

Nakamura Tetsuo. 1984. "The Influence of Kemuyama Sentaro's *Modern Anarchism* on Chinese Revolutionary Movements," Eto Shinkichi / Harold Z. Schiffrin (eds.), *The 1911 Revolution in China : Interpretative Essays*, University of Tokyo Press, pp.95~104.

Naquin, Susan. 1988. "Funerals in North China: Uniformity and Variation," James L. Watston / Evelyn S. Rawski (eds.), *Death Ritual in Late Imperial and Modern China*, University of California Press, pp. 37~70.

Phelps, William Lyon, 1939. *Autobiography With Letters*, Oxford U. P.

Pomerants-Zhang, Linda, 1992. *Wu Tingfang (1842~1922): Reform and Modernization in Modern Chinese History*, Hong Kong U. P.

Price, Don C. 1974. *Russia and the Roots of the Chinese Revolution, 1896~1911*, Harvard U. P.

Rankin, Mary Backus. 1971. *Early Chinese Revolutionaries: Radical Intellectuals in Shanghai and Chekiang, 1902~1911*, Harvard U. P.

Rawski, Evelyn S. 1998, *The Last Emperors: A Social History of Qing Imperial Institutions*, University of California Press.

Reynolds, Douglas R. 1993. *China, 1898~1912: The Xinzheng Revolution and Japan*, Council on East Asian Studies, Harvard University.

Rhoads, Edward J. M. 1975. *China's Republican Revolution: The Case of Kwangtung, 1895~1913*, Harvard U. P.

Rhoads, Edward J. M. 2000, *Manchu and Han: Ethnic Relations and Political Power in Late Qing and Early Republican China, 1861~1928*, University of Washington Press.

Salyer, Lucy E. 1995, *Laws Harsh as Tigers: Chinese Immigrants and the Shaping of Modern Immigration Law*, The University of North Carolina Press.

Spence, Jonathan D. 2001. *Treason by the Book*, Viking.

Stuart. Jan / Evelyn S. Rawski, 2001. *Worshiping the Ancestors : Chinese Commemorative Portraits*, The Freer Gallery of Art and The Arthur M. Sackler Gallery, Smithsonian Institution.

Schwartz, Benjamin. 1964. *In Search of Wealth and Power: Yen Fu and the West*, Harvard U. P.

Tanaka, Stefan. 1993. *Japan's Orient: Rendering Pasts into History*, University of California Press.

Tang, Xiaobing. 1996. *Global Space and the Nationalist Discourse of Modernity: The Historical Thinking of Liang* Qichao, Stanford U. P.

Thongchai Winichakul. 1994. *Siam Mapped: A History of the Geo-Body of a Nation*, University of Hawaii Press.

Tsin, Michael. 1999. *Nation, Governance, and Modernity in China: Canton, 1900~1927*, Stanford U. P.

Wakeman, Frederic, Jr. 1985. *The Great Enterprise: The Manchu Reconstruction of Imperial Order in Seventeenth-Century China*, University of California Press.

Wang, Guanhua. 2001. *In Search of Justice: the 1905~1906 Chinese Anti-American Boycott*, Harvard University Asia Center.

Wong Sin Kiong. 2002. *China's Anti-American Boycott Moverment in 1905 : A Study in Urban Protest*, Peter Lang.

Zarrow, Peter. 1990. *Anarchism and Chinese Political Culture.* Columbia U. P.

찾아보기

(ㅇ)

(ㅈ)